러스트 프로페셔널 코드

CODE LIKE A PRO IN RUST

러스트 프로페셔널 코드

1판 1쇄 발행 2024년 9월 4일

지은이 브렌든 매슈스
옮긴이 장연호
펴낸이 장성두
펴낸곳 주식회사 제이펍

출판신고 2009년 11월 10일 제406-2009-000087호
주소 경기도 파주시 회동길 159 3층 / **전화** 070-8201-9010 / **팩스** 02-6280-0405
홈페이지 www.jpub.kr / **투고** submit@jpub.kr / **독자문의** help@jpub.kr / **교재문의** textbook@jpub.kr

소통기획부 김정준, 이상복, 안수정, 박재인, 송영화, 김은미, 배인혜, 권유라, 나준섭
소통지원부 민지환, 이승환, 김정미, 서세원 / **디자인부** 이민숙, 최병찬

진행 송영화 / **교정·교열** 김은미 / **내지 디자인** 이민숙 / **내지 편집** 남은순
용지 타라유통 / **인쇄** 해외정판사 / **제본** 일진제책사

ISBN 979-11-93926-48-2 (93000)
책값은 뒤표지에 있습니다.

※ 이 책은 저작권법에 따라 보호를 받는 저작물이므로 무단 전재와 무단 복제를 금지하며,
   이 책 내용의 전부 또는 일부를 이용하려면 반드시 저작권자와 제이펍의 서면 동의를 받아야 합니다.
※ 잘못된 책은 구입하신 서점에서 바꾸어드립니다.

제이펍은 여러분의 아이디어와 원고를 기다리고 있습니다. 책으로 펴내고자 하는 아이디어나 원고가 있는 분께서는
책의 간단한 개요와 차례, 구성과 지은이/옮긴이 약력 등을 메일(submit@jpub.kr)로 보내주세요.

Code Like a Pro *in* Rust
러스트 프로페셔널 코드

브렌든 매슈스 지음 / 장연호 옮김

Jpub
제이펍

차 례

CHAPTER 1 러스트스러운 느낌   1

PART I 프로 러스트

CHAPTER 2 카고로 프로젝트 관리하기   13

CHAPTER **3**

러스트 도구 이용하기   53

PART Ⅱ 코어 데이터

CHAPTER 4 데이터 구조 79

옮긴이 머리말 _____

학창 시절 컴퓨터 프로그래밍 수업을 들을 때면 유독 실력이 튀는 친구들이 있었다. 이런 친구들은 대개 집에 컴퓨터를 가지고 있었고(1990년대만 해도 집에 컴퓨터가 있는 집은 좀 사는 집이었다) 학교 전산실에서 PC도 아닌, 공용 터미널로 과제를 하는 우리와는 달리 놀라운 속도로 문제를 해결해 나갔다.

가끔 막히는 부분이 생기면 그 친구들은 으레 그럴 줄 알았다는 듯이 척척 해결책을 제시해주었다. 그 덕에 도움을 받아 고맙기도 했지만, 동시에 부러움과 시기심이 섞인 미묘한 감정을 느끼기도 했다. 돌이켜보면 교수님이나 조교의 지도보다도 친구들이 짚어주는 부분이 더 효율적이고 실용적이었다. 그들은 원론이나 이론이 아닌, 자신이 실제로 겪었던 어려움을 해결한 경험을 바탕으로 같은 상황에 처한 이들에게 정확하고 실질적인 도움을 줄 수 있었기 때문이다.

러스트의 인기가 높아지면서 기초 개념에 충실한 책부터 특정 주제에 집중한 책까지 다양한 책이 출간되고 있다. 이 책은 그중에서도 독특한 성격을 지니고 있다. 경험이 풍부한 선배 프로그래머가 이제 막 여러 문제를 겪기 시작한 후배에게 해결책을 차근차근 알려주는 느낌이다.

이 책은 다양한 도구의 소개와 더불어 개발 과정에서 겪게 될 상황에 대한 조언을 담고 있다. 실용적이면서도 깊이 있는 해설을 통해 언어를 깊이 있게 이해하도록 도우며, 생태계의 다양한 면면을 살펴봄으로써 보다 넓은 시야를 갖고 문제를 해결할 수 있도록 안내한다.

책에서는 러스트 언어를 사용하지만, 곳곳에 나오는 상황은 다른 언어를 쓰더라도 한 번쯤은 고민했을 법한 것들이다. 책이 짚어주는 맥을 따른다면 다른 환경에서도 상황을 헤쳐나가는 데 큰 도움이 될 것이다. 한마디로 이 책은 러스트 언어에 대한 내용과 함께, 개발에 필요한 다양한 지식을 전달해주는 길라잡이라 할 수 있다.

이 책을 선정하고 출간하는 데에는 제이펍의 송영화 편집자님과 전문서팀의 헌신적인 노력이 있었다. 《러스트 프로그래밍 공식 가이드》부터 이어지는 러스트에 대한 제이펍의 관심과 애정에 깊이 감사드린다. 또한 번역을 진행하면서 많은 시간을 함께하지 못했지만 이해하고 지원해준 가족에게도 감사의 마음을 전한다. 늘 러스트에 대한 새로운 소식을 공유해준 동생 규호, 매끄러운 번역을 조언해준 아내 미정, 가끔씩 기분을 환기시켜주었던 두 딸 은채와 은유. 모두의 도움 덕분에 번역 과정을 마칠 수 있었다.

베타리딩을 통해 다양한 의견과 잘못된 부분을 지적해주신 모든 베타리더분들에게도 깊이 감사드린다. 이분들의 편달 덕에 책을 더 멋지게 다듬을 수 있었다.

끝으로 이 책을 선택해준 여러분께 이 책이 작더라도 알찬 도움이 되기를 기원한다.

장연호

베타리더 후기

 김호준(에이블소프트)

러스트의 메모리 관리와 동시성 프로그래밍 지원 방식 등에 대해 더 깊이 파고들어간다는 점에서, 이 책은 기본서(《러스트 프로그래밍 공식 가이드》 등) 이후에 읽기 좋은 다음 단계의 책이라고 생각합니다. 특히 비동기 프로그래밍과 최적화 부분이 이 책의 백미라고 할 수 있습니다. 개인적으로는 임베디드 환경용 러스트 프로젝트 항목이 매우 흥미로웠으나, 단순 소개에 그쳐서 다소 아쉬웠습니다.

 박수빈(엔씨소프트)

어떤 개발 언어든지 기본을 익히고 각 목적에 맞게 개발을 시작한 지 얼마 되지 않았다면, 그다음 단계로 해당 언어를 더 잘 다루기 위해 여러 기법과 유용한 도구를 배우고 싶기 마련입니다. 인기 있는 언어임에도 러스트가 아직 많은 필드에서 널리 사용되지는 않기에, 이러한 팁을 익히기 어렵다고 생각합니다. 이 책은 바로 그 단계를 채워줄 수 있는 책이라는 생각이 들었습니다. 러스트 실력을 한 단계 올리고 싶은 분들에게 추천합니다.

 윤수혁(코나아이)

러스트를 잘 다루기 위해 필요한 도구를 찾고 익히는 것이 어려운 경우가 많은데, 이 책은 그런 도구들을 한 번에 정리해두어 지식 습득에 유용합니다. 다른 언어와는 다른 러스트의 특징을 중점적으로 학습할 수 있는 기회였습니다. 특히 메모리 관리와 테스트 부분에서 많이 배울 수 있었습니다.

정현준

러스트 책을 몇 권 읽어봤는데, 소유권에 대해 이렇게 잘 설명해주는 책은 처음이었습니다. 아직도 돌아서면 잊어버리기 일쑤지만 두고두고 다시 읽어볼 만하다는 생각이 들었습니다. 여러 가지 크레이트를 사용하는 방법도 따라 하기 쉽게 설명하고 있어 좋았습니다. 여전히 러스트의 러닝 커브는 가파르지만, 이 책이 그 산을 오르는 데 큰 힘이 될 것이라고 확신합니다.

시작하며 _____

나는 새로운 프로그래밍 언어를 배우는 것을 좋아한다.

오랫동안 코드를 작성해왔지만, 새로운 언어나 도구를 배울 때 아직도 가끔 벽에 부딪힐 때가 있다. 러스트는 여러 측면에서 독특한 언어이며, 수년 동안 프로그래밍을 해온 사람들도 이전에는 본 적이 없는 새로운 개념을 몇 가지 갖고 있다.

나는 직업적으로나 커뮤니티 프로젝트 기여자로서 러스트로 작업하는 데 많은 시간을 보냈고, 그 과정에서 배운 내용을 공유하고 싶어서 이 책을 썼다. 필자의 노하우가 담긴 이 책을 읽으면 러스트를 처음 접할 때 직면하는 일반적인 함정과 문제를 피함으로써 많은 시간을 절약할 수 있을 것이다.

브렌든 매슈스

책을 집필하는 동안 기능이나 인터페이스가 언제 변경되는지 특히 주의를 기울여 점검했다. 핵심 언어 기능은 실질적으로 변경되지 않을 수 있지만, 러스트를 실제로 사용하려면 수백 개의 별도 라이브러리와 프로젝트가 필요하다. 이 책에서 진화하는 생태계를 탐색하는 데 도움이 되는 전략과 기술을 소개한다.

러스트 생태계가 빠르게 발전하고 있다는 점을 언급하고 싶다. 러스트의 미래를 염두에 두고 이 책을 썼지만, 출간 후 언어와 라이브러리가 크게 변하지 않을 것이라고 장담할 수는 없다.

이 책의 특징

이 책은 러스트를 실제로 사용하는 방법에 초점을 맞추면서도 큰 그림을 그리고, 러스트와 그 도구의 한계, 개발자가 러스트를 사용하여 신속하게 생산성을 높일 수 있는 방법을 제안한다. 이 책은 러스트 언어에 대한 소개도 아니고 공식 문서를 대체하는 것도 아니지만, 러스트에 사용할 수 있는 기존 문서와 리소스를 보완하고 공식 문서에서는 찾을 수 없는 가장 중요한 교훈을 한곳에 모았다. 이 책《러스트 프로페셔널 코드》는 러스트 언어에 대한 완전한 참조를 제공하지는 않아도 적절한 경우 추가 정보를 어디서 얻을 수 있는지 명시했다.

대상 독자

이 책은 러스트에 익숙하며 초급부터 중급 수준을 갖춘 러스트 프로그래머를 대상으로 한다. 러스트를 사용해본 적이 없다면 이 책의 내용을 이해하기가 좀 어려울 수 있다. 왜냐하면 이 책에서는 배경을 설명하는 데 많은 시간을 할애하지 않은 채, 관련 기능에 대한 많은 참고 자료를 포함하고 있기 때문이다. 구문이나 기술적 세부 사항에 대해 더 알고 싶다면 팀 맥나마라Tim McNamara의 《한 줄 한 줄 짜면서 익히는 러스트 프로그래밍》(인사이트, 2022)이나 공식 러스트 책인 <The Rust Programming Langugae>[1]를 출판한 《러스트 프로그래밍 공식 가이드(제2판)》(제이펍, 2024)부터 시작하는 것이 좋다.

중급 및 고급 러스트 프로그래머라면 이 책의 일부 내용이 익숙할 것이다. 이 경우에는 가장 흥미로운 장으로 건너뛰는 것이 좋다.

이 책의 구성

이 책은 어떤 내용에 가장 관심이 있는지에 따라 어떤 순서로든 읽을 수 있다. 개인적 바람으론 모든 독자가 모든 장을 처음부터 끝까지 읽었으면 좋겠지만, 독자들의 목표와 경험 수준이 다양하다는 점을 이해한다. 뒤쪽 장의 대부분은 앞쪽 장의 내용을 토대로 구성한 것이므로 필수 사항은 아니지만 순서대로 읽는 것이 가장 이로울 것이다. 책 전반에 걸쳐 필요에 따라 다른 장이나 주제를 참조하며, 그에 따라 돌아가서 다른 섹션을 읽을 수 있도록 메모를 작성하는 것도 좋을 것이다.

러스트나 다른 일반적인 프로그래밍에 익숙하지 않다면 책 전체를 처음부터 끝까지 읽어서 최대한 활용하는 것이 좋다. 러스트 프로그래밍 언어에 대한 자세한 설명이 필요하다면 먼저 공식 러스트 책 《러스트 프로그래밍 공식 가이드(제2판)》를 읽기 바란다.

- 1장: 러스트의 개요와 특징을 설명한다.

1부: 러스트와 그 도구에 대해 소개한다.

- 2장: 프로젝트 관리 도구인 카고를 소개한다.
- 3장: 주요 러스트 도구를 둘러본다.

2부: 러스트의 데이터 구조와 메모리 관리를 다룬다.

- 4장: 러스트의 데이터 구조를 알아본다.
- 5장: 러스트의 메모리 관리 모델을 자세히 살펴본다.

---

1 https://doc.rust-lang.org/book/

3부: 정확성 테스트 기법을 설명한다.

- 6장: 러스트의 단위 테스트 기능을 둘러본다.
- 7장: 통합 및 퍼즈 테스트에 대해 다룬다.

4부: 비동기 러스트 프로그래밍을 소개한다.

- 8장: 러스트의 비동기 기능에 대한 개요를 제공한다.
- 9장: 비동기 HTTP 서버 구현을 살펴본다.
- 10장: 비동기 HTTP 클라이언트 구현을 알아본다.

5부: 러스트 최적화에 대해 알아본다.

- 11장: 러스트 최적화를 자세히 살펴본다.

코드에 대하여

이 책의 많은 소스 코드가 행 번호가 매겨지거나 일반 텍스트에 포함되어 있다. 두 경우 모두 소스 코드는 일반 텍스트와 구분하기 위해 이와 같이 고정 너비 글꼴로 표기했다. 기존 코드에 새로운 기능을 추가하는 경우에는 이전 단계에서 변경된 코드를 강조하기 위해 **굵게 표시**한 것도 있다.

많은 경우 원본 소스 코드를 다시 정리했다. 책에서 사용 가능한 페이지 공간에 맞추기 위해 줄바꿈을 추가하고 들여쓰기를 다시 넣었다. 어떤 경우에는 이것으로도 충분하지 않아 목록에 줄 연속 표시(↪)를 추가했다. 또한 본문에서 코드를 설명할 때는 코드의 주석을 제거한 경우도 많다. 많은 예제와 함께 제공되는 코드 주석은 중요한 개념을 강조한다.

이 책의 liveBook(온라인)[2] 버전에서 실행 가능한 코드를 얻을 수 있다. 책에 나오는 예제의 전체 코드는 매닝Manning 웹사이트[3]와 깃허브[4]에서 얻을 수 있다.

---

2 https://livebook.manning.com/book/code-like-a-pro-in-rust
3 https://www.manning.com/books/code-like-a-pro-in-rust
4 https://github.com/brndnmtthws/code-like-a-pro-in-rust-book

깃에서 다음 명령을 실행하여 책의 코드 사본을 컴퓨터에서 로컬로 복제할 수 있다.

```
$ git clone https://github.com/brndnmtthws/code-like-a-pro-in-rust-book
```

책의 코드는 저장소 내에 장과 절별 디렉터리로 구성되어 있으며, 주제별로 각 절 내에 구성되어 있다. 코드는 자신의 작업의 기초로 적합하다는 판단이 들면 코드 샘플을 복사하여 사용할 수 있는 허용적인 라이선스인 MIT 라이선스를 따른다.

이 책에서는 보조 자료로 사용되는 오픈 소스 프로젝트에 대한 언급을 많이 했다. 대부분의 프로젝트(또는 크레이트)에 대한 소스 코드는 해당 프로젝트 저장소에서 얻을 수 있다. 다음 표를 참조하기 바란다.

이 책에서 참조한 프로젝트들

이름	설명	홈페이지	저장소 주소
dryoc	암호화 라이브러리	https://crates.io/crates/dryoc	https://github.com/brndnmtthws/dryoc
rand	난숫값 제공	https://rust-random.github.io/book	https://github.com/rust-random/rand
Rocket	HTTP/ 웹 프레임워크	https://rocket.rs	https://github.com/rwf2/Rocket
num_cpus	논리적 CPU 코어 수 반환	https://crates.io/crates/num_cpus	https://github.com/seanmonstar/num_cpus
zlib	압축 라이브러리	https://zlib.net/	https://github.com/madler/zlib
lazy_static	전역 정적 변수 라이브러리	https://crates.io/crates/lazy_static	https://github.com/rust-lang-nursery/lazy-static.rs
Tokio	비동기 런타임	https://tokio.rs	https://github.com/tokio-rs/tokio
Syn	러스트 코드 파서	https://crates.io/crates/syn	https://github.com/dtolnay/syn
axum	비동기 웹 프레임워크	https://docs.rs/axum/latest/axum/	https://github.com/tokio-rs/axum

원고의 초안에 대한 피드백을 제공해준 친구 Javeed Shaikh와 Ben Lin, 그리고 이 책을 완성하기까지 인내심을 갖고 작업해준 매닝 출판사에게 감사의 말씀을 전한다.

특히 개발 편집자 Karen Miller, 리뷰 편집자 Aleksandar Dragosavljević, 제작 편집자 Deirdre Hiam, 카피라이터 Christian Berk, 교정자 Katie Tennant에게 감사드린다.

리뷰어인 Adam Wendell, Alessandro Campeis, Arun Bhagvan Kommadi, Christian Witts, Clifford Thurber, David Moshal, David Paccoud, Gianluigi Spagnuolo, Horaci Macias, Jaume Lopez, Jean-Paul Malherbe, João Pedro de Lacerda, Jon Riddle Joseph Pachod, Julien Castelain, Kevin Orr, Madhav Ayyagari, Martin Nowack, Matt Sarmiento, Matthew Winter, Matthias Busch, PK Chetty, Rohit Goswami, Satadru Roy, Satej Kumar Sahu, Sebastian Palma, Seth MacPherson, Simon Tschöke, Sri Kadimisetty, Tim van Deurzen, William Wheeler, Zach Peters께 감사드린다. 이 책의 퀄리티를 높이는 데 이분들의 도움을 받았다.

표지에 대하여 _____

책 표지에 실린 그림은 <Femme de l'Argou(아르가우의 여인)>라는 제목이 붙어 있다. 이 삽화는 1797년 프랑스에서 출간된 《Costumes de Différents Pays(여러 나라의 복식)》 화집에서 가져온 것으로, 자크 그라세 드 생소뵈르Jacques Grasset de Saint-Sauveur(1757~1810)가 여러 나라의 드레스 의상을 손으로 정교하게 그리고 채색했다. 생소뵈르의 풍부한 작품들은 불과 200년 전만 해도 세계 각 도시와 지역의 문화가 얼마나 다양했는지를 생생하게 보여준다. 지리적으로 떨어져 있으면서, 사람들은 다른 언어와 방언을 사용했다. 거리나 시골에서 어디에 살고 있으며, 무엇을 사고파는지, 어떤 계층에 속하는지를 단지 옷차림만으로도 쉽게 확인할 수 있었다.

그 이후로 우리가 옷을 입는 방식은 변했고, 풍부했던 지역별 다양성은 희미해졌다. 지금은 마을, 지역, 나라는 고사하고, 서로 다른 대륙에 사는 사람들을 구분하는 것도 어렵다. 아마도 우리는 문화적 다양성 대신에 더 다양해진 개인적 삶, 또는 빠른 속도로 변해가는 기술적인 생활을 선택했던 것 같다.

비슷비슷한 책들이 가득한 요즘, 매닝Manning 출판사는 두 세기 전 여러 지역의 다채로운 생활상을 보여주는 자크 그라세 드 생소뵈르의 그림 중 하나를 표지에 실어 IT 업계의 독창성과 진취성을 기리고자 한다.

러스트스러운 느낌

이 책은 초중급 러스트 개발자가 언어, 도구, 데이터 구조, 메모리 관리, 테스트, 비동기 프로그래밍, 모범 사례를 최대한 빨리 익히는 데 초점을 맞추고 있다. 이 책을 다 읽을 때쯤이면 관용적 (또는 러스트적Rustaceous) 러스트로 출시 품질에 준하는 소프트웨어 시스템을 구축하는 데 자신감을 갖게 될 것이다. 이 책은 러스트 언어나 그 도구에 대한 완전한 참고서는 아니다. 대신 도움이 될 만한 것에 주목하고 있다.

러스트는 빠르고 안전한 프로그램을 구축하고자 하는 사람들이 원하는 강력한 기능을 제공하는데, 어떤 이들은 러스트를 배우는 게 어렵다고 호소한다. 이 책은 어려운 부분을 극복하게 도와주고 러스트의 핵심 개념을 명확히 전달함으로써 실행 가능한 조언을 제공할 것이다.

이 책은 러스트 프로그래밍 언어에 어느 정도 익숙한 사람들을 대상으로 한다. 또 C, C++, 자바와 같은 다른 시스템 수준 프로그래밍 언어에 대한 경험이 있는 독자에게 많은 도움이 될 것이다. 이 책의 내용을 이해하기 위해 꼭 러스트 전문가 수준의 지식을 갖출 필요는 없지만, 기초적인 구문, 역사 또는 프로그래밍 개념을 설명하는 데 많은 시간을 할애하지는 않을 것이다.

이 책에서는 많은 코드 예제의 일부분만 소개한다. 전체 코드는 깃허브[1]에서 찾을 수 있다. 제한 없는 사용, 복사, 수정이 허용되는 MIT 라이선스에 따라 코드를 제공한다. 이 책을 최대한 활용하려면 전체 예제를 따라 해보는 것이 좋다. 예제는 기본적으로 저장소 내 장별로 구성해두었다. 다만 일부는 여러 절이나 장에 걸쳐 있을 수 있으므로 해당 주제에 따른 이름으로 지정되어 있는 것도 있다.

1.1 러스트는 무엇인가?

러스트Rust는 성능과 안전성에 중점을 둔 현대적인 프로그래밍 언어다. 클로저closure, 제네릭generic, 비동기식 입출력, 강력한 도구, IDE 통합, 린트lint, 스타일 검사 도구와 같은 현대적 프로그래밍 언어에서 원하거나 기대할 수 있는 모든 기능은 물론 활발하게 성장하고 있는 개발자 및 기여자 커뮤니티를 보유하고 있다.

그림 1.1 러스트 코어 팀이 만든 러스트 언어 로고, CC BY 4.0

러스트는 강력한 언어이며 웹 개발을 포함하여 다양한 용도로 사용할 수 있다. 시스템 수준 언어를 지향하지만 **Wasm**(바이트코드 실행을 위한 웹 표준인 WebAssembly의 줄임말)을 사용한 웹 프로그래밍처럼 시스템 수준 프로그래밍 외 분야에도 매우 적합하다. 그림 1.2는 러스트가 일반적으로 언어 계층에서 차지하는 위치를 나타낸 것이다. 물론 이것이 절대적인 것은 아니다.

---

1   https://github.com/brndnmtthws/code-like-a-pro-in-rust-book

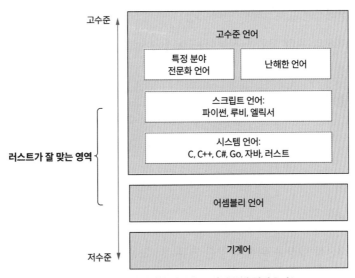

그림 1.2 언어 계층에서 러스트는 어디쯤에 걸맞은가?

러스트 제작자는 안전과 성능이 중요한 시스템 수준 코드 및 라이브러리를 만드는 것을 주요 용도로 구상했다. 러스트의 안전성 보장은 공짜가 아니며, 언어와 컴파일 시간 복잡성이 추가되는 것 등의 비용을 감내함으로써 얻어지는 것이다.

러스트는 파이썬Python이나 루비Ruby처럼 더 높은 수준의 언어와 **경쟁할 수 있다**. 그러나 플랫폼에 종속적인 바이너리로 컴파일되기 때문에 런타임 인터프리터가 없다는 약점을 안고 있다. 따라서 러스트 프로그램은 바이너리 형태로 배포해야 한다(또는 어떻게든 컴파일러를 제공해야 한다). 임베디드 또는 자원이 지극히 제한된 환경 등 몇 가지 특별한 경우, 러스트가 파이썬이나 루비와 같은 스크립팅 언어보다 훨씬 더 나은 선택이 될 수 있다.

최근 인기가 크게 높아진 Wasm을 사용하여 러스트를 웹 브라우저용으로 직접 컴파일할 수도 있다. Wasm은 x86-64나 AArch64와 마찬가지로 별개의 CPU 대상처럼 취급된다. 단, 이 경우 CPU는 웹 브라우저라는 점이 다르다.

러스트 언어의 몇 가지 눈에 띄는 특성은 다음과 같다.

- 다음을 포함하되 그것에 한정되지 않는 언어 작업을 위한 핵심 도구 모음
  - `rustc`, 공식 러스트 컴파일러
  - `cargo`, 패키지 관리자 및 빌드 도구
  - https://crates.io, 패키지 저장소

- 다음과 같은 현대적인 프로그래밍 언어 기능
  - 러스트의 메모리 관리 모델을 시행하는 대여 검사기
  - 정적 타이핑
  - 비동기 입출력
  - 클로저
  - 제네릭
  - 매크로
  - 트레이트trait

- 코드 품질과 생산성 향상을 위한 다양한 커뮤니티 모음
  - rust-clippy, 고급 린터이자 스타일 도구
  - rustfmt, 정해진 특정 형식으로 코드를 재단해주는 코드 포맷터
  - sccache, rustc용 컴파일러 캐시
  - rust-analyzer, 완전한 기능을 갖춘 러스트 언어용 IDE 통합 툴

> **가장 사랑받는 언어**
>
> 러스트는 이 책을 작성하는 시점을 기준으로 2016년부터 매년 스택 오버플로(Stack Overflow)의 연례 개발자 설문조사에서 '가장 사랑받는 프로그래밍 언어'로 선정되었다. 2021년 설문조사[2]에서 러스트 사용자의 82,914개의 응답 중 86.98%가 러스트를 사랑한다고 응답했다. 클로저(Clojure)는 81.12%의 호응을 얻어 2위를 차지했고, 타입스크립트(TypeScript)는 72.73%의 표를 받아 3위에 올랐다.

1.2 러스트는 무엇이 독특한가?

러스트는 고유한 추상화 방식을 사용하여 일반적인 프로그래밍에서 일어나는 실수를 해결한다. 그중 일부는 이전에 본 적이 없을 수도 있다. 이 절에서는 러스트를 차별화하는 기능을 빠르게 훑어볼 것이다.

---

2 https://insights.stackoverflow.com/survey/2021#most-loved-dreaded-and-wanted-language-love-dread

1.2.1 러스트는 안전하다

안전성은 러스트가 보증하는 특징 중 하나다. 러스트의 안전함이라는 특징은 대부분의 다른 언어와 가장 크게 차별화되는 요소다. **대여 검사기**borrow checker라는 기능 덕분에 러스트는 강력한 보안 보장을 제공한다.

C, C++과 같은 언어에서 메모리 관리는 다소 수동적인 절차이며, 개발자는 메모리 관리를 고려할 때 구현 세부 사항을 반드시 알고 있어야 한다. 자바, Go, 파이썬과 같은 언어는 자동 메모리 관리 또는 가비지garbage 수집을 사용하여 약간의 성능 하락을 감수하면서 메모리 할당 및 관리 세부 사항에 대해서는 살짝 피해간다.

러스트의 대여 검사기는 실행 시 참조를 일일이 세거나 가비지 수집을 수행하는 대신, **컴파일 시간**에 참조를 검증하는 방식으로 작동한다. 이 고유한 기능 때문에, 특히 대여 검사기를 처음 겪어보는 이가 소프트웨어를 작성할 때 어려움을 느끼곤 한다.

대여 검사기는 주어진 객체나 변수에 대해 한 번에 둘 이상의 변경 가능한 참조가 있는지 확인하는 러스트 컴파일러 `rustc`의 일부다. 객체나 변수에 대한 불변 참조(즉, 읽기 전용 참조)가 여러 개 있을 수 있지만, 활성화된 가변 참조는 1개를 넘을 수 없다. 그림 1.3에서 볼 수 있듯이 러스트는 가변 참조와 불변 참조 사이에 중복이 없는지 확인하여 메모리 안전성을 보장한다.

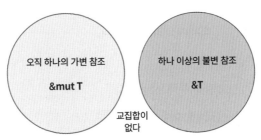

그림 1.3 벤다이어그램으로 보는 러스트의 대여 검사 규칙

러스트는 **RAII**resource acquisition is initialization(자원 획득 시 초기화)를 사용하여 변수와 모든 참조가 범위 안팎에 있는지 추적한다. 범위를 벗어나면 메모리를 해제할 수 있다. 대여 검사기는 범위를 벗어난 변수에 대한 참조를 허용하지 않는다. 또한 하나의 가변 참조 또는 다수의 불변 참조는 허용하지만, 둘 모두를 동시에 허용하지는 않는다.

대여 검사기는 병렬 프로그래밍에도 안전성을 제공한다. 경쟁 조건race condition은 별도의 스레드 간에 데이터를 병렬로 공유할 때 발생한다. 대부분의 경우 근본 원인은 동일하다. 동시에 공유된 가변 참조를 갖는 것이다. 러스트에서는 하나의 가변 참조만을 가질 수 있으므로 데이터 동기화 문제를 피하거나 적어도 의도치 않게 생성되지는 않는다.

러스트의 대여 검사기는 처음에는 익히기 까다롭지만, 곧 러스트의 최고 기능임을 알게 될 것이다. 하스켈Haskell과 같은 언어와 마찬가지로 일단 코드가 컴파일되면 (적절한 테스트와 결합할 때) 해당 코드가 정상적으로 동작하고 충돌하지 않도록 충분히 보장한다(테스트는 6장과 7장에서 다룬다). 여기에는 예외가 있긴 하지만, 러스트로 작성된 대부분의 코드는 버퍼 끝을 지나서 읽거나 메모리 할당 및 할당 해제를 잘못 처리하는 것과 같은 일반적인 메모리 오류로 인한 충돌이 일어나지 않는다.

1.2.2 러스트는 현대적이다

러스트 언어 개발자는 현대적 프로그래밍 패러다임을 지원하는 데 특히 공을 들였다. 이전에 다른 언어에 대한 경험을 갖고 있다면, 이전 방식을 벗어나 새로운 방식에 접근하는 방식을 알 수 있을 것이다. 러스트는 트레이트, 제네릭, 함수형 프로그래밍을 선호하고 객체지향 프로그래밍과 같은 패러다임은 피한다.

특히 러스트는 다음 패러다임과 기능을 강조한다.

- 함수형 프로그래밍: 클로저, 익명 함수, 반복자
- 제네릭
- 트레이트: 다른 언어에서는 '인터페이스'라고도 한다.
- 수명: 참조 처리에 쓰인다.
- 메타프로그래밍: 매크로 시스템을 통해 사용한다.
- 비동기 프로그래밍: `async`/`await`를 이용한다.
- 패키지 및 종속성 관리: `cargo`를 사용한다.
- 무비용 추상화

특히 러스트에는 전통적인 객체지향 기능이 없다. 그리고 러스트에서 클래스 및 상속과 유사한 패턴을 모델링할 수는 있지만 쓰이는 용어는 다르며, 러스트 자체는 함수형 프로그래밍에 더 적합하다. C++, 자바, C#과 같은 객체지향 언어를 사용해온 이들은 익숙해지는 데 시간이 걸릴 수 있다. 많은 프로그래머는 일단 새로운 패턴에 적응하기만 하면 객체지향 이데올로기의 경직성에서 해방되는 기쁨과 자유를 누릴 수 있을 것이다.

1.2.3 순수 오픈 소스로서의 러스트

구축할 언어와 플랫폼을 고려할 때 커뮤니티 거버넌스governance는 모든 프로젝트의 장기적인 유지 관리 면에서 고려해야 할 중요한 사항이다. 오픈 소스이지만 Go(구글), 스위프트Swift(애플), .NET(마이크로소프트)과 같은 대기업이 관리하는 일부 언어 및 플랫폼에는 프로젝트를 관리하는 주체가 기술에 대한 결정, 또는 자사 제품에 대한 지원 등을 입맛대로 내리는 것과 같은 위험이 상존한다.

러스트는 비영리 단체인 모질라Mozilla 재단이 후원하는 커뮤니티 주도 프로젝트다. 러스트 프로그래밍 언어 자체는 아파치Apache 라이선스와 MIT 라이선스를 따르는 이중 라이선스가 부여된다. 러스트 생태계 내의 개별 프로젝트는 각기 라이선스가 부여되지만, 대부분의 주요 구성 요소와 라이브러리는 MIT 또는 아파치와 같은 오픈 소스 라이선스를 따른다.

러스트는 대규모 기술 회사들로부터 강력한 지원을 받는다. 아마존, 페이스북, 구글, 애플, 마이크로소프트 등은 러스트를 사용하거나 지원할 계획을 세웠다. 특정한 이익 집단에 얽매이지 않기 때문에 러스트를 도입하는 것는 이해의 충돌은 최소화하면서 장기적으로는 좋은 선택이라 할 수 있다.

NOTE 러스트 팀은 공식 홈페이지에서 러스트를 제품에 사용한 목록[3]을 관리하고 있다.

1.2.4 러스트와 다른 언어 비교

표 1.1은 완전하지는 않지만 러스트와 다른 인기 있는 프로그래밍 언어 간의 차이점을 요약한 것이다.

표 1.1 러스트와 다른 언어 비교

언어	패러다임	타입	메모리 모델	핵심 기능
러스트	다중: 동시성, 함수형, 제네릭, 순차	정적, 강타입	RAII, 명시적	안전성, 성능, 비동기
C	순차	정적, 약타입	명시적	효율성, 이식성, 저수준 메모리 관리, 광범위한 지원
C++	다중: 순차, 객체지향, 제네릭, 함수형	정적, 혼합	RAII, 명시적	효율성, 이식성, 저수준 메모리 관리, 광범위한 지원
C#	다중: 객체지향, 순차, 이벤트 기반, 함수형, 반응형, 동시성	정적, 동적, 강타입	가비지 수집	마이크로소프트 플랫폼 지원, 방대한 생태계, 향상된 언어 기능

---

3   https://www.rust-lang.org/production

표 1.1 러스트와 다른 언어 비교(계속)

언어	패러다임	타입	메모리 모델	핵심 기능
자바스크립트	다중: 프로토타입, 함수형, 순차	동적, 덕타이핑, 약타입	가비지 수집	광범위한 지원, 비동기
자바	다중: 제네릭, 객체지향, 순차, 반응형	정적, 강타입	가비지 수집	바이트코드 기반, 기성 제품급의 자바 가상 머신, 광범위한 지원, 방대한 생태계
파이썬	다중: 함수형, 순차, 객체지향, 반응형	동적, 덕타이핑, 강타입	가비지 수집	인터프리터 방식, 높은 이식성, 광범위한 사용
루비	다중: 함수형, 순차, 객체지향, 반응형	동적, 덕타이핑, 강타입	가비지 수집	구문, 모든 것이 표현식, 간단한 동시성 모델
타입스크립트	다중: 함수형, 제네릭, 순차, 객체지향	정적, 동적, 덕타이핑, 혼합	가비지 수집	타입, 자바스크립트 호환, 비동기

1.3 언제 러스트를 써야 하는가?

러스트는 C나 C++을 사용하는 것과 비슷하다는 면에서 시스템 프로그래밍 언어다. 일반적으로 저수준 시스템 프로그래밍에 사용된다는 의미다. 러스트는 개발자 생산성이 가장 중요한 분야에는 적합하지 않을 수 있다. 이는 러스트로 작성하는 것이 Go, 파이썬, 루비, 엘릭서Elixir처럼 널리 사용되는 언어로 코드를 작성하는 것보다 까다로울 수 있기 때문이다.

러스트는 Wasm의 부상과 함께 웹 프로그래밍을 위한 훌륭한 후보이기도 하다. 러스트로 애플리케이션과 라이브러리를 구축하고 Wasm용으로 컴파일하면, 웹의 이식성과 함께 러스트의 안전 모델의 이점을 활용할 수 있다.

러스트만을 위한 전용 특정 사례는 없다. 사용하는 게 합리적이라면 사용하면 된다. 개인적으로는 소규모 일회성 프로젝트에 러스트를 사용해왔다. 단순하게 작성하는 것이 즐겁고 일단 코드만 컴파일하고 나면 일반적으로 정상적인 작동을 기대할 수 있기 때문이다. 러스트 컴파일러와 도구를 적절하게 사용하면 코드에 오류가 있거나 정의되지 않은 방식으로 작동할 가능성이 상당히 줄어든다. 이런 속성은 모든 프로젝트에서 긍정적으로 작용한다.

TIP 성공을 하려면 올바른 작업에 올바른 도구를 사용하는 것이 중요하지만, 어떤 도구가 올바른지 알려면 먼저 다양한 작업에 다양한 도구를 사용하여 경험을 쌓아야 한다.

- **코드 가속**

  러스트는 파이썬, 루비, 엘릭서와 같은 다른 언어의 함수의 속도를 향상시킬 수 있다.

- **동시성 시스템**

  러스트의 안전 보장은 동시성 코드에 적용된다. 이로 인해 러스트는 고성능 동시성 시스템에서 사용하기에 이상적이다.

- **암호화**

  러스트는 암호화 알고리즘을 구현하는 데 이상적이다.

- **임베디드 프로그래밍**

  러스트는 시스템 C 라이브러리 또는 서드파티 C 라이브러리를 제외한 모든 종속성을 묶는 바이너리를 생성한다. 이는 특히 임베디드 시스템에서 상대적으로 간단한 바이너리 배포에 적합하다. 또한 러스트의 메모리 관리 모델은 메모리 부하를 최소한으로 요구하는 시스템에 적합하다.

- **적대적인 환경**

  안전이 가장 중요한 상황에서 러스트는 완벽하게 보장한다.

- **뛰어난 성능**

  러스트는 안전과 성능에 최적화되어 있다. 안전성을 훼손하지 않으면서 매우 빠르고 쉽게 코드를 작성할 수 있다.

- **문자열 처리**

  오버플로가 일어나지 않는 코드를 쉽게 작성할 수 있는 러스트는 매우 까다로운 문자열 처리 작업에 특히 적합하다.

- **레거시 C 또는 C++ 교체**

  러스트는 레거시 C, C++를 대체하기 위한 탁월한 선택이다.

- **안전한 웹 프로그래밍**

  러스트는 웹어셈블리를 대상으로 할 수 있으므로 러스트의 안전성과 강력한 타입 검사를 웹 애플리케이션을 구축할 때 이용할 수 있다.

1.4 필요한 도구들

책에 포함된 코드 예제는 MIT 라이선스에 따라 자유롭게 사용할 수 있다. 코드 사본을 얻으려면 지원되는 운영체제와 표 1.2의 도구가 설치된, 인터넷이 가능한 컴퓨터가 필요하다. 필요 도구의 설치 등에 대한 자세한 설명은 부록을 참고한다.

표 1.2 필요 도구

이름	설명
git	책의 소스 코드는 공개 깃 저장소에 보관되어 있으며 깃허브[4]에서 운영되고 있다.
rustup	러스트 구성 요소를 관리하기 위한 도구다. rustup은 rustc 및 그 외 구성 요소의 설치를 관리한다.
gcc나 clang	특정 코드 예제를 빌드하려면 GCC(GNU 컴파일러 모음) 또는 Clang이 설치되어 있어야 하지만, 그 외 대부분의 경우에는 필요하지 않다. Clang은 대부분의 사람들에게 최선의 선택일 것이며 기본적으로 참조된다. clang 명령이 기본적으로 지정되며, 원하는 경우 gcc로 자유롭게 대체할 수 있다.

1.5 요약

- 러스트는 향상된 안전 기능과 무료 추상화 기능을 갖춘 현대적인 시스템 수준 프로그래밍 언어다.
- 러스트의 가파른 학습 곡선은 초기에는 부담이 될 수 있지만, 이 책은 그러한 장애물을 극복하는 데 도움을 준다.
- 러스트는 다른 언어에서 개념을 차용하고 유사성 또한 많긴 하지만, 이 책 전반에 걸쳐 설명하는 바와 같이 매우 독특하다.
- 활발한 커뮤니티와 성숙한 패키지 저장소는 그 위에 구축된 풍부한 생태계를 제공한다.
- 이 책을 최대한 활용하려면 코드 예제[5]를 따른다.

---

4 https://github.com/brndnmtthws/code-like-a-pro-in-rust-book
5 https://github.com/brndnmtthws/code-like-a-pro-in-rust-book

PART

I

프로 러스트

러스트는 속도, 안전성, 언어 작업을 위한 풍부한 도구 모음 등 많은 가치를 제공한다. 언어를 배우는 것은 중요하지만, 핵심 러스트 프로젝트와 더 넓은 커뮤니티에서 제공하는 도구를 사용하면 빠르게 숙달하는 데 도움이 된다.

도구의 사용은 좋은 프로그래밍 언어와 나쁜 프로그래밍 언어를 가르는 요소 중 하나다. 도구의 효율성도 마찬가지다. 어떤 도구를 사용할 수 있는지와 그것이 제공하는 일부 기능에 대해 아는 것만으로도 도구를 배우는 걸 등한시하는 개발자보다 우위에 설 수 있다.

책의 첫 번째 부분에서는 언어의 기본 사항, 특히 언어 작업에 필요한 도구를 소개(또는 전문지식 수준에 따라 검토)하는 데 시간을 할애할 것이다. 도구를 사용하기 위해 러스트 전문가가 될 필요는 없지만, 언어를 효과적으로 사용하려면 도구를 이해해야 한다.

PART I

Pro Rust

## CHAPTER 2

카고로 프로젝트 관리하기

이 장의 주요 내용

- 카고 소개와 카고로 러스트 프로젝트 관리하기
- 러스트 프로젝트의 의존성 다루기
- 다른(비러스트) 라이브러리에 연결하기
- 러스트 애플리케이션 및 라이브러리 게시
- 러스트 코드 문서화
- 프로젝트 관리 및 게시에 대한 러스트 커뮤니티의 모범 사례 따르기
- 모듈과 작업 공간으로 러스트 프로젝트 구조화
- 임베디드 환경에서 러스트를 사용하기 위한 고려 사항

바로 러스트 언어로 뛰어들기 전에 러스트로 일할 때 필요한 기본 도구에 익숙해져야 한다. 장황해 보이겠지만, 도구를 마스터하는 것은 매우 중요하다. 러스트 언어를 개발한 이들은 사용자들이 더 쉽게 활용할 수 있도록 도구를 만들었으며, 개발자가 제공하는 도구에 익숙해지는 것은 가치 있는 일이다.

카고Cargo는 러스트의 패키지 관리 도구이자, 러스트의 컴파일러인 rustc, 저장소 https://crates.io, 그 외 (3장에서 자세히 다루게 될) 다양한 도구에 대한 인터페이스다. 엄밀히 말하면 카고 없이도 러스트와 rustc를 사용하는 것은 가능하지만 권장하지는 않는다.

러스트로 작업하다 보면 카고와 같이 동작하는 도구와 카고를 사용하며 많은 시간을 보내게 될 것이다. 사용법과 모범 사례를 숙지하는 것이 중요하다. 3장에서는 카고의 유용성을 더욱 높여주는 커뮤니티 크레이트crates를 사용하는 방법과 자세한 내용을 알아볼 것이다.

2.1 카고 둘러보기

직접 체험해보면서 카고의 기능과 일반적인 사용법을 살펴본다. 천천히 따라 하기를 바란다(이상적으로는 아래의 설명대로 명령을 실행하여 수행해보는 것이 좋다). 실습을 병행하다 보면 이미 카고를 어떻게 사용하는지 잘 알더라도 새로운 기능을 발견할 수 있을 것이다.

2.1.1 기본 사용법

먼저 `cargo help`를 실행해 사용할 수 있는 명령어를 살펴본다.[1]

```
$ cargo help
Rust's package manager

Usage: cargo [+toolchain] [OPTIONS] [COMMAND]

Options:
  -V, --version          Print version info and exit
      --list             List installed commands
      --explain <CODE>   Run `rustc --explain CODE`
  -v, --verbose...       Use verbose output (-vv very verbose/build.rs output)
  -q, --quiet            Do not print cargo log messages
      --color <WHEN>     Coloring: auto, always, never
      --frozen           Require Cargo.lock and cache are up to date
      --locked           Require Cargo.lock is up to date
      --offline          Run without accessing the network
      --config <KEY=VALUE> Override a configuration value
  -Z <FLAG>              Unstable (nightly-only) flags to Cargo, see 'cargo -Z help'
  for details
  -h, --help             Print help

Some common cargo commands are (see all commands with --list):
    build, b    Compile the current package
    check, c    Analyze the current package and report errors, but don't build object files
    clean       Remove the target directory
    doc, d      Build this package's and its dependencies' documentation
```

---

1 (옮긴이) 원서에는 없지만, 2024년 1분기 기준 최신 버전에 추가된 옵션을 반영하였다.

```
new          Create a new cargo package
init         Create a new cargo package in an existing directory
add          Add dependencies to a manifest file
remove       Remove dependencies from a manifest file
run, r       Run a binary or example of the local package
test, t      Run the tests
bench        Run the benchmarks
update       Update dependencies listed in Cargo.lock
search       Search registry for crates
publish      Package and upload this package to the registry
install      Install a Rust binary. Default location is $HOME/.cargo/bin
uninstall    Uninstall a Rust binary

See 'cargo help <command>' for more information on a specific command.
```

카고 버전에 따라 출력이 약간 다를 수 있다. 위의 예와 유사한 출력이 나오지 않는다면 설치한 카고가 제대로 작동하는지 확인해봐야 한다. 설치에 대한 자세한 내용은 부록을 참조한다.

2.1.2 새 애플리케이션이나 라이브러리 만들기

카고는 'Hello, world!' 애플리케이션이나 라이브러리를 생성할 수 있는 상용구 생성기를 지원하므로 시간을 절약할 수 있다. 개발 디렉터리의 셸에서 다음 명령을 실행하여 시작한다(필자는 개인적으로 ~/dev를 사용하는 것을 선호한다).

```
$ cargo new dolphins-are-cool
   Created binary (application) `dolphins-are-cool` package
```

위의 명령은 dolphins-are-cool이라는 새 상용구 응용 프로그램을 만든다(이름은 원하는 대로 변경할 수 있다). 결과를 빠르게 살펴보자.

```
$ cd dolphins-are-cool/
$ tree²
.
├── Cargo.toml
└── src
    └── main.rs

1 directory, 2 files
```

---

2   [옮긴이] macOS의 경우에는 brew install tree로 해당 유틸리티를 설치하면 된다.

위의 결과에서 우리는 카고가 2개의 파일을 생성한 것을 확인할 수 있다.

- `Cargo.toml`은 새로운 애플리케이션을 위한 카고 구성 파일이며, TOML 형식으로 되어 있다.
- `src` 디렉터리 안의 `main.rs`는 새로운 애플리케이션의 진입점을 나타낸다.

TIP TOML(Tom's obvious minimal language)은 많은 러스트 관련 도구에서 사용하는 구성 파일 형식이다. TOML 에 대한 자세한 내용은 https://toml.io를 참조하자.

이어서 `cargo run`으로 만들어진 애플리케이션을 컴파일하고 실행시킨다.

```
$ cargo run
    Compiling dolphins-are-cool v0.1.0 (/Users/brenden/dev/dolphins-are-cool)
        Finished dev [unoptimized + debuginfo] target(s) in 0.42s
         Running `target/debug/dolphins-are-cool`
Hello, world!  ◀── 이 부분은 러스트 프로그램의 출력이다.
```

다음과 같이 `cargo new` 명령어를 실행하되 `--lib` 인수를 주면 새로운 라이브러리를 만든다.

```
$ cargo new narwhals-are-real --lib
    Created library `narwhals-are-real` package

$ cd narwhals-are-real

$ tree .
.
├── Cargo.toml
└── src
    └── lib.rs

1 directory, 2 files
```

`cargo new --lib`로 생성한 코드는 `src/lib.rs`에 `main` 함수 대신 단위 테스트 하나를 포함하는 등 조금 다르다. `cargo test`로 테스트를 실행할 수 있다.

```
$ cargo test
    Compiling narwhals-are-real v0.1.0 (/Users/brenden/dev/narwhals-are-real)
     Finished test [unoptimized + debuginfo] target(s) in 0.26s
      Running unittests src/lib.rs (target/debug/deps/narwhals_are_real-779ea1c4d5ffa31f)[3]
```

---

3 [옮긴이] 실행 시 기기에 따라 경과 시간 및 대상 디렉터리는 다를 수 있다. 옮긴이가 직접 실행 및 검증하며 코드를 수정하였고, 이에 따라 원서와 다른 부분이 있음을 밝힌다. 또한, 독자가 똑같이 실행할 때도 이 부분은 차이가 날 수 있다(이후 표시하지 않음).

```
running 1 test
test tests::it_works ... ok

test result: ok. 1 passed; 0 failed; 0 ignored; 0 measured; 0 filtered out; finished in 0.00s

    Doc-tests narwhals-are-real

running 0 tests

test result: ok. 0 passed; 0 failed; 0 ignored; 0 measured; 0 filtered out; finished in 0.00s
```

> **TIP** 애플리케이션은 `src/main.rs`를 시작점으로 삼고, 라이브러리는 `src/lib.rs`를 시작점으로 삼는다.

`cargo new`를 사용할 때 카고는 `.gitignore` 파일을 포함하여 새 디렉터리를 깃 저장소로 자동으로 초기화해준다(이미 저장소 내부에 있다면 제외). 카고는 `--vcs` 플래그를 통해 hg, 피줄Pijul, 포실Fossil 도 지원한다.

2.1.3 빌드, 실행, 테스트

카고 명령어 중에서 가장 많은 시간을 할애하여 살펴볼 것은 build, check, test, run이다. 표 2.1 에 이 명령에 대해 요약했다.

표 2.1 카고 빌드 & 실행 명령

카고 명령	요약
build	패키지를 컴파일하고 링크해서 모든 최종 대상용 바이너리를 생성한다.
check	실제로 대상 바이너리를 생성하는 것을 빼고는 build와 유사하며, 코드의 정합성만을 검사한다.
test	모든 테스트를 컴파일하고 실행한다.
run	대상 바이너리를 컴파일하고 실행한다.

많이 사용하는 명령은 `cargo check`와 `cargo test`다. `check`를 사용하면 `cargo build`보다 빠르게 구문을 검증하므로 코드를 작성하는 동안 시간을 절약해 빠르게 반복할 수 있다. 깃허브에서 제공하는 `dryoc`[4] 크레이트의 컴파일 시간을 통해 이러한 내용을 살펴보자.

---

4 https://github.com/brndnmtthws/dryoc

```
$ cargo clean
$ time cargo build
...
    Finished dev [unoptimized + debuginfo] target(s) in 9.26s
cargo build 26.95s user 5.18s system 342% cpu 9.374 total
$ cargo clean
$ time cargo check
...
    Finished dev [unoptimized + debuginfo] target(s) in 7.97s
cargo check 23.24s user 3.80s system 334% cpu 8.077 total
```

이 경우에는 그 차이가 크지 않다. build 명령의 경우 약 9.374초이고 check의 경우 8.077초다 (time 명령에 의해 제공된 시계 시간에 따름). 그러나 더 큰 크레이트에서는 상당히 차이 날 수 있다. 또한 변경 사항을 반복할 때 코드를 계속해서 재컴파일(또는 재확인)하므로 승수효과가 있다.

2.1.4 툴체인 간 변경

툴체인toolchain은 아키텍처, 플랫폼, 채널의 조합이다. 한 가지 예는 x64-64 Darwin의 안정적인 채널인 stable-x86_64-apple-darwin이다(인텔 CPU 기반의 애플 macOS). 러스트는 안정, 베타, nightly의 세 가지 채널로 게시된다. 안정 채널은 업데이트 빈도가 가장 낮고 테스트가 가장 잘 이루어진 채널이다. 베타는 안정화 준비가 된 기능을 포함하고 있지만, 추가 테스트가 필요하며 변경 가능성이 있다. nightly는 진행 중 작업으로 간주하는 미출시 언어 기능을 포함하고 있다.

러스트로 작업할 때 종종 다른 툴체인 간 전환이 필요할 때가 있다. 특히 안정 채널과 nightly 채널 사이를 전환해야 하는 경우가 빈번하다.

다음과 같이 +channel 옵션을 사용하면 카고로 이 작업을 쉽게 할 수 있다.

```
# 안정 채널에서 테스트 실행
$ cargo +stable test
...
# nightly 채널에서 테스트 실행
$ cargo +nightly test
...
```

NOTE nightly 버전을 설치하지 않았다면 cargo +nightly 명령어를 쓰기 전에 rustup toolchain install nightly로 nightly 툴체인을 설치해야 한다. 시스템 패키지 관리자(예: 데비안(Debian)의 apt)로 카고를 설치한 경우에는 의도한 대로 명령이 실행되지 않을 수 있다.

이 옵션은 모든 카고 명령에서 작동하며, 툴체인 간 가장 빠르게 전환하는 방법이다. 다른 방법은 `rustup`을 사용하여 기본 툴체인을 전환하는 것인데 부록에서 소개한다.

많은 경우 외부에 공개하기 전에 안정 채널과 nightly 채널 모두에서 코드를 테스트하고 싶을 것이다. 특히 많은 사람들이 두 툴체인을 모두 사용하는 오픈 소스 프로젝트의 경우라면 더욱 그렇다. 또한 **nightly에서만** 많은 러스트 프로젝트를 진행하기도 하는데, 이에 대해서는 3장에서 자세히 다룬다.

`rustup`에 재정의(override) 옵션을 사용해서 특정 프로젝트 또는 디렉터리에 도구 모음을 설정할 수 있다. 유닉스UNIX 계열 시스템이라면 `rustup` 도구는 이 구성을 `$HOME/.rustup` 내에 있는 `settings.toml`에 저장한다. 예를 들어 다음과 같이 현재 작업 디렉터리를 nightly 채널로 설정할 수 있다.

```
# 현재 디렉터리와 하위 디렉터리에만 반영
$ rustup override set nightly
```

현재 채널은 안정 버전을 기본으로 유지한 채로 특정 프로젝트만 nightly로 변경하는 것이 가능해 꽤 편리하다.

2.2 의존성 관리

`crates.io` 패키지(또는 크레이트) 레지스트리는 러스트의 힘을 배가하는 요소 중 하나다. 러스트 커뮤니티에서는 패키지를 **크레이트**crate라고 부르며, 여기에는 애플리케이션과 라이브러리가 모두 포함되어 있다. 이 글을 쓰는 시점을 기준으로 9만 2000개 이상의 다양한 크레이트를 사용할 수 있다.

이 책에서 크레이트를 언급하는 대부분의 경우, 애플리케이션보다는 라이브러리를 가리킬 가능성이 매우 높다. 3장에서 크레이트에서 설치할 수 있는 더 많은 러스트 도구에 대해 살펴볼 텐데, 대부분 라이브러리를 사용한다.

러스트는 언어 코어 자체에서는 많은 기능을 지원하지 않는다는 점에서 일부 프로그래밍 언어와 비교하여 특이한 접근 방식을 가지고 있다. 반면에 자바, C#, C++과 같은 언어는 언어의 코어로 중요한 구성 요소(런타임 또는 컴파일러의 일부)를 어느 정도 포함하고 있다. 예를 들어 다른 언어에 비해 러스트의 핵심 데이터 구조는 매우 작으며, 대부분은 크기 조정이 가능한 핵심 데이터 구조인 Vec을 둘러싼 래퍼wrapper일 뿐이다. 러스트는 큰 표준 라이브러리를 만드는 것보다 크레이트를 통해 기능을 제공하는 편을 선호한다.

심지어 러스트 언어 자체에는 많은 프로그래밍 작업에 중요한 난수 생성기마저 제공하지 않는다. 이 글을 쓰는 시점에서는 다운로드 수가 가장 많은 크레이트인 rand로 이 기능을 사용한다(또는 자신만의 난수 생성기를 만들어야 한다).

자바스크립트, 루비, 파이썬과 같은 언어를 사용해봤다면 러스트의 크레이트는 해당 언어에서의 패키지 관리 도구와 유사하므로 어느 정도 익숙할 것이다. C, C++과 같은 언어와 비교하면 처음으로 불을 발견한 것과 같다. 서드파티 라이브러리에 대한 복잡한 빌드 검사를 수동으로 작성하거나 서드파티 코드 및 빌드 시스템을 자체 소스 저장소에 통합하는 시대는 지났다.

러스트의 종속성을 설정하려면 Cargo.toml에 해당 내용을 기록하면 된다. rand 크레이트는 예제 2.1과 같이 간단하게 사용할 수 있다.

예제 2.1 **최소한의 Cargo.toml**

```
[package]
name = "simple-project"
version = "0.1.0"
authors = ["Brenden Matthews <brenden@brndn.io>"]
edition = "2018"

[dependencies]
rand = "0.8"
```

예제 2.1에서는 라이브러리의 최신 버전인 0.8 릴리스를 사용하여 rand 크레이트를 포함하고 있다. 종속성 버전을 지정할 때 major.minor.patch 패턴을 사용하는 시맨틱 버저닝semantic versioning을 따라야 한다. 기본적으로 카고는 연산자가 같이 포함되어 있지 않으면 **캐럿**caret 요구 사항을 사용하는데, 최소한도로 지정된 버전으로만 업데이트를 허용한다.

cargo add 명령으로 프로젝트에 종속성을 추가할 수도 있다.

```
# 현재 프로젝트에 rand 크레이트를 종속성으로 추가한다.
$ cargo add rand
```

카고는 캐럿(`^x.y.z`), 물결표(`~x.y.z`), 와일드카드(`*`, `x.*`), 비교 요구 사항(`>=x`, `<x.y`, `=x.y.z`)과 이들의 조합을 지원한다. 실무에서는 라이브러리 버전을 `major.minor`(캐럿 규칙에 따라 호환되는 업그레이드 허용) 또는 `=major.minor.patch`(특정 버전에 고정)로 지정하곤 한다.

종속성 사양에 관한 참조[5] 자료를 살펴본다.

표 2.2 SemVer 종속성 명세 요약

연산자	예	최소 버전	최대 버전	업데이트 허용
캐럿	^2.3.4	>=2.3.4	<3.0.0	허용
캐럿	^2.3	>=2.3.0	<3.0.0	허용
캐럿	^0.2.3	>=0.2.3	<0.3.0	허용
캐럿	^2	>=2.0.0	<3.0.0	허용
물결표	~2.3.4	>=2.3.4	<2.4.0	허용
물결표	~2.3	>=2.3.0	<2.4.0	허용
물결표	~0.2	>=0.2.0	<0.3	허용
와일드카드	2.3.*	>=2.3.0	<2.4.0	허용
와일드카드	2.*	>=2.0.0	<3.0.0	허용
와일드카드	*	제한 없음	제한 없음	허용
비교	=2.3.4	=2.3.4	=2.3.4	불가
비교	>=2.3.4	>=2.3.4	제한 없음	허용
비교	>=2.3.4,<3.0.0	>=2.3.4	<3.0.0	허용

내부적으로 카고는 지정된 버전을 구문 분석하기 위해 `semver` 크레이트[6]를 사용한다. 프로젝트 내에서 `cargo update`를 실행하면 카고는 종속성 사양에 따라 사용 가능한 최신 크레이트로 `Cargo.lock` 파일을 업데이트한다.

TIP 필자는 종속성 버전은 가급적 고정시키지 않으며, 특히 라이브러리에서는 더욱 그러하다. 경쟁하는 다운스트림 패키지에 서로 다른 버전의 공통 라이브러리가 필요한 경우, 향후 골치 아픈 문제가 발생할 수 있다. 많은 사람들이 버전 고정을 옹호하지만 필요에 따라 유연성을 허용하는 것이 더 좋다.

종속성을 정확히 지정하는 방법에 대해 많은 논란이 있다. 엄격한 규칙이 있는 것은 아니지만 일반적으로 다른 프로젝트가 SemVer 규칙을 따른다고 가정해야 한다. 일부 프로젝트는 SemVer 규

---

5   https://doc.rust-lang.org/cargo/reference/specifying-dependencies.html
6   https://crates.io/crates/semver

칙을 엄격히 준수하지만 그렇지 않은 것도 있다. 대부분의 경우 사례별로 평가해야 한다. 기본적으로 합당한 가정은 캐럿 연산자로 필요한 최소 버전을 지정하여 마이너 및 패치 버전으로의 업그레이드를 허용하는 것으로, 이 방식이 (연산자를 명시적으로 지정하지 않은 경우) 러스트의 기본값이다. 자신이 게시한 크레이트의 경우 SemVer를 따르도록 하라. SemVer는 다른 개발자가 당신의 작업을 기반으로 빌드하고 호환성을 유지하는 데 도움이 된다.

2.2.1 Cargo.lock 파일 다루기

`Cargo.lock`을 처리할 때 최소한 버전 관리 시스템과 관련해서 약간은 특별하게 고려를 해야 한다. 이 파일은 패키지 종속성(직접 및 간접 종속성 모두), 해당 버전, 무결성 확인을 위한 체크섬checksum 목록을 포함하고 있다.

비슷한 패키지 관리 시스템을 사용하는 언어를 써봤다면, 이전에 유사한 파일을 본 적이 있을 것이다(npm은 `package-lock.json`, 루비 gem은 `Gemfile.lock`, 파이썬 Poetry는 `poem.lock`을 사용한다). 라이브러리의 경우 버전 제어 시스템에 이 파일을 **포함하지 않는 것**이 좋다. 깃을 사용할 때 `Cargo.lock`을 `.gitignore`에 추가하면 된다. 잠금 파일을 생략하면 이를 사용하는 다른 다운스트림 패키지가 필요에 따라 간접 종속성을 업데이트할 수 있다.

애플리케이션의 경우 항상 `Cargo.toml`과 함께 `Cargo.lock`을 포함하는 것이 좋다. 이렇게 하면 향후 서드파티 라이브러리가 변경되더라도 게시된 릴리스에서 일관된 동작을 보장할 수 있다. 이는 널리 확립된 규칙이며 러스트에만 국한된 것이 아니다. 마지막으로 카고는 적절한 `.gitignore` 파일을 자동으로 생성하고 깃 저장소를 초기화한다.

2.3 기능 플래그

소프트웨어, 특히 라이브러리를 게시할 때 선택적 종속성을 갖는 경우가 일반적이다. 보통 컴파일 시간을 줄이고, 바이너리를 작게 하고, 성능 향상을 꾀하기 위함인데, 컴파일 시간에 복잡성이 어느 정도 추가되는 부분은 감안해야 한다.

경우에 따라 크레이트의 일부에 선택적 종속성을 포함시킬 수 있다. 이는 카고에 **기능 플래그**feature flag(표 2.3)로 표현할 수 있다. 기능 플래그에는 몇 가지 제한 사항이 있는데, 특히 불Boolean식(예: 활성화 또는 비활성화)만 허용되는 것을 들 수 있다. 기능 플래그는 종속성 목록에 있는 하위 크레이트에도 전달되므로 최상위 기능 플래그로 기능을 활성화할 수 있다.

표 2.3 SemVer 종속성 명세 요약

플래그	설명	기본 활성화 여부
serde	serde 종속성을 선택적으로 활성화	비활성
base64	base64 종속성을 활성화하지만, serde도 같이 활성화될 때에만 활성화(상세한 설명은 아래에 있다)	비활성
simd_backend	curve25519-dales과 sha2 크레이트용 SIMD, asm 기능을 활성화	비활성
u64_backend	x25519-dalek 크레이트용으로 u64 백엔드를 활성화하며, u32_backend와는 둘 중 하나만 활성화됨	활성
u32_backend	x25519-dalek 크레이트용으로 u32 백엔드를 활성화하며, u64_backend와는 둘 중 하나만 활성화됨	비활성

필자는 기능 플래그에 너무 많이 의존하지 않는 것이 좋다고 생각한다. 상위 크레이트에 수많은 기능 플래그를 넣는 상황이 일어날 수 있는데, 이런 경우라면 크레이트를 더 작은 별도의 하위 크레이트로 분할하는 것이 좋다. 이런 패턴은 흔히 볼 수 있는데, serde, rand, rocket 크레이트가 좋은 예다. 최상위 수준 크레이트에서 선택적 트레이트 구현을 제공하는 경우와 같이 특정한 선택적 기능을 표현하기 위해 **반드시 기능 플래그를 사용해야만 하는 경우**가 있다.

dryoc 크레이트를 통해 실제로 기능 플래그를 어떻게 사용하는지 알아보자. 이 크레이트는 serde, 바이너리 인코딩(serde와 병행)용 base64, SIMD 최적화 등 몇몇 기능을 표현하기 위해 플래그를 사용했다.

예제 2.2 dryoc 크레이트의 Cargo.toml

```
[dependencies]
base64 = {version = "0.13", optional = true}  ◄── 선택적 base64 종속성, 기본적으로 포함되지는 않음
curve25519-dalek = "3.0"
generic-array = "0.14"
poly1305 = "0.6"
rand_core = {version = "0.5", features = ["getrandom"]}
salsa20 = {version = "0.7", features = ["hsalsa20"]}
serde = {version = "1.0", optional = true, features = ["derive"]}  ◄── 선택적 serde 종속성, 기본적으로 포함되지는 않음
sha2 = "0.9"
subtle = "2.4"
x25519-dalek = "1.1"
zeroize = "1.2"

[dev-dependencies]
base64 = "0.13"
serde_json = "1.0"
sodiumoxide = "0.2"
```

```
[features]  ◄── 기본 및 선택 기능 섹션
default = [  ◄── 기본 기능의 목록
    "u64_backend",
]
simd_backend = ["curve25519-dalek/simd_backend", "sha2/asm"] ◄── 선택적 기능 및 해당
u32_backend = ["x25519-dalek/u32_backend"]                        종속성에 적용될 기능
u64_backend = ["x25519-dalek/u64_backend"]
```

다음으로 이러한 플래그의 사용법을 지시하는 `cfg`, `cfg_attr`을 활용하여 러스트 컴파일러인 `rustc`에 어떻게 적용하는지, 크레이트의 코드 중 일부인 `src/message.rs`에서 기능 플래그 사용 사례를 살펴보자.

예제 2.3 **dryoc 크레이트의 src/message.rs 코드의 일부**

```
#[cfg(feature = "serde")]  ◄── serde가 활성화되었을때만 해당 use 문을 사용
use serde::{Deserialize, Serialize};

use zeroize::Zeroize;

#[cfg_attr(
    feature = "serde",                                    serde가 활성화되었을때만
    derive(Serialize, Deserialize, Zeroize, Debug, PartialEq)   해당 derive() 문을 사용
)]
#[cfg_attr(not(feature = "serde"), derive(Zeroize, Debug, PartialEq))] ◄──
#[zeroize(drop)]                                                serde가 비활성화
/// Message container, for use with unencrypted messages      되었을때만 해당
pub struct Message(pub Box<InputBase>);                        derive() 문을 사용
```

예제 2.3에서는 여러 조건 컴파일 속성을 사용했다.

- `cfg(predicate)`: predicate(첫 번째 인수)가 참인 경우 첨부된 항목을 컴파일하도록 컴파일러에 지시한다.

- `cfg_attr(predicate, attribute)`: predicate가 참인 경우에만 지정된 attribute(두 번째 인수)를 활성화하도록 컴파일러에 지시한다.

- `not(predicate)`: predicate가 거짓이면 참을 반환하고 그 반대의 경우 또한 마찬가지로 참을 반환한다.

predicate 전부 또는 일부가 각각 참일 때 참을 반환하는 `all(predicated)` 및 `any(predicate)`를 쓸 수 있다. 더 많은 예는 `dryoc` 크레이트 내의 `src/lib.rs`, `src/b64.rs`, `src/dryocbox.rs`, `src/dryocsecretbox.rs`를 참조한다.

`TIP` `rustdoc`으로 프로젝트에 대한 문서를 생성하면 기능 플래그 목록을 자동으로 제공한다. 이 장의 뒷부분에서 `rustdoc`에 대해 자세히 살펴본다.

2.4 종속성 패치하기

업스트림upstream 크레이트(즉, 프로젝트 **외부에서 의존**하는 크레이트)를 패치해야 하는 경우가 종종 발생한다. 필자는 사소한 문제 때문에 의존하는 다른 크레이트를 업데이트해야 하는 일을 많이 접했다. 한두 가지 사소한 문제를 해결하기 위해 업스트림 크레이트의 기능을 교체하는 것은 거의 가치 없는 일이긴 하다. 경우에 따라 간단히 크레이트의 시험판 버전으로 전환하거나 직접 패치해야 할 수도 있다.

업스트림 크레이트를 패치하는 프로세스는 다음과 같다.

1. 깃허브에서 포크fork 만들기
2. 포크에 크레이트를 패치
3. 업스트림 프로젝트에 풀 요청pull request 제출
4. 풀 요청이 병합 및 배포되기를 기다리는 동안 포크를 가리키도록 `Cargo.toml`을 변경

이 프로세스에 문제가 없는 것은 아니다. 한 가지 문제는 업스트림 크레이트의 변경 사항을 추적하고 필요에 따라 통합해야 하는 점이다. 또 다른 문제는 패치가 업스트림에서 승인되지 않을 수 있다는 것이다. 이 경우 자신의 포크에 갇힐 수 있다. 업스트림 크레이트로 작업할 때 가능하면 포크를 피하는 것이 좋다.

위의 포크 방식을 사용하여 카고로 간단하게 크레이트를 패치할 수 있지만, 몇 가지 주의할 사항이 있다. 크레이트를 패치하는 일반적인 프로세스를 통해 설명하겠다. 이 예에서는 깃허브에서 분기된 프로젝트를 만드는 대신 소스 코드의 로컬 복사본을 만들 것이다.

num_cpus 크레이트를 수정하여 자체 패치 버전으로 교체해보자. 작업이 간단해서 이 크레이트를 선택했다. 해당 크레이트는 논리적 CPU 코어 수를 반환한다. 먼저 빈 프로젝트를 만드는 것부터 시작한다.

```
$ cargo new patch-num-cpus
...
$ cd patch-num-cpus
$ cargo run
...
Hello, world!
```

다음으로 num_cpus 종속성을 Cargo.toml에 추가한다.

```
[dependencies]
num_cpus = "1.0"
```

CPU 개수를 출력하도록 src/main.rs를 수정한다.

```
fn main() {
    println!("There are {} CPUs", num_cpus::get());
}
```

끝으로 새 크레이트를 실행한다.

```
$ cargo run
   Compiling libc v0.2.140
   Compiling num_cpus v1.15.0
   Compiling patch-num-cpus v0.1.0 (/private/tmp/patch-num-cpus)
    Finished dev [unoptimized + debuginfo] target(s) in 1.44s
     Running `target/debug/patch-num-cpus`
There are 4 CPUs
```

지금까지 아무것도 패치하거나 수정하지 않았다. 동일한 API를 다시 구현하는 새 라이브러리를 동일한 작업 디렉터리 내에 생성해보자.

```
$ cargo new num_cpus --lib
...
```

다음으로 기본 `src/lib.rs`를 패치하여 `num_cpus::get()`을 구현한다. `num_cpus` 디렉터리에서 `src/lib.rs`를 다음과 같이 수정한다.

```
pub fn get() -> usize {
    100  ◄──── 테스트 목적으로 임의의 수를 반환한다.
}
```

이제 다소 무의미한 하드코딩된 값(이 경우 `100`)을 반환하는 자체 구현으로 `num_cpus`를 만들었다. 원래 `patch-num-cpus` 프로젝트로 돌아가서 바뀐 크레이트를 사용하도록 `Cargo.toml`을 수정한다.

```
[dependencies]
num_cpus = { path = "num_cpus" }
```

패치한 크레이트로 동일한 코드를 실행한다.

```
$ cargo run
   Compiling num_cpus v0.1.0 (/private/tmp/patch-num-cpus)
   Compiling patch-num-cpus v0.1.0 (/private/tmp/patch-num-cpus)
    Finished dev [unoptimized + debuginfo] target(s) in 0.63s
     Running `target/debug/patch-num-cpus`
There are 100 CPUs
```

이 예는 상당히 무의미하지만 과정만은 효과적으로 보여준다. 예를 들어 깃허브의 포크를 사용하여 종속성을 패치하려는 경우 다음과 같이(`Cargo.toml`에서) 종속성을 깃허브 저장소로 직접 가리키면 된다.

```
[dependencies]
num_cpus = { git = "https://github.com/brndnmtthws/num_cpus",
rev = "b423db0a698b035914ae1fd6b7ce5d2a4e727b46" }
```

이제 `cargo run`으로 실행시키면 정확한 CPU 수가 다시 표시되어야 한다(위의 포크는 원본에 대한 변경 사항 없이 만들어졌다). 위의 예에서 `rev`는 작성 당시의 최신 커밋commit에 대한 깃 해시값이다. 프로젝트를 컴파일할 때 카고는 깃허브 저장소에서 소스 코드를 가져와 지정된 특정 리비전(커밋, 브랜치branch, 태그일 수 있음)을 확인하고 해당 버전을 종속성으로 하여 컴파일한다.

2.4.1 간접 종속성

때로는 종속성의 종속성을 패치해야 한다. 즉, 패치가 필요한 다른 크레이트에 의존하는 크레이트에 또 의존할 수 있다. `num_cpus`를 예로 들어보자. 해당 크레이트는 현재 `libc = "0.0.26"` 크레이트를 종속성으로 가진다(윈도우가 아닌 플랫폼에 한정해서 그렇다). 이 예제에서 `Cargo.toml`을 다음과 같이 수정해서 해당 종속성을 새로운 릴리스로 패치할 수 있다.

```
[patch.crates-io]
libc = { git = "https://github.com/rust-lang/libc", tag = "0.2.88" }
```

위에서 `libc`의 깃 저장소를 설정하고, 명시적으로 태그를 `0.2.88`로 지정한다. `Cargo.toml`의 패치 섹션은 패키지를 직접 패치하는 대신 crates.io 레지스트리부터 오는 내역 자체를 패치하는 방식이다. 사실상 `libc`에 대한 모든 업스트림 종속성을 지정된 버전으로 대체하는 것이다.

이 기능은 특별한 상황에서만 신중하게 사용해야 한다. 다운스트림downstream 의존성에는 영향을 미치지 않기 때문인데, 크레이트에 의존하는 다른 모든 크레이트는 패치를 상속하지 않는다. 이것은 카고의 한계로 현재 마땅한 해결책이 없다. 2차, 3차 종속성에 대해 더 많은 제어가 필요한 경우에는 관련된 모든 프로젝트를 포크하거나 작업 공간(이 장의 뒷부분에서 설명)을 사용하여 자신의 프로젝트에 하위 프로젝트로 직접 포함시켜야 한다.

2.4.2 종속성 패치의 모범 사례

종속성을 패치할 때 따라야 할 몇 가지 규칙은 다음과 같다.

- 나중에 유지 관리가 어려울 수 있으므로 패치 종속성을 피한다.
- 패치가 필요한 경우, 특히 라이선스에서 강제하는 경우(예: GPL)에 오픈 소스에 필요한 변경 사항을 포함하고 있는 패치를 업스트림에 제출한다.
- 업스트림 크레이트를 포크하지 않는다. 부득이하게 필요하다면 포크한 후 가능한 빨리 메인 브랜치로 돌아간다. 장기간 포크된 코드는 분리된 탓에 결국 유지 관리가 악몽이 될 수 있다.

2.5 크레이트 게시

프로젝트를 crates.io에 게시하는 절차는 간단하다. 크레이트가 준비되면 `cargo publish`를 실행하는 것이다. 세부 사항은 카고가 처리한다. 라이선스 지정, 문서, 저장소 URL과 같은 특정 프로젝트 세부 정보를 제공하고 crates.io에서 모든 종속성을 사용할 수 있는지 확인 절차를 거치는 과정 등 크레이트 게시를 위한 몇 가지 요구 사항이 있다.

개인 저장소에 게시하는 것은 가능하지만, 개인 저장소에 대한 카고의 지원은 이 책을 집필하는 현재 상당히 제한적이다. 따라서 개인 크레이트를 운영할 때는 crates.io 대신 개인 깃 저장소와 태그를 사용하는 것이 좋다.

2.5.1 CI/CD 통합

대부분의 크레이트의 경우 crates.io에 릴리스를 자동으로 게시하는 시스템을 설정하기 원할 것이다. CI/CD 시스템은 최신 개발 트렌드에서 공통적으로 요구되는 부분이다. 일반적으로 두 가지 단계로 이루어진다.

- **지속적 통합**continuous integration, CI: VCS 저장소의 각 커밋을 컴파일, 검사, 검증하는 시스템
- **지속적 배포**continuous deployment, CD: CI의 모든 검사를 통과한 경우 각 커밋 또는 릴리스를 자동으로 배포하는 시스템

`dryoc` 프로젝트를 통해 오픈 소스 프로젝트에 무료로 제공되는 GitHub Actions[7]을 사용하는 법을 살펴보겠다. 코드를 살펴보기 전에, 게시할 시기를 결정한 후 일반적인 깃 워크플로를 사용하여 릴리스하는 절차를 알아보자.

1. 필요한 경우 `Cargo.toml` 내의 `version` 속성을 릴리스하려는 버전으로 업데이트한다.
2. CI 시스템이 실행되면서 모든 테스트와 검사가 통과하는지 확인한다.
3. 릴리스에 대한 태그를 만들고 푸시한다(태그에 버전을 의미하는 특정한 접두사를 붙인다. 예: `git tag -s vX.Y.Z`).
4. CD 시스템이 실행되고, 지정된 태그 릴리스를 빌드하고, `cargo publish`를 사용하여 crates.io 에 게시한다.

---

7 https://github.com/features/actions

5. 다음 릴리스를 위해 `Cargo.toml`의 `version` 속성을 업데이트하고 새로 커밋한다.

> **TIP** 일단 게시된 크레이트는 변경할 수 없으므로 모든 변경 사항은 롤포워드해야 한다. crates.io에 게시된 후에는 크레이트를 롤백하거나 변경할 수 있는 방법이 없다.

GitHub Actions을 사용하여 이 패턴을 구현하는 `dryoc` 크레이트를 살펴보자. 두 가지 별도의 작업을 추가로 살펴본다.

- `.github/workflows/build-and-test.yml`:[8] 기능, 플랫폼, 툴킷 조합에 대한 테스트 빌드 및 실행
- `.github/workflows/publish.yml`:[9] `v*` 패턴과 일치하는 태그가 지정된 릴리스에 대한 테스트를 빌드하고 실행하여 크레이트를 crates.io에 게시

예제 2.4는 기능, 채널, 플랫폼 매트릭스를 포함한 빌드 작업 매개변수다. 이 작업에서는 러스트 환경을 설정하기 위해 GitHub Actions의 brndnmtthws/rust-action,[10] 즉 러스트 프로젝트를 위한 일체형 깃허브 액션을 사용했다.

예제 2.4 **.github/workflows/build-and-test.yml의 일부분**

```
name: Build & test
on: ◄──── main 브랜치에 깃 푸시와 풀 요청이 있을 때만 빌드가 실행된다.
  push:
    branches: [main]
  pull_request:
    branches: [main]
env:
  CARGO_TERM_COLOR: always
concurrency:
  group: ${{ github.workflow }}-${{ github.ref }}
  cancel-in-progress: true
jobs:
  build:
    strategy:
      matrix:
        rust: ◄──── 안정, 베타, nightly 채널에서 실행된다.
          - stable
          - beta
          - nightly
        features: ◄──── 개별적으로 활성화된 다른 기능으로 테스트를 실행한다.
```

---

8   https://github.com/brndnmtthws/dryoc/blob/main/.github/workflows/build-and- test.yml

9   https://github.com/brndnmtthws/dryoc/blob/main/.github/workflows/publish.yml

10   https://github.com/marketplace/actions/brndnmtthws-rust-action

```
              - serde
              - base64
              - default
          os:  ◄———— 리눅스, macOS, 윈도우에서 실행한다.
              - ubuntu-latest
              - macos-latest
              - windows-latest
          exclude:  ◄———— 어떤 빌드 조합은 정상적으로 동작하지 않으므로 해당 조합은 여기에서 비활성화시킨다.
              - rust: stable
                features: simd_backend
              - rust: beta
                features: simd_backend
              - os: windows-latest
                features: simd_backend
```

예제 2.5는 빌드, 검사, 서식화, Clippy(3장에서 다룬다)를 실행하는 단계를 보여준다.

예제 2.5 **.github/workflows/build-and-test.yml의 코드 일부**

```
runs-on: ${{ matrix.os }}
  env:
    FEATURES: >
      ${{ matrix.rust != 'nightly' && matrix.features
      || format('{0},nightly', matrix.features) }}
  steps:
    - uses: actions/checkout@v3
    - name: Setup ${{ matrix.rust }} Rust toolchain with caching
      uses: brndnmtthws/rust-action@v1
      with:
        toolchain: ${{ matrix.rust }}  ◄——— 이 단계에서는 필요한 툴체인을 설치한다.
    - run: cargo build --features ${{ env.FEATURES }}  ◄——— 지정된 기능으로 빌드한다.
    - run: cargo test --features ${{ env.FEATURES }}  ◄——— 지정한 기능으로 모든 테스트를 한다.
      env:
        RUST_BACKTRACE: 1
    - run: cargo fmt --all -- --check  ◄——— 코드 서식을 검사한다.
      if: ${{ matrix.rust == 'nightly' && matrix.os == 'ubuntu-latest' }}
    - run: cargo clippy --features ${{ env.FEATURES }} -- -D warnings  ◄——┤ 지정한 기능으로
                                                                         │ Clippy 검사를 한다.
```

예제 2.6은 크레이트를 게시하는 단계에 관한 것이다.

예제 2.6 **.github/workflows/publish.yml**

```
name: Publish to crates.io
on:
  push:
    tags:
```

```
        - v*  ◄── 태그가 v*에 일치될 때만 실행한다.
env:
  CARGO_TERM_COLOR: always
jobs:
  build-test-publish:
    runs-on: ubuntu-latest
      steps:
        - uses: actions/checkout@v3
        - uses: brndnmtthws/rust-action@v1
          with:
            toolchain: stable
        - run: cargo build
        - run: cargo test
        - run: cargo login - ${{ secrets.CRATES_IO_TOKEN }} ◄──┐  저장소의 비밀 저장 환경 설정에
        - run: cargo publish   ◄── 크레이트를 https://crates.io에 게시한다.   저장된 비밀값을 통해 로그인한다.
        - name: Create Release  ◄── 깃허브에 릴리스를 만든다.                 해당 토큰은 깃허브의 비밀 저장
          id: create_release                                               기능으로 저장되어 있으며,
          uses: softprops/action-gh-release@v1                             이전에 미리 설정해두어야 한다.
          if: startsWith(github.ref, 'refs/tags/')
          with:
            draft: false
            prerelease: false
            discussion_category_name: General
            generate_release_notes: true
```

> **NOTE** 깃허브의 Actions은 현재 개별 단계로 릴리스를 제어하는 방식을 지원하지 않는다(즉, 배포 단계를 진행하기 전에 빌드 단계가 성공할 때까지 기다리는 것 같은 식이 안 된다).[11] 이런 방식으로 작업하고자 한다면 태그를 푸시하기 전에 해당 빌드 단계가 성공했는지 확인해야 한다.

마지막 게시 단계에서 https://crates.io에 대한 토큰을 제공해야 한다. crates.io에서 계정을 만들고, crates.io 계정 설정에서 토큰을 생성하고, 깃허브 저장소 설정에서 깃허브의 비밀 저장소에 추가하면 된다.

2.6 C 라이브러리에 연결하기

이따금 러스트 코드가 아닌 외부 라이브러리를 사용해야 할 수도 있다. 일반적으로 **FFI**Foreign Function Interface(외부 함수 인터페이스)로 수행된다. FFI는 언어 간 상호 운용성을 달성하는 상당히 표준적인 방법이다. 4장에서 FFI를 다시 자세히 알아본다.

---

11 (옮긴이) Github Actions은 일단 작업이 실행되면 모든 과정을 일괄로 실행하므로 각 단계를 세세히 나누어 작업을 진행할 수 없다. 아마도 도커를 사용해 빌드하는 탓에 각 단계를 별도로 유지하지 못하는 것 같다.

가장 인기 있는 C 라이브러리 중 하나인 zlib에서 함수를 호출하는 간단한 예를 살펴보자. zlib는 거의 어느 플랫폼에나 있기 때문에 선택했으며, 이 예제는 zlib를 지원하는 모든 플랫폼에서 즉시 사용할 수 있다. 러스트 코드에서 `compress()`와 `uncompress()`라는 두 가지 함수를 구현할 것이다. 예제 2.7은 zlib 라이브러리의 정의를 나타낸 것이다(이 예제의 목적을 위해 단순화했다).

예제 2.7 단순화한 zlib.h 코드

```
int compress(void *dest, unsigned long *destLen,
            const void *source, unsigned long sourceLen);
unsigned long compressBound(unsigned long sourceLen);
int uncompress(void *dest, unsigned long *destLen,
              const void *source, unsigned long sourceLen);
```

먼저 `extern`을 사용하여 러스트에서 C 인터페이스를 정의한다.

예제 2.8 zlib 유틸리티 함수

```
use libc::{c_int, c_ulong};

#[link(name = "z")]
extern "C" {
    fn compress(
        dest: *mut u8,
        dest_len: *mut c_ulong,
        source: *const u8,
        source_len: c_ulong,
    ) -> c_int;
    fn compressBound(source_len: c_ulong) -> c_ulong;
    fn uncompress(
        dest: *mut u8,
        dest_len: *mut c_ulong,
        source: *const u8,
        source_len: c_ulong,
    ) -> c_int;
}
```

러스트에서 C 호환 타입을 제공하는 `libc`를 종속성으로 포함했다. C 라이브러리에 연결할 때마다 호환성을 유지하기 위해 `libc`의 타입을 사용해야 할 것이다. 그러지 않으면 정의되지 않은 동작이 발생할 수 있다. 우리는 zlib에서 `compress`, `compressBound`, `uncompress`의 세 가지 유틸리티 함수를 정의했다.

`link` 속성은 이 함수를 `zlib`에 연결해야 한다고 `rustc`에 알린다. 이것은 링크 작업을 할 때 `-lz` 플래그를 추가하는 것과 같다. macOS에서는 `otool -L`을 사용하여 이를 확인할 수 있다(리눅스에서는 `ldd`를, 윈도우에서는 `dumpbin`을 사용한다).

```
$ otool -L target/debug/zlib-wrapper
target/debug/zlib-wrapper:
    /usr/lib/libz.1.dylib (compatibility version 1.0.0, current version 1.2.11)
    /usr/lib/libiconv.2.dylib (compatibility version 7.0.0, current version 7.0.0)
    /usr/lib/libSystem.B.dylib (compatibility version 1.0.0, current version 1292.60.1)
    /usr/lib/libresolv.9.dylib (compatibility version 1.0.0, current version 1.0.0)
```

다음으로 C 함수를 래핑하고 러스트 코드에서 호출할 수 있는 러스트 함수를 작성한다. C 함수를 직접 호출하는 것은 러스트에서 안전하지 않은 것으로 간주되므로 `unsafe {}` 블록으로 감싸야 한다.

예제 2.9 **zlib_compress 함수**

```
pub fn zlib_compress(source: &[u8]) -> Vec<u8> {
    unsafe {
        let source_len = source.len() as c_ulong;

        let mut dest_len = compressBound(source_len);  ◀── 압축된 출력의 길이의 상한을 반환한다.
        let mut dest = Vec::with_capacity(dest_len as usize);  ◀── Vec을 이용해 dest_len만큼의
                                                                     바이트를 힙(heap)에 할당한다.

        compress(  ◀── zlib C 함수를 호출한다.
            dest.as_mut_ptr(),
            &mut dest_len,
            source.as_ptr(),
            source_len,
        );
        dest.set_len(dest_len as usize);
        dest  ◀── 결과를 Vec 타입으로 반환한다.
    }
}
```

위 함수의 `zlib_uncompress` 버전은 대상 버퍼에 대해 자체 길이를 제공해야 한다는 점을 제외하면 거의 동일하다.[12] 마지막으로 다음과 같이 사용한다.

---

12 [옮긴이] 원서에는 없지만 편의상 깃허브에 있는 코드를 첨부한다.

```
fn main() {
    let hello_world = "Hello, world!".as_bytes();
    let hello_world_compressed = zlib_compress(&hello_world);
    let hello_world_uncompressed =
        zlib_uncompress(&hello_world_compressed, 100);
    assert_eq!(hello_world, hello_world_uncompressed);
    println!(
        "{}",
        String::from_utf8(hello_world_uncompressed)
            .expect("Invalid characters")
    );
}
```

FFI를 처리할 때 가장 큰 문제는 일부 C API의 복잡성과 다양한 타입과 함수에 매핑하는 부분이다. 이 문제를 해결하기 위해 4장에서는 rust bindgen 도구의 사용법을 상세히 알아본다.

2.7 바이너리 배포

러스트의 바이너리는 주어진 플랫폼에 대한 모든 러스트 종속성을 합치고, 비러스트 라이브러리 중 동적으로 연결되었던 것들을 추가한다. 단, C 런타임은 제외된다. C 런타임에 정적으로 연결된 바이너리를 빌드할 수 있지만, 기본적으로 이는 선택 사항이다. 따라서 러스트 바이너리를 배포할 때 C 런타임을 정적으로 링크할지 또는 시스템의 런타임에 의존할지 여부를 고려해야 한다.

바이너리 자체는 플랫폼에 따라 다르다. 서로 다른 플랫폼용으로 교차하여 컴파일할 수 있지만, 동일한 러스트 바이너리를 서로 다른 아키텍처나 플랫폼에 혼용할 수는 없다. 인텔 기반 x64-64 CPU용으로 컴파일된 바이너리는 특정 유형의 에뮬레이션emulation 없이는 AArch64(ARMv8이라고도 함)와 같은 ARM 기반 플랫폼에서는 실행되지 않는다. 마찬가지로 macOS용으로 컴파일된 바이너리는 리눅스에서 실행되지 않는다.

일부 OS 공급업체, 특히 애플의 macOS는 다른 CPU 플랫폼에 대한 에뮬레이션을 제공한다. 애플의 로제타Rosetta 도구를 사용하여 ARM에서 x86-64 바이너리를 실행할 수 있으며, 이때 로제타가 자동으로 실행된다. macOS 바이너리 배포에 대한 자세한 내용은 애플의 개발자 문서[13]를 참조한

---

[13] https://developer.apple.com/documentation/apple-silicon/building-a-universal-macos-binary

다. 대부분의 경우 사용 중인 플랫폼의 기본값을 그대로 사용하고 싶겠지만, 그렇게 할 수 없는 몇 가지 예외 사항이 있다.

Go와 같은 언어를 사용해봤다면 C 런타임에 대한 걱정 없이 미리 컴파일된 바이너리를 배포하는 것이 익숙할 것이다. Go와 달리 러스트는 C 런타임이 필요하며, 기본적으로 동적 연결을 사용한다.

2.7.1 교차 컴파일

해당 대상에 대한 컴파일러 지원이 가능한 경우에만 카고를 사용하여 다른 대상용으로 바이너리를 **교차 컴파일**cross compilation할 수 있다. 예를 들어 윈도우에서 리눅스 바이너리로는 쉽게 컴파일할 수 있지만, 리눅스에서 윈도우 바이너리로 컴파일하는 것은 쉽지 않다(불가능하지는 않다).

rustup으로 호스트 플랫폼에서 사용 가능한 대상의 목록을 알 수 있다.

```
$ rustup target list
rustup target list
aarch64-apple-darwin
aarch64-apple-ios
aarch64-fuchsia
aarch64-linux-android
aarch64-pc-windows-msvc
...
```

rustup target add <target>으로 원하는 대상을 설치한 다음 cargo build --target <target>으로 해당 대상에 맞게 빌드할 수 있다.

예를 들어 인텔 기반 macOS 컴퓨터에서 AArch64(M1 칩에서 사용)용 바이너리를 컴파일하는 방법은 다음과 같다.

```
$ rustup target add aarch64-apple-darwin
info: downloading component 'rust-std' for 'aarch64-apple-darwin'
info: installing component 'rust-std' for 'aarch64-apple-darwin'
info: using up to 500.0 MiB of RAM to unpack components
 18.3 MiB / 18.3 MiB (100 %) 14.7 MiB/s in 1s ETA: 0s
$ cargo build --target aarch64-apple-darwin
...
Finished dev [unoptimized + debuginfo] target(s) in 3.74s
```

하지만 해당 바이너리는 곧바로 실행할 수 없다.

```
$ ./target/aarch64-apple-darwin/debug/simple-project
-bash: ./target/aarch64-apple-darwin/debug/simple-project: Bad CPU type in executable
```

AArch64 macOS 장치를 쓸 수 있는 경우라면 이 바이너리를 해당 컴퓨터에 복사하고 실행하면 된다.

2.7.2 정적 연결 바이너리 만들기

일반 러스트 바이너리에는 C 런타임 라이브러리를 제외한 모든 컴파일된 종속성이 포함된다. 일반적으로 윈도우 및 macOS에서는 단일한 벤더가 미리 컴파일된 바이너리를 배포하므로 OS의 C 런타임 라이브러리에 연결하기만 하면 된다. 그러나 리눅스에서는 대부분의 패키지에서 배포판의 관리자가 소스를 컴파일하며, 배포판에서 C 런타임의 설치를 별도로 관리한다.

리눅스에서 러스트 바이너리를 배포할 때 기호에 따라 glibc 또는 musl을 사용할 수 있다. glibc는 대부분의 리눅스 배포판에서 기본적인 C 라이브러리 런타임이다. 그러나 배포본에 상관없이 리눅스 바이너리를 배포하려면 musl에 정적으로 링크하는 것이 좋다. 실제로 특정 대상에 정적으로 연결하려고 할 때 러스트는 musl을 사용한다고 가정한다.[14]

NOTE musl은 특정 경우에 glibc와 약간 다르게 작동한다. 이와 관련한 문서[15]를 참조한다.

다음과 같이 `target-feature` 플래그를 사용해서 정적 C 런타임을 사용하도록 `rustc`에 지시할 수 있다.

```
$ RUSTFLAGS="-C target-feature=+crt-static" cargo build
    Finished dev [unoptimized + debuginfo] target(s) in 0.01s
```

위에서 카고가 RUSTFLAGS 환경 변수를 해석해서 -C target-feature=+crt-static을 rustc에 전달한다.

---

14 [옮긴이] 정적으로 라이브러리를 연결해서 배포하고자 한다면, 해당 라이브러리의 라이선스를 반드시 확인해야 한다. 정적으로 연결할 경우, 해당 바이너리의 라이선스에 영향을 주는 라이선스도 있기 때문이다.

15 https://wiki.musl-libc.org/functional-differences-from-glibc.html

x86-64 리눅스에서 musl을 정적으로 링크하는 방법은 다음과 같다.

```
$ rustup target add x86_64-unknown-linux-musl. ◄── musl 대상이 설치되었는지 확인한다.
...
$ RUSTFLAGS="-C target-feature=+crt-static" cargo build --target
x86_64-unknown-linux-musl ◄── musl 대상으로 컴파일하여 C 런타임을 정적으로 연결한다.
...
```

정적 연결을 명시적으로 비활성화하려면 RUSTFLAGS="-C target-feature=-crt-static"을 대신 사용한다[더하기(+)를 빼기(-)로 전환]. 기본적으로 정적 연결을 사용하는 환경에서 사용할 수 있다. 정적, 동적 연결에 대해 해당 대상의 설정이 확실하지 않다면 기본 매개변수를 사용하면 된다.

위 방법 대신 ~/.cargo/config를 사용해서 카고에 대한 rustc 플래그를 지정할 수도 있다.

```
[target.x86_64-pc-windows-msvc]
rustflags = ["-Ctarget-feature=+crt-static"]
```

위의 예에서처럼 ~/.cargo/config에 저장하면 x86_64-pc-windows-msvc 대상으로 컴파일할 때 정적으로 링크하도록 rustc에 지시한다.

2.8 러스트 프로젝트 문서화하기

rustdoc은 코드를 문서화하기 위한 러스트 도구로, 기본적으로 러스트와 함께 제공된다. 다른 프로젝트(예: 자바독Javadoc, 독스트링Docstring, RDoc 등)의 코드 문서화 도구를 사용해본 적이 있다면 rustdoc이 익숙할 것이다.

rustdoc을 사용하려면 간단히 코드에 주석을 추가하고 문서를 생성하면 된다. 간단한 예를 살펴보자. 라이브러리를 생성하는 것으로 시작한다.

```
$ cargo new rustdoc-example --lib
    Created library `rustdoc-example` package
```

이제 src/lib.rs에 2개의 정수(a와 b)를 받아서 곱하는 mult라는 함수를 추가한다. 또 테스트도 추가한다.

```
pub fn mult(a: i32, b: i32) -> i32 {
    a * b
}

#[cfg(test)]
mod tests {
    use super::*;
    #[test]
    fn it_works() {
        assert_eq!(2 * 2, mult(2, 2));
    }
}
```

아직 어떤 문서도 추가하지 않았다. 일단 카고로 빈 문서를 생성해본다.

```
$ cargo doc
 Documenting example_library v0.1.0(/private/tmp/rustdoc_example)
    Finished dev [unoptimized + debuginfo] target(s) in 2.92s
```

HTML 문서가 `target/`에 생성되었을 것이다. 이제 브라우저에서 `target/doc/src/rustdoc_example/lib.rs.html`을 열어 문서를 볼 수 있다. 결과는 다음과 같을 것이다. 기본 문서의 내용은 비어 있지만, 공개 함수 `mult`가 문서에 수록된 것을 볼 수 있다.

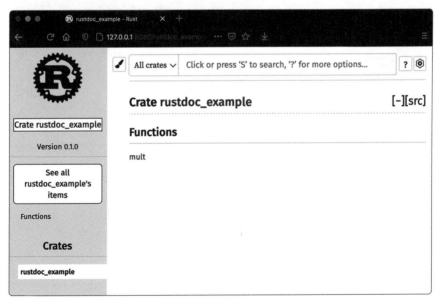

그림 2.1 빈 rustdoc HTML 문서

이제 컴파일러 속성과 약간의 문서를 프로젝트에 추가하자. `src/lib.rs`를 다음과 같이 수정한다.

```
//! # rustdoc-example.
//!
//! A simple project demonstrating the use of rustdoc with the function.
//! [`mult`].

#![warn(missing_docs)]  ◀── 이 컴파일러 속성은 공개 함수, 모듈, 타입에 대한 문서가
                            누락되었을 때 경고를 생성하도록 rustc에 지시한다.
/// Returns the product of `a` and `b`.  ◀── 이 주석은 함수 mult에 대한 문서다.
pub fn mult(a: i32, b: i32) -> i32 {
    a * b
}
```

크레이트 수준의
문서 문자열로,
크레이트 문서 첫
페이지에 노출된다.

TIP 러스트 문서는 Markdown의 하위 집합인 **CommonMark**를 사용한다. https://commonmark.org/help 에서 CommonMark에 대한 설명을 참고하길 바란다.

코드 문서를 새로 작성한 후 `cargo doc`을 다시 실행하고 브라우저에서 열면 그림 2.2와 같이 표시 된다. crates.io에 게시된 크레이트의 경우 https://docs.rs에서 크레이트에 대한 문서를 자동으로 생성하고 호스팅한다. 예를 들어 `dryoc` 크레이트에 대한 문서는 https://docs.rs/dryoc에서 찾아 볼 수 있다.

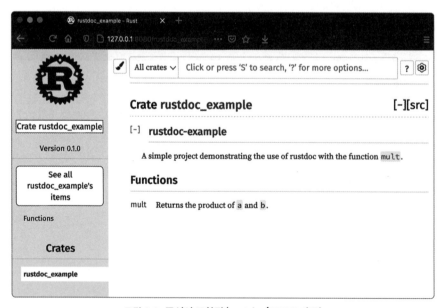

그림 2.2 주석이 포함된 'rustdoc' HTML 출력

문서화된 크레이트에서 프로젝트 문서로 연결되는 `documentation` 속성을 포함하도록 `Cargo.toml`을 업데이트하면 crates.io와 같은 소스에서 크레이트를 찾는 사람들이 편리하게 사용할 수 있다. 예를 들어 `dryoc` 크레이트는 `Cargo.toml`에 다음과 같은 내용이 있다.

```
[package]
name = "dryoc"
documentation = "https://docs.rs/dryoc"
```

docs.rs를 사용하기 위해 다른 작업을 수행할 필요는 없다. 새 릴리스가 crates.io에 게시되면 웹사이트에서 자동으로 업데이트된 문서를 생성한다. 표 2.4에 `rustdoc` 문법에 대한 설명을 참고하라.

표 2.4 **rustdoc 용례에 대한 빠른 설명**

구문	타입	설명
`//!`	문서 문자열	크레이트 또는 모듈 수준 문서는 크레이트 또는 모듈의 맨 위에 온다. CommonMark를 사용한다.
`///`	문서 문자열	주석 뒤에 오는 모듈, 함수, 트레이트, 타입을 문서화한다. CommonMark를 사용한다.
[func], [`func`], [Foo](Bar)	링크	문서의 함수, 모듈, 다른 타입에 대한 링크다. 키워드는 `rustdoc`이 올바르게 링크할 수 있는 범위에 있어야 한다. 링크에 사용할 수 있는 옵션이 많다. 자세한 내용은 `rustdoc` 문서를 참조한다.

2.8.1 문서화 예제

`rustdoc`의 편리한 기능 중 하나는 문서 내에 예제로 포함된 코드가 통합 테스트를 할 때 컴파일되고 실행된다는 것이다. 따라서 크레이트의 테스트를 실행할 때 검증될 주장[assertion]이 있는 코드 예제를 포함시킬 수 있다. 이를 통해 작업 코드 예제가 있는 품질 높은 문서를 유지할 수 있다.

이런 예제는 다음과 같다(이전 예제의 `src/lib.rs`에 크레이트 수준의 문서를 붙인다).

```
//! # Example
//!
//! -----
//! use rustdoc_example::mult;
//! assert_eq!(mult(10, 10), 100);
//! -----
```

`cargo test` 크레이트 테스트를 사용하여 위의 예와 함께 테스트를 실행하면 다음과 같은 결과가 나온다.

```
cargo test
    Compiling rustdoc-example v0.1.0
    (/private/tmp/rustdoc-example)
     Finished test [unoptimized + debuginfo] target(s) in 0.42s
      Running target/debug/deps/rustdoc_example-bec4912aee60500b

running 1 test
test tests::it_works ... ok

test result: ok. 1 passed; 0 failed; 0 ignored; 0 measured; 0 filtered out;
  finished in 0.00s

    Doc-tests rustdoc-example

running 1 test
test src/lib.rs - (line 7) ... ok

test result: ok. 1 passed; 0 failed; 0 ignored; 0 measured; 0 filtered out;
  finished in 0.23s
```

`rustdoc`에 대한 보다 자세한 내용은 공식 문서[16]를 참조한다. CommonMark에 대한 자세한 내용[17]도 찾아본다.

2.9 모듈

러스트 모듈은 코드를 계층적으로 구성하는 방법으로, 코드를 개별적인 단위 집합으로 구성하며, 이 단위 집합은 독립된 소스 파일로 선택적으로 나눌 수 있다. 러스트의 모듈은 두 가지(다른 소스 파일의 코드를 포함하는 것과 공개적으로 보이는 기호의 이름 공간) 기능을 하나로 묶었다. 러스트의 모든 기호는 비공개 선언이 기본이지만, pub 키워드를 사용하여 공개할 수 있다. 너무 많은 기호를 공개하면 이름 충돌이 발생할 수 있기 때문에, 이름 공간 오염을 방지하기 위해서 모듈별로 코드를 구성할 수도 있다.

---

16 https://doc.rust-lang.org/rustdoc
17 https://commonmark.org/help

모듈 선언 블록은 mod 키워드를 사용하고 바로 뒤에 중괄호로 묶은 코드 블록을 배치하는 식으로 선언하며, 필요에 따라 pub 가시성 지정자가 붙는다.

```
mod private_mod {
    // ◄—— 모듈 안에서만 쓰는 코드가 온다.
}
pub mod public_mod {
    // ◄—— 모듈 밖에서도 쓰는 코드가 온다.
}
```

러스트 코드에서 **모듈**module과 **mod**라는 용어는 종종 같은 의미로 사용된다. 관례적으로 모듈 이름은 스네이크 표기법snake case(example_library처럼 밑줄(_)을 이용해 단어를 연결하는 명명법)을 사용하는 반면 대부분의 다른 이름(구조체, 열거형, 타입)은 카멜 표기법camel case(ExampleStructure처럼 각 단어의 맨 앞 단어를 대문자로 표기하는 방법)을 사용한다. 기본 타입(i32, str, u64 등)은 일반적으로 짧은 단일 단어를 쓰고, 경우에 따라 스네이크 표기법을 사용한다. 상수는 일반적으로 대문자로 쓰는데, 이는 대부분의 다른 언어에서도 관례적으로 사용하는 방식이다. 이러한 패턴을 따르면 use 문을 살펴보는 것만으로도 어떤 항목을 가져오는지 쉽게 확인할 수 있다.

mod 키워드는 모듈을 선언하기도 하지만 모듈을 포함시킬 때도 사용한다. 이때는 뒤에 코드 블록이 오는 대신 세미콜론(;)으로 바로 끝난다.

```
mod private_mod;
pub mod public_mod;
```

모듈은 깊이 중첩될 수도 있다.

```
mod outer_mod {
  mod inner_mod {
    mod super_inner_mod {
        // ...
    }
  }
}
```

러스트에서 관련 항목이 기본적으로 공개되는 공개 트레이트 및 공개 열거형을 제외하고 가시성과 관련해서는 모든 것이 기본적으로 비공개다. 비공개로 선언된 항목은 선언된 모듈(및 하위 모듈) 내에서만 액세스할 수 있으므로 선언한 모듈에 묶인다고 한다.

crate, self, super 같은 선택적 수정자와 함께 pub 키워드를 사용하면 가시성을 공개로 바꾼다. 다른 경로에 있는 모듈에 대해 수정자를 설정하고자 한다면 in path를 사용한다. 수정자는 pub(modifier)처럼 사용할 수 있다. 다시 말하자면 pub(crate)는 크레이트 내에서는 항목을 공개하지만, 크레이트 외부에서는 액세스할 수 없음을 지정한다.

모듈 내에서 선언된 항목은 모듈 자체가 공개되지 않는 한 크레이트 범위 외부로 내보내지지 않는다. 예를 들어 아래 코드에는 2개의 공용 함수가 있지만, 이 경우에는 public_mod_fn()만 크레이트 외부에서 볼 수 있다.

```
mod private_mod {
  pub fn private_mod_fn() {}
}
pub mod public_mod {
  pub fn public_mod_fn() {}
}
```

또한 공개 모드 내의 비공개 범위 항목은 여전히 비공개이며 크레이트 외부에서 액세스할 수 없다.

러스트의 가시성은 매우 직관적이며 실수로 누출되는 추상화를 방지하는 데에도 도움이 된다. 러스트의 가시성에 관한 문서[18]를 참조한다.

다른 크레이트로부터의 기호나 모듈을 포함할 때는 use 명령문을 사용한다.

```
use serde::ser::{Serialize, Serializer};
```
◀— serde 크레이트의 ser 모듈에 있는 Serialze와 Serializer 심벌을 포함시킨다.

use 문으로 코드를 포함시킬 때 첫 번째 이름은 일반적으로 코드를 포함하려는 크레이트의 이름이고 그 뒤에 모듈, 특정 기호 또는 해당 모듈의 모든 기호를 포함하는 와일드카드(*)가 온다.

파일 시스템을 사용하여 모듈을 구성할 수도 있다. 크레이트의 소스 디렉터리 내 경로를 사용하여 위와 동일한 계층 구조를 만들 수 있지만, 여전히 크레이트에 포함할 파일을 카고에게 알려야 한다. 이를 위해 블록 대신 mod 문을 사용한다. 다음과 같은 크레이트 구조를 만들려 한다고 가정하자.

---

18 https://doc.rust-lang.org/reference/visibility-and-privacy.html

```
$ tree .
.
├── Cargo.lock
├── Cargo.toml
└── src
    ├── lib.rs
    ├── outer_module
    │   └── inner_module
    │       ├── mod.rs
    │       └── super_inner_module.rs
    └── outer_module.rs
3 directories, 6 files
```

위는 이전 예제와 같이 3개의 중첩된 내부 모듈이 있는 크레이트다. 최상위 `lib.rs`는 `outer_module.rs`에 정의된 외부 모듈을 포함하고 있다.

```
mod outer_module;
```

컴파일러는 `outer_module.rs` 또는 `outer_module/mod.rs`에서 `mod` 선언을 찾는다. 우리의 경우 `lib.rs`와 동일한 수준에서 `outer_module.rs`를 두었다. `outer_module.rs` 내에는 내부 모듈을 포함하기 위해 다음과 같은 내용이 있다.

```
mod inner_module;
```

다음으로 컴파일러는 `outer_module` 모듈 내에서 `inner_module.rs` 또는 `inner_module/mod.rs`를 찾는다. 이 경우 다음을 포함하는 `inner_module/mod.rs`를 찾는다.

```
mod super_inner_module;
```

위의 코드는 `inner_module` 디렉터리 내의 `super_inner_module.rs`를 포함하는 것을 의미한다. 이 것은 이 절 앞부분의 예제보다 상당히 복잡해 보이지만, 더 큰 프로젝트의 경우 `lib.rs` 또는 `main.rs`에 크레이트의 모든 소스 코드를 포함하는 것보다 모듈을 사용하는 것이 훨씬 낫다. 모듈이 약간 혼란스러워 보인다면 비슷한 구조를 처음부터 다시 만들어서 조각이 어떻게 맞춰지는지 이해하도록 하자. 이 책의 `c02/modules` 소스 코드에 포함된 예제부터 시작한다. 또한 9장에서 모듈 구조를 다시 살펴볼 것이다.

2.10 작업 공간

카고의 **작업 공간**(워크스페이스_{workspace}) 기능을 사용하면 큰 크레이트를 개별 크레이트로 나눌 수 있다. 작업 공간에는 이 절에서 살펴볼 몇 가지 중요한 기능이 있다. 자신의 프로젝트에서 작업 공간을 사용하지 않더라도 다른 크레이트의 작업 공간을 만날 가능성이 높다. 작업 공간 내의 프로젝트는 다음을 공유한다.

- 최상위 `Cargo.lock` 파일
- 모든 작업 공간의 프로젝트 대상을 포함하는 `target/` 디렉터리
- 최상위 `Cargo.toml`에서 설정된 `[patch]`, `[replace]`, `[profile.*]` 섹션

작업 공간을 사용하려면 최상위 크레이트의 디렉터리와 겹치지 않는 하위 디렉터리(즉 `src/`, `target/`, `tests/`, `examples/`, `benches/` 등은 쓸 수 없다) 안에 카고로 프로젝트를 만든다. 그런 다음 버전이나 저장소 등을 지정하는 대신 이들 하위 크레이트의 경로를 지정한다.

작업 공간을 사용하는 예제 프로젝트를 살펴보자. 최상위 애플리케이션을 생성하는 것으로 시작하고, 생성된 디렉터리로 이동한다.

```
$ cargo new workspaces-example
    Created binary (application) `workspaces-example` package
$ cd workspaces-example
```

이제 단순한 라이브러리인 하위 프로젝트를 만든다.

```
$ cargo new subproject --lib
    Created library `subproject` package
```

새롭게 구성된 디렉터리 구조는 다음과 같다.

```
$ tree .
.
├── Cargo.toml
├── src
│   └── main.rs
└── subproject
    ├── Cargo.toml
```

```
      └─ src
          └─ lib.rs

3 directories, 4 files
```

다음으로 최상위 `Cargo.toml`을 하위 프로젝트를 종속성으로 포함하도록 수정한다.

```
[dependencies]
subproject = { path = "./subproject" }
```

위의 예에서는 `subproject`를 종속성으로 지정하고, `path` 속성을 사용하여 `subproject`를 추가하고 있다. 작업 공간의 모든 크레이트를 지정하는 또 다른 방법은 `[workspace.members]`를 사용하는 것이다. 여기에는 작업 공간 구성원에 대한 경로 목록 또는 glob 패턴을 포함할 수 있다. 더 큰 프로젝트의 경우 각 경로를 명시적으로 나열하는 것보다 더 간편하다. 이 예에서 `Cargo.toml`의 해당 코드는 다음과 같다.

```
[workspace]

members = [
    "subproject",
]
```

`cargo check`로 검사해보면 모든 항목이 오류 없이 무사히 컴파일되는지 확인할 수 있다. 현재 최상위 프로젝트는 하위 프로젝트의 코드를 사용하지 않으므로 애플리케이션에서 `Hello, world!`를 반환하는 함수를 추가하여 호출해보겠다. 먼저 `hello_world` 함수를 포함하도록 `subproject/src/lib.rs`를 수정한다.

```
pub fn hello_world() -> String {
    String::from("Hello, world!")
}
```

다음으로 최상위 애플리케이션의 `src/main.rs`에서 이 함수를 호출하도록 수정한다.

```
fn main() {
    println!("{}", subproject::hello_world());
}
```

끝으로 코드를 실행한다.

```
$ cargo run
    Compiling subproject v0.1.0 (/private/tmp/code-like-a-pro-in-rust/code/c2/2.9/
workspaces-example/subproject)
    Compiling workspaces-example v0.1.0 (/private/tmp/code-like-a-pro-in-rust/code/c2/2.9/
workspaces-example)
     Finished dev [unoptimized + debuginfo] target(s) in 0.85s
      Running `target/debug/workspaces-example`
Hello, world!
```

하위 프로젝트 항목을 늘리고자 한다면 위의 각 단계를 똑같이 진행하되, `subproject`라고 되어 있는 부분을 각 항목의 이름으로 대체하면 된다. 위 예제의 전체 코드는 `c02/workspaces-example`에서 찾을 수 있다.

TIP 카고는 `Cargo.toml`에 `[package]` 섹션을 지정하지 않고 하위 프로젝트만 포함하는 최상위 크레이트인 가상 매니페스트(manifest)를 지원한다. 이는 하나의 최상위 크레이트 아래에 패키지 모음을 게시하려는 경우에 유용하다.

많은 크레이트가 작업 공간을 사용하여 프로젝트를 분할한다. 작업 공간의 또 다른 기능은 각 하위 프로젝트를 다른 사용자가 사용할 수 있도록 자체 개별 크레이트로 게시할 수 있다는 것이다.

작업 공간 기능을 사용하는 프로젝트의 몇 가지 좋은 예는 rand[19] 크레이트와 Rocket[20] 크레이트이며, 후자는 가상 매니페스트를 사용한다.

카고 작업 공간에 대한 완전한 설명[21]을 찾아보기를 권한다.

2.11 전용 빌드 스크립트

카고는 러스트 스크립트로 **빌드 시간** 작업을 지정할 수 있는 빌드 시간 기능을 제공한다. 해당 스크립트는 하나의 `main` 함수와 기타 코드를 포함하고 있다. 여기에는 `Cargo.toml`의 특수한 `[build-dependencies]` 섹션에 지정된 빌드 종속성을 포함한다. 카고가 스크립트를 해석하고 그에 따라 수행할 특수한 형식의 명령을 표준 출력으로 내보내는 방식으로 카고와 통신한다.

---

19 https://crates.io/crates/rand

20 https://rocket.rs/

21 https://doc.rust-lang.org/cargo/reference/workspaces.html

NOTE '스크립트'라고는 하지만 해석되는 코드라는 의미에서 스크립트가 아니라는 점에 주목할 가치가 있다. 즉, 코드는 여전히 `rustc`에 의해 컴파일되고 바이너리를 실행시켜 수행한다.

빌드 스크립트에 대한 일반적인 예는 다음과 같다.

- C 또는 C++ 코드 컴파일
- 러스트 코드를 컴파일하기 전에 커스텀 프리프로세서 실행
- `protoc-rust`[22]를 사용하여 러스트 protobuf 코드 생성
- 템플릿에서 러스트 코드 생성
- 라이브러리 존재 확인 및 찾기와 같은 플랫폼 검사 실행

카고는 일반적으로 빌드를 실행할 때마다 빌드 스크립트를 다시 실행하지만, `cargo:return-if-changed`를 사용하여 해당 방식을 바꿀 수 있다.

작은 C 라이브러리를 사용해 'Hello, world!'를 출력하는 간단한 예제를 살펴본다. 먼저 새 러스트 애플리케이션을 만들고 그 디렉터리로 이동한다.

```
$ cargo new build-script-example
$ cd build-script-example
```

'Hello, world!' 문자열을 반환하는 작은 C 라이브러리를 만든다. 이 파일은 `src/hello_world.c`로 생성한다.

```
const char *hello_world(void) {
    return "Hello, world!";
}
```

`Cargo.toml`을 수정하여 `cc` 크레이트를 빌드 종속성에 추가하고, C 언어 타입을 위한 `libc` 크레이트를 종속성에 추가한다.

```
[dependencies]
libc = "0.2"
[build-dependencies]
cc = "1.0"
```

---

22 https://crates.io/crates/protoc-rust

실제 빌드 스크립트 `build.rs`를 최상위 디렉터리에 생성한다(일반 소스 코드가 있는 `src/`가 아님을 유의하라).

```
fn main() {
    println!("cargo:return-if-changed=src/hello_world.c");  ◄───  카고에 src/hello_world.c가
    cc::Build::new()  ◄─── cc 크레이트를 이용해 C 코드를 라이브러리로 컴파일한다.  변경될 때에만 빌드 스크립트를
        .file("src/hello_world.c")                                다시 실행하도록 지시한다.
        .compile("hello_world");
}
```

끝으로 위에서 만든 작은 라이브러리의 C 함수를 호출하도록 `src/main.rs`를 수정한다.

```
use libc::c_char;
use std::ffi::CStr;

extern "C" {
    fn hello_world() -> *const c_char;  ◄─── C 라이브러리의 외부 인터페이스를 정의한다.
}

fn call_hello_world() -> &'static str {  ◄─── 외부 라이브러리에서 정적 C 문자열을 추출하는 래퍼
    unsafe {
        CStr::from_ptr(hello_world())
            .to_str()
            .expect("String conversion failure")
    }
}

fn main() {
    println!("{}", call_hello_world());
}
```

자, 이제 컴파일하고 실행해보자.

```
$ cargo run
    Updating crates.io index
  Downloaded cc v1.0.79
  Downloaded 1 crate (62.6 KB) in 0.80s
   Compiling cc v1.0.79
   Compiling libc v0.2.141
   Compiling build-script-example v0.1.0 (/private/tmp/build-script-example)
    Finished dev [unoptimized + debuginfo] target(s) in 10.75s
     Running `target/debug/build-script-example`
Hello world!
```

위 예제의 전체 코드는 `c02/build-script-example`에 있다.

2.12 임베디드 환경용 러스트 프로젝트

시스템 레벨 프로그래밍 언어로서 러스트는 임베디드 프로그래밍을 위한 훌륭한 언어 후보다. 이는 메모리 할당이 명시적이고 안전이 가장 중요한 경우에 특히 그렇다. 이 책에서는 임베디드 러스트를 깊이 있게 다루지는 않을 것이다. 그에 관한 내용이 궁금하다면 해당 주제를 전문적으로 다룬 책을 참고하는 것이 좋다. 하지만 여러분이 임베디드 프로젝트를 위해 러스트를 고려하고 있다면 이 책에서 언급할 가치는 있다.

러스트의 정적 분석 도구는 실행 시 코드를 디버깅하고 확인하기가 까다로울 수 있는 임베디드 영역에서 특히 강력하다. 러스트는 코드를 컴파일하는 것만으로도 안전성을 보장하므로 리소스 상태, 핀 선택을 쉽게 확인할 수 있을 뿐 아니라 공유 상태로 동시 작업을 안전하게 실행할 수 있다.

임베디드 러스트를 실험하고 싶다면 QEMU 프로젝트[23]를 이용해서 Cortex-M 장치에 대한 에뮬레이션을 통한 훌륭한 사례를 참고한다. 제공하는 샘플 코드[24]를 참조해보자.

이 예제를 작성할 당시 비ARM 아키텍처용 임베디드에 대한 러스트의 지원은 매우 제한적이지만, 개중에서도 주목할 만한 것은 아두이노 우노Arduino Uno 플랫폼이다. `ruduino` 크레이트[25]는 특별히 아두이노 우노를 지원하는 재사용 가능한 구성 요소다. 아두이노 우노는 2인 저녁 식사 비용으로 구입할 수 있는 저렴한 저전력 내장형 플랫폼이다. 아두이노 플랫폼에 대한 자세한 내용[26]을 확인해보자.

러스트 컴파일러는 LLVM 프로젝트[27]를 기반으로 하므로 LLVM에 적절한 백엔드가 있는 모든 플랫폼이 기술적으로 지원되지만, 주변 장치가 반드시 작동하는 것은 아니다. 예를 들어 LLVM에서 지원하는 RISC-V에 대한 초기 지원이 있지만, RISC-V에 대한 하드웨어 옵션은 제한적이다. 임베디드 환경에서의 러스트에 대해 자세히 알아보려면 온라인에 공개된 〈The Embedded Rust Book〉을 참고해보자.[28]

---

23 https://www.qemu.org
24 https://github.com/rust-embedded/cortex-m-quickstart
25 https://crates.io/crates/ruduino
26 https://www.arduino.cc
27 https://llvm.org
28 https://docs.rust-embedded.org/book/

2.12.1 메모리 할당

동적 할당이 필요하지 않은 경우라면 `heapless` 크레이트에서 제공하는 고정 크기, 비동적 할당 데이터 구조를 이용할 수 있다. 동적 할당이 필요하다면 `GlobalAlloc` 트레이트[29]를 이용해서 자신만의 메모리 할당 모듈을 쉽게 만들 수 있다. 인기 있는 Cortex-M 프로세스 같은 몇몇 임베디드 플랫폼에서는 `alloc-cortex-m` 크레이트처럼 힙heap 할당자에 대한 구현이 존재한다.

2.13 요약

- 카고는 러스트 프로젝트를 빌드, 관리, 게시하는 데 사용되는 기본 도구다.

- 러스트에서 패키지는 **크레이트**라고 하며, 크레이트는 라이브러리나 애플리케이션 형태로 https://crates.io 저장소에 게시된다.

- 카고는 crates.io에서 크레이트를 설치하는 데 사용한다.

- 카고는 지속적 통합CI 및 지속적 배포CD 시스템의 빌드, 테스트, 게시 단계를 자동화하는 데 사용할 수 있다.

- `cargo doc` 명령은 `rustdoc`을 사용하여 러스트 프로젝트에 대한 문서를 자동으로 생성한다. 문서는 CommonMark 형식(markdown 사양)을 사용하여 서식을 맞출 수 있다.

- crates.io와 마찬가지로 https://docs.rs는 crates.io에 게시된 오픈 소스 크레이트에 대한 문서의 자동 무료 호스팅을 제공한다.

- 러스트는 C 라이브러리를 제외한 모든 종속성을 포함하는 배포용 바이너리를 생성할 수 있다. 리눅스 시스템에서 미리 컴파일된 바이너리를 배포할 때 최대한 이식성을 유지하려면, 시스템의 C 라이브러리를 사용하는 대신 `musl`에 정적으로 링크해야 한다.

- 크레이트는 모듈과 워크스페이스로 분리할 수 있으며, 이는 코드를 부분으로 분리하는 방법이다.

---

29 https://doc.rust-lang.org/core/alloc/trait.GlobalAlloc.html

러스트 도구 이용하기

이 장의 주요 내용

■ 핵심적인 러스트 언어 도구 소개, rust-analyzer, rustfmt, Clippy, sccache

■ VS Code에 러스트 도구를 통합하기

■ 안정 툴체인과 nightly(일일 빌드) 툴체인 사용하기

■ 추가적으로 유용한 다른 도구 추가하기

어떤 언어든 그 언어를 마스터하는 것은 그 언어의 도구를 숙달하는 데 달려 있다. 이 장에서는 러스트를 효과적으로 사용하는 데 필요한 몇 가지 중요한 도구를 살펴본다.

러스트가 제공하는 다양한 도구를 활용하면 코드 생산성을 향상하고 고품질 소프트웨어를 생산하는 데 필요한 작업량을 줄일 수 있다. 러스트의 컴파일러인 rustc는 **LLVM**을 기반으로 구축되었으므로 러스트는 LLVM의 디버거인 **LLDB** 같은 LLVM에서 제공하는 많은 도구를 그대로 이용할 수 있다. 이런 도구 이외에도 러스트에서 제공하는 다양한 러스트용 도구를 알아보자.

살펴볼 주요 도구로 rust-analyzer, rustfmt, Clippy, sccache가 있다. 모두 러스트로 작업할 때마다 많이 사용할 도구다. 또한 종종 사용하는 몇 가지 다른 도구 `cargo-update`, `cargo-expand`, `cargo-fuzz`, `cargo-watch`, `cargo-tree`에 대한 설명도 넣었다.

3.1 러스트 도구 개요

2장에서는 러스트 프로젝트 관리 도구인 카고로 작업하는 데 중점을 두었다. 이 외에도 러스트로 작업할 때 사용할 수 있는 도구가 다양하다. 카고와 달리 이러한 도구는 선택 사항이며 사용자의 재량에 따라 그때그때 사용한다. 그러나 필자는 이런 도구들이 매우 가치가 있다고 생각하고 거의 모든 러스트 프로젝트에서 사용한다. 프로젝트를 진행하다 보면 이러한 도구가 필요해지는 상황이 많으므로 이 도구에 익숙해지는 것이 좋다.

이 장에서 설명하는 도구는 일반적으로 텍스트 에디터나 명령줄을 통해 사용된다. 표 3.1은 핵심 러스트 언어 도구를 요약한 것이고, 표 3.2는 유명한 에디터에서 러스트를 지원하는 내용을 나타낸 것이다.

표 3.1 러스트 핵심 언어 도구 요약

이름	설명
카고	러스트 프로젝트 관리 도구로 컴파일, 테스트, 종속성 관리에 사용한다. 2장에서 설명했다.
rust-analyzer	텍스트 에디터에서 러스트를 지원하는 언어 서버 프로토콜(Language Server Protocol)을 구현한다.
rustfmt	완고한(opinionated)[1] 코드 스타일 도구로, 자동으로 코드의 형식을 맞추고 검사하며, CI/CD 시스템에 통합할 수 있다.
Clippy	코드 품질 도구로, 다양한 코드 품질 검사(린트라고 불림)를 수행하며, CI/CD 시스템에 통합할 수 있다.
sccache	범용 컴파일러 캐시 도구로, 대형 프로젝트에서 컴파일 속도를 향상시킨다.

표 3.2 러스트 에디터 요약

에디터	확장	요약	참고
Emacs	rust-analyzer	LSP로 러스트 지원	https://emacs-lsp.github.io/lsp-mode/page/lsp-rust-analyzer/
	rust-mode	러스트용 네이티브 이맥스 확장	https://github.com/rust-lang/rust-mode
IntelliJ IDEA[2]	IntelliJ Rust	JetBrains의 러스트 네이티브 지원	https://github.com/intellij-rust/intellij-rust
Sublime	rust-analyzer	LSP로 러스트 지원	https://rust-analyzer.github.io/manual.html#vimneovim
	Rust enhanced	러스트용 네이티브 Sublime 패키지	https://github.com/rust-lang/rust-enhanced

---

1 　[옮긴이] 'opinionated'라는 원문은 참으로 절묘한 것이 rustfmt는 기준에 맞지 않는 코드에 대한 스타일 변환 자체를 거부한다. 특히나 판본(edition)에 따라서는 async를 함수 선언 앞에 붙이는 등에 대한 허용 여부가 갈리는 스타일이 있기에 설정에 신경 써야 한다.
2 　[옮긴이] JetBrains는 공식 러스트 지원 개발 환경 RustRover을 출시했다(https://www.jetbrains.com/rust/). 비상업적 용도로는 무료다.

표 3.2 러스트 에디터 요약(계속)

에디터	확장	요약	참고
Vim	rust-analyzer	LSP로 러스트 지원	https://github.com/sublimelsp/LSP-rust-analyzer
	`rust.vim`	러스트용 네이티브 Vim 환경 설정	https://github.com/rust-lang/rust.vim
VS Code	rust-analyzer	LSP로 러스트 지원	https://rust-analyzer.github.io/manual.html#vs-code

3.2 rust-analyzer를 이용하여 러스트 통합 개발 환경에 통합

rust-analyzer는 러스트 언어를 위한 가장 성숙하고 완전한 기능을 갖춘 에디터 도구다. rust-analyzer는 LSP~Language Server Protocol~[3]를 지원하는 모든 에디터와 통합될 수 있다. 다음은 rust-analyzer에서 제공하는 기능 중 일부다.

- 코드 완성
- 가져오기 삽입
- 정의로 이동
- 기호 이름 바꾸기
- 문서 생성
- 리팩터링
- 마법 완성
- 인라인 컴파일러 오류
- 타입 및 매개변수에 대한 동일 화면 내 힌트
- 시맨틱 구문 강조
- 인라인 참조 문서 표시

VS Code를 사용하면 명령어 줄에서 rust-analyzer를 설치할 수 있다.[4]

---

3   https://microsoft.github.io/language-server-protocol

4   [옮긴이] 굳이 이렇게 하지 않고 VS Code 확장에서 rust-analyzer를 검색해서 설치해도 된다.

```
$ code --install-extension rust-lang.rust-analyzer
```

설치가 끝나면 VS Code에서 그림 3.1과 같이 러스트 작업 환경이 구성된다. `fn main()` 위에 `Run |
Debug` 버튼이 보이는 것을 참고하자. 해당 버튼을 클릭하면 코드를 실행하거나 디버그할 수 있다.
IntelliJ Rust를 사용하는 경우 별도의 확장 프로그램을 설치할 필요가 없다. 그러나 IntelliJ Rust[5]
의 매크로 지원 부분에서는 일부 코드를 rust-analyzer와 공유한다.

그림 3.1 rust-analyzer가 통합된 VS Code에서 유추된 타입 주석을 보여준다.

3.2.1 마법 완성

rust-analyzer에는 디버그 출력이나 문자열 서식 지정과 같은 일상적인 작업을 빠르게 완성해주
는 접미사 텍스트 완성 기능이 있다. **마법 완성**magic completion에 익숙해지면 타이핑을 많이 줄일 수
있고 반복적인 타이핑을 어느 정도 줄일 수 있다. 또한 구문을 외우지 않고 완성식만 기억하면 된

---

5 (옮긴이) 현재 IntelliJ의 Rust 플러그인은 지원이 중단되었다. 대신 개인 사용자에 한해 무료 사용이 가능한 통합 개발 환경 RustRover
   가 출시되었다(https://www.jetbrains.com/rust/).

다. 완성식 구문에 익숙해지면 편리하게 자주 사용할 수 있으므로 마법 완성을 연습해두는 편이 좋다.

마법 완성은 **스니펫**snippet(VS Code나 다른 에디터의 자동 코드 생성 기능)과 유사하지만, 러스트 관련해서 몇 가지 관련 기능이 있다는 점에서 스니펫++[6]라고 할 수 있다. 마법 완성은 VS Code뿐만 아니라 언어 서버 프로토콜을 지원하는 모든 에디터에서도 동작한다.

마법 완성은 표현식을 입력하고 에디터의 자동 완성 드롭다운 메뉴를 사용하기만 하면 되므로 매우 간편하다. 예를 들어 현재 소스 파일에 테스트 모듈을 생성하려면 `tmod`를 입력하고 첫 번째 완료 결과를 선택하면 테스트 모듈 템플릿이 생성된다.[7]

```
tmod -> // 실제로는 tmod만 입력하면 된다. ->는 필요 없는 구문이다.
#[cfg(test)]
mod tests {
    use super::*;

        #[test]
            fn test_name() {

    }
}
```

`tmod` 표현식은 단일 테스트 기능이 있는 테스트 모듈을 생성한다. `tmod` 외에도 테스트 함수를 생성하는 `tfn` 표현식이 있다.

또 다른 유용한 마법 완성은 문자열 출력이다. 1.58.0 이전의 러스트 버전은 문자열 보간string interpolation을 지원하지 않았다. 부족한 문자열 보간을 지원하기 위해서 rust-analyzer는 문자열 출력, 로깅, 서식 지정을 위한 몇 가지 완성 기능을 제공한다.

NOTE 문자열 보간은 러스트 1.58.0에 추가되었지만 이 절은 rust-analyzer의 기능을 잘 보여주기 때문에 책에 남겨두었다.[8]

다음을 코드에 입력한다.

---

6   옮긴이 C와 C++의 관계처럼 한 단계 더 향상되었다는 의미의 언어 유희
7   옮긴이 예를 들어 VS Code의 러스트 소스 코드에서 `tmod`를 입력하면 자동 완성 드롭다운이 나온다. 드롭다운 메뉴가 나오지 않는다면 Ctrl + Space 키를 눌러서 자동 완성 드롭다운을 수동으로 불러오면 된다.
8   옮긴이 1.58.0 이후부터는 `println!("bananas={bananas} apes={apes} bananas_per_ape={}", bananas / apes);` 식으로 가능하다.

```
let bananas = 5.0;
let apes = 2.0;

"bananas={bananas} apes={apes} bananas_per_ape={bananas / apes}"
```

커서를 문자열의 끝에 넣고 `.print`를 타이핑한다. 그러면 그림 3.2처럼 해당 문자열을 `println` 완성 옵션으로 바꿔주는 창이 나온다.

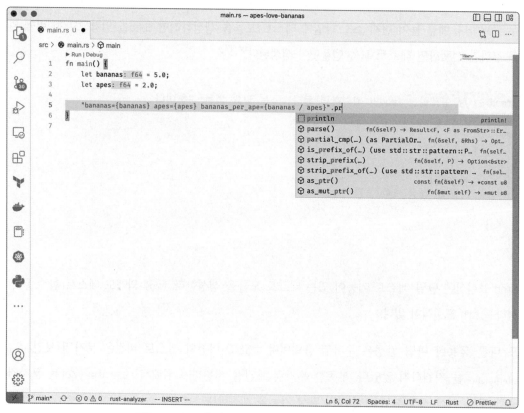

그림 3.2 **VS Code와 rust-analyzer에서 println 마법 완성**

드롭다운 메뉴에서 `println` 옵션을 선택한 후 `Enter` 키를 누르면 rust-analyzer가 다음과 같은 코드로 바꿔준다.

```
let bananas = 5.0;
let apes = 2.0;

println!(
    "bananas={} apes={} bananas_per_ape={}",
```

```
        bananas,
            apes,
            bananas / apes
)
```

표 3.3에서 주요한 몇 가지 중요한 마법 완성을 소개한다. 이 목록이 전부가 아니며, 마법 완성 및 rust-analyzer의 기타 기능에 대한 전체 목록을 매뉴얼[9]에서 확인해보자.

표 3.3 **기억해둘 마법 완성**

표현식	결과	설명
`"str{arg}".format`	`format!("str {}", arg)`	매개변수에 맞추어 문자열을 서식화한다.
`"str{arg}".println`	`println!("str {}", arg)`	매개변수에 맞추어 문자열을 출력한다.
`"".logL`	`log::level!("str {}", arg)` 이때 `level`은 L에 따라 `debug(d)`, `trace(t)`, `info(i)`, `warn(w)`, `error(e)`로 결정된다.	지정된 매개변수의 레벨에 맞추어 로그를 출력한다.
`pd`	`eprintln!("arg = {:?}", arg)`	디버그용 프린트 문구
`ppd`	`eprintln!("arg = {:#?}", arg)`	정리된 디버그 출력 문구
`expr.ref`	`&expr`	`expr`을 대여한다.
`expr.refm`	`&mut expr`	`expr`을 가변 대여한다.
`expr.if`	`if expr {}`	`expr`을 `if` 문으로 전환한다. 특히 `Option`과 `Result`를 쓸 때 유용하다.

3.3 rustfmt로 코드 정리하기

다른 사람과 함께 작업할 때에는 특히 소스 코드의 서식에 따른 견해 차로 다툼이 생길 수 있다. 혼자 프로젝트를 운영하는 경우라면 문제가 되지 않지만, 일단 기여자가 한 명 이상이면 선호하는 코딩 스타일이 다를 수 있다.[10] 코딩 스타일링 문제에 대한 러스트의 해결책은 관용적이고 자동적이며 독선적인 스타일링 도구를 제공하는 rustfmt다. Go의 gofmt나 다른 언어에서 이미 서식화 툴을 써봤다면, 본질적으로 이들 도구와 rustfmt가 비슷하다고 느낄 것이다. 독단적인 형식 지정이라는 아이디어는 비교적 새로운 개념이며, 개인적인 의견으로는 최신 프로그래밍 언어에 추가된 훌륭한 기능이라고 생각한다.

---

9 https://rust-analyzer.github.io/manual.html

10 [옮긴이] 스타일에 대한 흔한 논쟁 중 하나는 들여쓰기를 하는 방식이다. 탭이나 스페이스, 블록을 나누는 중괄호의 위치를 두고 싸웠던 기록은 신학 논쟁 수준이다.

cargo fmt --check -v로 상세 모드 및 확인 모드를 켜서 실행하면 그림 3.3과 같은 출력이 나온다. --check를 매개변수로 전달하면 형식이 예상과 다른 경우 0이 아닌 값을 반환한다. 이 점은 지속적 통합CI 시스템에서 코드 형식을 확인할 때 유용하다.

```
● ● ●   ⌥⌘2                          brenden@MacBook-Pro:~/dev/dryoc
→ dryoc git:(main) cargo fmt -- --check -v
Using rustfmt config file /Users/brenden/dev/dryoc/.rustfmt.toml for /Users/brenden/dev/dryoc/src/lib.rs
Formatting /Users/brenden/dev/dryoc/src/argon2.rs
Formatting /Users/brenden/dev/dryoc/src/auth.rs
Formatting /Users/brenden/dev/dryoc/src/blake2b/blake2b_simd.rs
Formatting /Users/brenden/dev/dryoc/src/blake2b/blake2b_soft.rs
Formatting /Users/brenden/dev/dryoc/src/blake2b/mod.rs
Formatting /Users/brenden/dev/dryoc/src/bytes_serde.rs
Formatting /Users/brenden/dev/dryoc/src/classic/crypto_auth.rs
Formatting /Users/brenden/dev/dryoc/src/classic/crypto_box.rs
Formatting /Users/brenden/dev/dryoc/src/classic/crypto_box_impl.rs
Formatting /Users/brenden/dev/dryoc/src/classic/crypto_core.rs
Formatting /Users/brenden/dev/dryoc/src/classic/crypto_generichash.rs
Formatting /Users/brenden/dev/dryoc/src/classic/crypto_hash.rs
Formatting /Users/brenden/dev/dryoc/src/classic/crypto_kdf.rs
Formatting /Users/brenden/dev/dryoc/src/classic/crypto_kx.rs
Formatting /Users/brenden/dev/dryoc/src/classic/crypto_onetimeauth.rs
Formatting /Users/brenden/dev/dryoc/src/classic/crypto_pwhash.rs
Formatting /Users/brenden/dev/dryoc/src/classic/crypto_secretbox.rs
Formatting /Users/brenden/dev/dryoc/src/classic/crypto_secretbox_impl.rs
Formatting /Users/brenden/dev/dryoc/src/classic/crypto_secretstream_xchacha20poly1305.rs
Formatting /Users/brenden/dev/dryoc/src/classic/crypto_shorthash.rs
Formatting /Users/brenden/dev/dryoc/src/classic/crypto_sign.rs
Formatting /Users/brenden/dev/dryoc/src/classic/crypto_sign_ed25519.rs
Formatting /Users/brenden/dev/dryoc/src/classic/generichash_blake2b.rs
Formatting /Users/brenden/dev/dryoc/src/constants.rs
Formatting /Users/brenden/dev/dryoc/src/dryocbox.rs
Formatting /Users/brenden/dev/dryoc/src/dryocsecretbox.rs
Formatting /Users/brenden/dev/dryoc/src/dryocstream.rs
Formatting /Users/brenden/dev/dryoc/src/error.rs
Formatting /Users/brenden/dev/dryoc/src/generichash.rs
Formatting /Users/brenden/dev/dryoc/src/kdf.rs
Formatting /Users/brenden/dev/dryoc/src/keypair.rs
Formatting /Users/brenden/dev/dryoc/src/kx.rs
Formatting /Users/brenden/dev/dryoc/src/lib.rs
Formatting /Users/brenden/dev/dryoc/src/onetimeauth.rs
Formatting /Users/brenden/dev/dryoc/src/poly1305/mod.rs
Formatting /Users/brenden/dev/dryoc/src/poly1305/poly1305_soft.rs
Formatting /Users/brenden/dev/dryoc/src/protected.rs
Formatting /Users/brenden/dev/dryoc/src/pwhash.rs
Formatting /Users/brenden/dev/dryoc/src/rng.rs
Formatting /Users/brenden/dev/dryoc/src/scalarmult_curve25519.rs
Formatting /Users/brenden/dev/dryoc/src/sha512.rs
Formatting /Users/brenden/dev/dryoc/src/sign.rs
Formatting /Users/brenden/dev/dryoc/src/siphash24.rs
Formatting /Users/brenden/dev/dryoc/src/types.rs
Formatting /Users/brenden/dev/dryoc/src/utils.rs
Spent 0.018 secs in the parsing phase, and 0.098 secs in the formatting phase
Using rustfmt config file /Users/brenden/dev/dryoc/.rustfmt.toml for /Users/brenden/dev/dryoc/tests/integration_tests.rs
Formatting /Users/brenden/dev/dryoc/tests/integration_tests.rs
Spent 0.001 secs in the parsing phase, and 0.008 secs in the formatting phase
→ dryoc git:(main) ▊
```

그림 3.3 **dryoc 크레이트에 rustfmt를 실행**

풀 리퀘스트를 처리하면서 일어난 코드 형식 관련 논쟁으로 낭비한 내 인생의 시간은 헤아릴 수 없을 정도다. 이런 문제는 rustfmt를 사용하면 즉시 해결할 수 있다. 코드 기여자가 정의된 스타일을 따르도록 지시하기만 하면 된다.[11] 긴 스타일 지침 문서를 게시하고 유지하는 대신 rustfmt를 사용하면 모든 사람의 시간을 많이 절약할 수 있다.

---

11 [옮긴이] 물론 스타일을 결정하는 데에는 또 다른 논쟁이 있을 수는 있다.

3.3.1 rustfmt 설치하기

rustfmt는 `rustup` 구성 요소로 설치된다.

```
$ rustup component add rustfmt
...
```

일단 설치하고 나면 카고를 실행해서 사용한다.

```
$ cargo fmt
# Rustfmt는 현재 디렉터리와 그 아래의 코드를 서식화한다.
```

3.3.2 rustfmt 설정하기

대부분의 사람들에게는 기본적인 rustfmt 구성으로 충분하지만 선호에 맞게 설정을 약간 조정할수 있다. 프로젝트의 소스 트리에 `.rustfmt.toml` 구성 파일을 추가하면 된다.

예제 3.1 .rustfmt.toml 설정 예

```toml
format_code_in_doc_comments = true
group_imports = "StdExternalCrate"
imports_granularity = "Module"
unstable_features = true
version = "Two"
wrap_comments = true
```

표 3.4는 설정 가능한 rustfmt 옵션 구성 중 일부를 나타난 것이다.

표 3.4 **rustfmt 옵션의 부분 목록**

설정	기본값	추천값	설명
`imports_granularity`	`Preserve`	`Module`	가져오기의 세세함을 정의한다.
`group_imports`	`Preserve`	`StdExternalGroup`	가져오기 그룹화의 순서를 정의한다.
`unstable_features`	`false`	`true`	안정적인 채널에서는 사용할 수 없는 nightly 전용 기능을 사용한다
`wrap_comments`	`false`	`true`	코드와 마찬가지로 주석도 자동으로 줄바꿈한다.
`format_code_in_ doc_comments`	`false`	`true`	문서의 소스 코드 샘플에 rustfmt를 적용한다.
`version`	`One`	`Two`	사용할 rustfmt 버전을 선택한다. 일부 rustfmt 기능은 버전 2에서만 사용할 수 있다.

이 책을 쓰는 시점에서 몇몇 rustfmt 옵션 중 일부는 nightly 전용이다. 사용 가능한 스타일 옵션의 최신 목록은 rustfmt 웹사이트[12]에서 확인할 수 있다.

TIP C 또는 C++에서 동일한 정도의 형식 지정 패턴을 적용하고자 한다면 LLVM의 일부인 `clang-format` 도구를 사용하면 된다.

3.4 코드 품질을 향상하기 위한 Clippy의 사용

이 책을 쓰는 시점을 기준으로 **Clippy**는 러스트의 코드 품질을 검사하는 데 450개 이상의 검사를 제공한다. 코드 리뷰에 끼어들어서 사소한 구문, 형식, 기타 스타일 개선 사항을 시시콜콜 지적하는 것을 좋아하는 동료 때문에 힘든 기억이 있다면 Clippy가 제격이다. Clippy는 예의 동료의 신랄한 비판은 제외한 채로 같은 일을 할 수 있고 많은 경우에는 직접 코드도 변경해준다.

대부분의 경우 Clippy는 코드에서 실제 문제를 찾아낸다. 그러나 Clippy의 진정한 이점은 러스트에 관용적인 스타일과 패턴을 적용하기 때문에 코드 스타일 문제에 대해 논쟁할 필요가 없다는 점이다. Clippy는 이전 절에서 살펴본 rustfmt와 관련이 있지만 조금 더 발전했다.

3.4.1 Clippy 설치하기

Clippy는 `rustup`의 구성 요소로 배포되며, 다음과 같이 설치한다.

```
$ rustup component add clippy
...
```

설치가 끝나면 카고로 러스트 프로젝트에 Clippy를 실행할 수 있다.

```
$ cargo clippy
...
```

실행하면 Clippy는 그림 3.4처럼 `rustc` 컴파일러 출력과 비슷한 결과를 보여준다.

---

12 https://rust-lang.github.io/rustfmt/

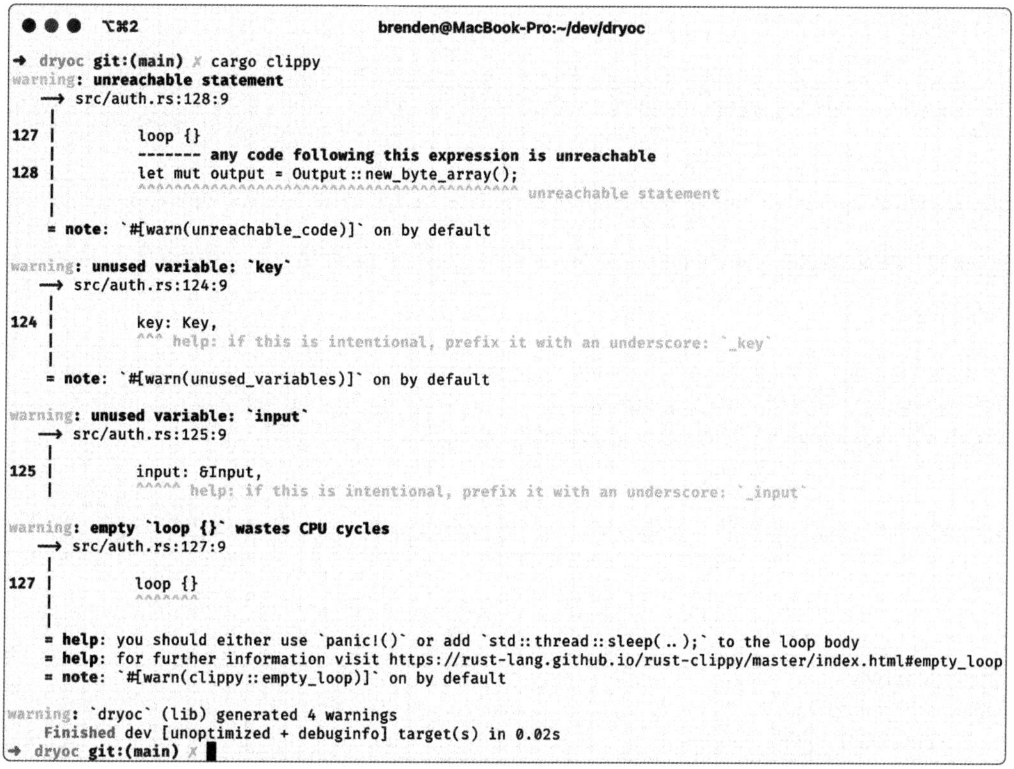

```
● ● ●    ⌥⌘2                        brenden@MacBook-Pro:~/dev/dryoc

→ dryoc git:(main) ✗ cargo clippy
warning: unreachable statement
   ──→ src/auth.rs:128:9
    |
127 |          loop {}
    |          ------- any code following this expression is unreachable
128 |          let mut output = Output::new_byte_array();
    |          ^^^^^^^^^^^^^^^^^^^^^^^^^^^^^^^^^^^^^^^^^^^ unreachable statement
    |
    = note: `#[warn(unreachable_code)]` on by default

warning: unused variable: `key`
   ──→ src/auth.rs:124:9
    |
124 |          key: Key,
    |          ^^^ help: if this is intentional, prefix it with an underscore: `_key`
    |
    = note: `#[warn(unused_variables)]` on by default

warning: unused variable: `input`
   ──→ src/auth.rs:125:9
    |
125 |          input: &Input,
    |          ^^^^^ help: if this is intentional, prefix it with an underscore: `_input`

warning: empty `loop {}` wastes CPU cycles
   ──→ src/auth.rs:127:9
    |
127 |          loop {}
    |          ^^^^^^^
    |
    = help: you should either use `panic!()` or add `std::thread::sleep(..);` to the loop body
    = help: for further information visit https://rust-lang.github.io/rust-clippy/master/index.html#empty_loop
    = note: `#[warn(clippy::empty_loop)]` on by default

warning: `dryoc` (lib) generated 4 warnings
    Finished dev [unoptimized + debuginfo] target(s) in 0.02s
→ dryoc git:(main) ✗ █
```

그림 3.4 **dryoc 크레이트에 Clippy를 실행하고 의도적으로 오류를 추가해보았다.**

3.4.2 Clippy의 린트

450개 이상의 코드 품질 검사(**린트**lint라고 함)가 있으니 Clippy에 대한 책을 쓸 수 있을 정도다. 린트 결과는 심각도 수준(허용, 경고, 거부, 사용 중지)에 따라 분류되고 유형에 따라 그룹화된다. 유형은 정확성, 제한, 스타일, 사용 중지, 현학적, 복잡성, 성능, 카고, Nursery 중 하나다.

이들 린트 중 하나를 예로 들자면 `foo`, `bar`, `quux`와 같은 변수 이름의 사용을 허용하지 않는 `blacklisted_name` 린트가 있다. 사용자는 허용하지 않으려는 변수 이름의 목록을 정하도록 린트를 구성할 수 있다.

다른 예는 `bool_comparison` 린트로 표현식과 불리언Boolean 간의 불필요한 비교를 검사하는 것이다. 예를 들어 다음 코드는 유효하지 않은 것으로 간주한다.

```
if function_returning_boolean() == true {}  ◀── Clippy는 이 부분에서 문제를 제기한다.
```

반면 다음 코드는 유효하다.

```
if function_returning_boolean() {}  ◀━━━ == true 같은 부분은 불필요하다.
```

Clippy 린트의 대부분은 스타일과 관련이 있지만, 성능 문제를 찾는 데 도움이 되기도 한다. 예를 들어 `redundant_clone` 린트는 변수 없이도 복제되는 상황을 찾을 수 있다. 일반적으로 다음과 같은 상황이다.

```
let my_string = String::new("my string");
println!("my_string='{}'", my_string.clone());
```

위의 코드에서 `clone()` 호출은 불필요하다. 이 코드에 Clippy를 실행하면 다음과 같은 경고가 나온다.

```
$ cargo clippy
warning: redundant clone
--> src/main.rs:3:37
  |
3 | println!("my_string='{}'", my_string.clone());
  |                                      ^^^^^^^^ help: remove this
  = note: `#[warn(clippy::redundant_clone)]` on by default
note: this value is dropped without further use
 --> src/main.rs:3:28
  |
3 | println!("my_string='{}'", my_string.clone());
  |                            ^^^^^^^^^
  = help: for further information visit
  https://rust-lang.github.io/rust-clippy/master/index.html#redundant_clone

warning: 1 warning emitted
```

Clippy는 자주 업데이트되고 있으며, 안정적인 러스트를 위한 린트의 최신 목록[13]을 확인해보자.

---

13 https://rust-lang.github.io/rust-clippy/stable/index.html

3.4.3 Clippy 설정하기

Clippy는 프로젝트 소스 트리에 `.clippy.toml` 파일을 추가하거나 러스트 소스 파일 내에 속성을 추가하여 구성할 수 있다. 대부분의 경우 속성을 넣어서 필요에 따라 Clippy 린트를 비활성화할 수 있다. Clippy가 경고를 생성할 수 있는 경우더라도 해당 코드를 일부러 그렇게 작성하는 경우가 있기 때문이다.

특히 Clippy의 일부 복잡성 경고는 더 나은 대안이 없다면 조정하거나 비활성화해야 할 수도 있다. 예를 들어 인수의 개수가 기본 설정인 7개보다 많은 함수의 경우 `too_many_arguments` 경고가 트리거된다. 기본값을 늘리거나 특정 함수에 대해서만 간단히 비활성화할 수 있다.

```
#[allow(clippy::too_many_arguments)]
fn function(
  a: i32, b: i32, c: i32, d: i32, e: i32, f: i32, g: i32, h: i32 ){
  // ◀── 코드가 여기에 온다.
}
```

위의 `allow()` 속성은 Clippy에만 해당되며 다음 코드 줄에서 `too_many_arguments` 린트 검사가 무엇이든 허용하도록 한다.

전체 프로젝트의 인수 개수의 임곗값을 변경하려면 `.clippy.toml`에 다음을 추가한다.

```
too-many-arguments-threshold = 10 ◀── 임곗값을 기본 7에서 10으로 올린다.
```

`.clippy.toml` 파일은 `name = value` 형식으로 기본 설정을 하는 보통 TOML 파일이다. 개별 린트 및 해당 구성 매개변수는 Clippy 문서[14]를 참조한다.

3.4.4 Clippy 제안을 자동으로 적용하기

Clippy는 경우에 따라 자동으로 코드를 수정할 수 있다. 특히 Clippy가 코드 수정에 대한 정확한 제안을 제공할 수 있는 경우, 일반적으로 수정 사항을 자동으로 적용할 수도 있다. 코드를 자동으로 수정하려면 Clippy를 실행할 때 `--fix` 플래그를 붙인다.

---

14 https://rust-lang.github.io/rust-clippy/stable/index.html

```
$ cargo clippy --fix -Z unstable-options
...
```

-Z upstable-options 옵션을 같이 붙인 것에 주목하자. 이 책을 쓰는 시점에서 --fix는 nightly
전용 기능이다.

3.4.5 Clippy를 CI/CD에서 사용하기

CI/CD 시스템이 있는 경우 Clippy를 CI/CD 시스템의 일부로 활성화하는 것이 좋다. 일반적으로
빌드, 테스트, 포맷 다음 단계로 Clippy를 실행한다. 또한 Clippy에 경고가 발생하면 실패한 것으
로 간주하게 하고, 모든 기능을 실행하고, 테스트에 적용하도록 할 수 있다.

```
$ cargo clippy ◀───── 이 명령은 기본 설정으로 Clippy를 실행한다.
...
$ cargo clippy -- -D warnings ◀───── 이 명령은 Clippy를 실행하지만, (경고를 허용하는 대신) 경고가 일어나면 실패 처리를 한다.
...
$ cargo clippy --all-targets --all-features -- -D warnings ◀─── 이 명령은 Clippy를 실행하며, 경고 시
                                                                실패하고, 모든 크레이트의 기능을
                                                                활성화하고, 테스트 케이스를 검사한다
...                                                             (기본적으로 Clippy는 테스트를 무시한다).
```

오픈 소스 프로젝트를 유지 관리하고 있다면 CI/CD 검사의 일부로 Clippy를 사용해서 프로젝트
에 기여하는 다른 이들의 코드의 품질을 유지할 수 있다. 또한 코드를 유지 관리하고 변경 사항을
수락하는 데 자신감이 더 생긴다.

예제 3.2 깃허브 Actions에 Clippy를 실행하는 최소한의 예제

```yaml
on: [push]

name: CI

jobs:
  clippy:
    name: Rust project
    runs-on: ubuntu-latest
    steps:
      - uses: actions/checkout@v2
      - name: Install Rust toolchain with Clippy
        uses: actions-rs/toolchain@v1
        with:
          toolchain: stable
```

```
      components: clippy
  - name: Run Clippy
    uses: actions-rs/cargo@v1
    with:
      command: clippy
      args: --all-targets --all-features -- -D warnings
```

예제 3.2는 깃허브의 Actions CI/CD 시스템과 함께 Clippy 및 rustfmt를 사용하는 전체 코드를 나타낸 것이다.

3.5 sccache로 컴파일 시간 단축하기

sccache 도구는 러스트 프로젝트에서 사용할 수 있는 범용 컴파일러 캐시cache다. 대규모 프로젝트의 경우 컴파일 시간이 크게 늘어날 수 있으며, sccache는 컴파일러에서 생성된 변경되지 않은 객체를 캐싱하여 컴파일 시간을 줄여준다. sccache 프로젝트는 원래 러스트 컴파일을 돕기 위해 비영리 단체인 모질라에서 만들었지만 대부분의 컴파일러에서 사용할 수 있을 만큼 범용적이다. C/C++ 쪽에서 볼 수 있는 ccache 도구에서 영감을 받았다.

프로젝트가 크지 않더라도 sccache를 설치하고 로컬에서 사용하면 코드를 다시 컴파일하는 데 걸리는 시간을 많이 절약할 수 있다. 예를 들어 프로젝트를 깨끗이 정리한 상태에서 `dryoc` 크레이트를 컴파일하는 데 필자의 컴퓨터에서 보통 8.891초가 걸린다. sccache를 활성화하고 정리된 상태에서 컴파일하면 5.839초가 걸린다. 상대적으로 작은 프로젝트를 컴파일할 때 sccache가 없을 때는 있을 때에 비해 52% 더 많은 시간이 걸린다. 그 시간이 누적되면 더 큰 프로젝트에서는 엄청난 차이가 날 것이다.

sccache는 코드가 이전에 컴파일된 경우에만 유용하다. 처음으로 빌드하는 경우에는 별 차이가 없다.

3.5.1 sccache 설치하기

sccache는 러스트로 작성되었으며 카고를 이용하여 설치한다.

```
$ cargo install sccache
```

설치 후에, 카고로 `rustc`에 래퍼를 써서 활성화할 수 있다. 카고는 `RUSTC_WRAPPER` 인수를 환경 변수로부터 읽어 들인다. 러스트 프로젝트에 다음과 같이 환경 변수 래퍼를 쓰면 sccache를 이용해 컴파일하고 빌드할 수 있다.

```
$ export RUSTC_WRAPPER=`which sccache`  ◀── which sccache 명령은 sccache의 경로를 반환해주는데,
$ cargo build                              $PATH 안에서 찾을 수 있어야 한다.
...
```

3.5.2 sccache 설정하기

이전에 ccache를 써봤다면 sccache가 익숙할 것이다. sccache에는 ccache에 없는 몇 가지 주목할 만한 기능이 있다. 여러 네트워크 스토리지 백엔드와 함께 직접 사용할 수 있으므로 CI/CD 시스템과 함께 사용하기에 이상적이다. 공급업체 중립적인 S3 프로토콜, 몇몇 스토리지 서비스, 오픈소스 레디스Redis, 멤캐시드Memcached 프로토콜을 지원한다.

환경 변수를 통해 sccache를 지정할 수 있지만, 플랫폼 종속 구성 파일을 통해서 구성할 수도 있다. 기본적으로 sccache는 최대 10GiB의 로컬 공간이 필요하다. 레디스 백엔드를 사용하도록 sccache를 구성하려면 레디스의 주소를 환경 변수로 설정할 수 있다.

```
$ export SCCACHE_REDIS=redis://10.10.10.10/sccache  ◀── 레디스 인스턴스가 10.10.10.10에서
                                                        기본 포트로 실행되며, 그 데이터베이스의
                                                        이름은 sccache라고 가정한다.
```

sccache 구성 및 사용에 대한 좀 더 자세한 내용은 공식 프로젝트 문서[15]를 참조한다.

3.6 VS Code 등의 통합 개발 환경과 통합하기

이 부분은 그다지 상세히 다루지는 않겠지만, 텍스트 에디터에서 러스트로 작업하기 위한 몇 가지 언급할 가치가 있는 기능을 다룬다. 요즘은 VS Code를 선호하지만, 어느 에디터에서나 rust-analyzer, Clippy, rustfmt 등의 도구를 사용할 수 있다.

rust-analyzer의 경우 빔Vim, 서브라임Sublime, 이클립스Eclipse, 이맥스Emacs 등과 통합하는 설치 지침이 있다. 다른 에디터도 언어 서버Language Server API를 지원하지만 rust-analyzer를 쓸 수 있다.

---

15 https://github.com/mozilla/sccache

VS Code의 경우 간단히 rust-analyzer를 사용하는 것은 확장 프로그램을 설치하기만 하면 된다. 먼저 `rustup`으로 `rust-src` 구성 요소의 설치를 명령어 줄로 확인한다.

```
$ rustup component add rust-src
```

그리고 VS Code 확장을 설치한다.

```
$ code --install-extension matklad.rust-analyzer
```

VS Code에서 해당 확장을 사용하려면 에디터에서 러스트 프로젝트를 열기만 하면 된다. 프로젝트 디렉터리에 있는 `Cargo.toml` 파일을 자동으로 인식하고 프로젝트를 읽어 들인다.

> **TIP** 명령줄에서 `code .`를 사용하면 프로젝트 디렉터리에서 VS Code를 바로 열 수 있다. 여기서 `.`는 현재 작업 디렉터리의 줄임말이다.

3.7 툴체인 사용하기: 안정이냐, nightly냐

안정 버전 툴체인에서 러스트를 사용하기 시작해서 사용하고 싶은 기능을 찾지만, 안정 버전에서는 제공하지 않는 경우가 일어날 수 있다. 그러나 찾고 있는 기능이 nightly 채널에는 **있을 수 있다**. 이런 상황은 러스트에서 흔히 발생하며 많은 사람들이 불편해하는 요소로 꼽힌다. 사실 많은 인기 있는 크레이트는 **nightly 전용**이다. 즉, nightly를 사용해야만 이들 크레이트도 사용할 수 있다는 소리다.

어떤 의미에서는 안정 버전 러스트와 nightly 버전 러스트 두 가지가 있다고 할 수 있다. 혼란스럽거나 번거롭게 들릴 수도 있지만, 실제로는 그렇게까지 나쁜 것은 아니다. 대부분의 경우 안정 버전을 사용해도 괜찮지만, 어떤 경우에는 nightly 버전을 사용하고 싶을 수도 있다. 크레이트를 공개적으로 게시하는 경우, `nightly` 기능 플래그로 지정하는 특정한 기능을 포함하게 될 수 있으며, 이런 경우는 꽤 흔하다.

급기야 차라리 nightly만 사용해서 러스트를 최대한 활용하는 것이 낫지 않을까 하는 의문이 떠오르기도 한다. 실제로 그렇게 나쁜 생각은 아니다. 한 가지 주의해야 할 사항은 다른 사람들이 사용할 수 있도록 크레이트를 게시하려는 경우로, 이때 잠재적인 사용자가 안정 버전 러스트만 사용할 수도 있다는 것을 염두에 두어야 한다. 이런 경우에는 가급적 안정 버전 지원을 유지하려 노력하되, 일부 기능에 한해 기능 플래그로 nightly에서 사용할 수 있도록 하는 것이 좋다.

3.7.1 nightly 전용 기능

nightly 전용 기능을 사용해야 하는 상황이라면 사용하려는 기능을 `rustc`에 알려야 한다. 예를 들어 이 책을 쓰는 시점에 nightly 버전에서만 쓸 수 있는 기능인 할당자 API(`allocator_api`)를 활성화하려면 다음과 같이 한다.

예제 3.3 **dryoc의 lib.rs의 일부 코드**

```
                        any()는 조건식 중 하나라도 참이면 true를 반환하며,
                        all()은 모든 조건식이 참일 때만 true를 반환한다.
            doc 속성은 rustdoc으로 코드가 해설될 때마다 자동적으로 설정된다.
#![cfg_attr(
    any(feature = "nightly", all(feature = "nightly", doc)),
        feature(allocator_api, doc_cfg)
)]
                        해당 조건식의 평가 결과가 true이면
                        allocator_api와 doc_cfg 기능을 활성화한다.
```

위의 코드에서 nightly 전용 기능인 `allocator_api`와 `doc_cfg`를 활성화했다. 전자는 러스트에서 사용자 정의 메모리 할당 기능을 제공하고, 후자는 코드 내에서 `rustdoc` 환경을 설정할 수 있는 `doc` 컴파일러 속성을 활성화한다.

> **TIP** 러스트 내장 속성은 https://doc.rust-lang.org/reference/attributes.html에 문서화되어 있다. `any()`, `all()` 조건식은 https://doc.rust-lang.org/reference/conditional-compilation.html에 설명된 조건부 컴파일 속성인 `cfg` 및 `cfg_attr`에 한정하여 쓰인다.

예제 3.3에서 우리는 기능 플래그를 사용하고 있는데, 해당 기능을 활성화하려면 `nightly` 기능이 활성화된 상태에서 이 크레이트를 빌드해야 한다. 지금 상태로는 코드가 컴파일되는 채널이 어떤 것인지 알 수 없으므로, 대신 기능 플래그를 지정해야 한다.

3.7.2 공개된 크레이트에 nightly 채널 사용하기

`dryoc` 크레이트에서는 이 방식을 이용해서 보호된 메모리 기능을 제공한다. `dryoc` 크레이트의 **보호 메모리**는 메모리 잠금 및 보호를 구현하기 위해 사용자 지정 할당자(작성 당시 러스트의 nightly 전용 API)를 사용하는 데이터 구조의 기능이다. 크레이트 내에서 이를 위한 선택 사항의 설정은 다음과 같다.

```
#[cfg(any(feature = "nightly", all(doc, not(doctest))))]
#[cfg_attr(all(feature = "nightly", doc), doc(cfg(feature = "nightly")))]
#[macro_use]
pub mod protected;
```

예제 3.4에 대해 몇 가지 사항을 설명하면 다음과 같다. 먼저 `doc`, `doctest` 키워드가 있다. 문서를 빌드할 때는 `protected` 모듈을 포함해서 문서를 만들어야 하지만, `feature = "nightly"` 기능이 활성화되지 않은 상태에서 `doctests`가 실행될 때(즉, 크레이트를 문서화하는 중에 문서 내 코드를 테스트할 때)는 빼기 위해 추가했다. 첫 번째 줄은 `feature = "nightly"`가 활성화되었거나 `doc`가 활성화되고 `doctest`를 실행하지 않는 경우에만 다음 코드 블록(`pub mod protected`)을 활성화하라는 뜻이다. `doc`와 `doctest`는 각기 `cargo doc` 또는 `cargo test`를 실행하는 동안에만 활성화되는 특수 속성이다.

두 번째 줄은 `rustdoc`의 특정 속성을 활성하는 방식으로, 모듈 내의 모든 콘텐츠에 `feature = "nightly"`가 적용되도록 지시한다. https://docs.rs/dryoc/latest/dryoc/protected/index.html 에서 `dryoc` 크레이트 문서를 보면 다음과 같은 메모가 있다.

> 이것은 **nightly 크레이트 기능**에서만 지원된다.

러스트의 할당자 API 기능에 대한 자세한 내용[16]과 문서 속성 기능에 대한 자세한 내용[17]은 깃허브 이슈를 참조한다.

3.8 추가적인 도구들: cargo-update, cargo-expand, cargo-fuzz, cargo-watch, cargo-tree

언급할 가치가 있는 몇 가지 카고 도구를 더 살펴보자. 각각은 이전에 설명했던 도구를 보완하며, 책의 다른 곳에서 다시 언급하기도 한다.

---

16 https://github.com/rust-lang/rust/issues/32838
17 https://github.com/rust-lang/rust/issues/43781

3.8.1 패키지를 최신으로 업데이트하기: cargo-update

카고와 함께 설치된 패키지는 때때로 업데이트가 필요하기에 cargo-update로 패키지를 최신 상태로 유지한다. 카고의 일부인 cargo update 명령의 경우는 프로젝트의 종속성만을 업데이트하는 기능으로 이 명령이 실행하는 것과는 다르다.

다음과 같이 cargo-update를 설치한다.

```
$ cargo install cargo-update
```

cargo-update는 다음과 같이 사용한다.

```
$ cargo help install-update  ◀──── 도움말을 출력한다.
...
$ cargo install-update -a  ◀──── 설치된 모든 패키지를 업데이트한다.
...
```

3.8.2 매크로 디버깅하기: cargo-expand

언젠가는 다른 크레이트의 매크로를 디버깅하거나 자신만의 매크로를 만들어야 하는 경우가 생길 수 있다. rustc로 매크로가 적용된 소스 코드를 생성할 수 있는데, cargo-expand는 해당 기능을 감싸는 래퍼다.

다음과 같이 cargo-expand를 설치한다.

```
$ cargo install cargo-expand
```

작업 중인 프로젝트에 다음과 같이 cargo-expand를 사용할 수 있다.

```
$ cargo help expand  ◀──── 도움말을 출력한다.
...
$ cargo expand outermod::innermod  ◀──── outermod::innermod 매크로를 확장한다.
...
```

간단한 'Hello, world!' 러스트 프로젝트에 cargo-expand를 사용하면 다음과 같은 코드가 나온다.[18]

```
#![feature(prelude_import)]
#[prelude_import]
use std::prelude::rust_2018::*;
#[macro_use]
extern crate std;
fn main() {
    {
        ::std::io::_print(::core::fmt::Arguments::new_v1(
            &["Hello, world!\n"],
            &match () {
                () => [],
            },
        ));
    };
}
```

cargo-expand의 대상으로 전체 매크로를 지정하거나 위의 예처럼 항목별로 필터링할 수 있다. 매크로를 확장했을 때나 코드가 어떤 모양일지 알아보고자 할 때 cargo-expand는 유용하다. 웬만한 크기의 프로젝트는 코드를 확장하면 결과가 매우 커질 수 있으므로 특정 기능이나 모듈별로 필터링하는 것이 좋다. 개인적으로 다른 사람의 매크로와 라이브러리가 실제 코드에서 어떤 식으로 동작하는지 이해해야 할 때 cargo-expand가 특히 유용했다.

3.8.3 cargo-fuzz로 테스트하기

퍼즈 테스트fuzz test는 예기치 못한 버그를 찾는 방식 중 하나로, cargo-fuzz는 LLVM의 libFuzzer[19]를 기반으로 하는 퍼즈 기능을 지원한다. 다음과 같이 cargo-fuzz를 설치한다.

```
$ cargo install cargo-fuzz
```

---

18 옮긴이 2021 버전으로 에디션이 설정된 경우는 다음과 같이 출력될 수 있다.
```
#![feature(prelude_import)]
#[prelude_import]
use std::prelude::rust_2021::*;
```
19 https://llvm.org/docs/LibFuzzer.html

cargo-fuzz를 작업하는 프로젝트에서 실행한다.

```
$ cargo help fuzz ◀──── 도움말을 출력한다.
...
```

cargo-fuzz를 사용하려면 libFuzzer API를 사용하여 테스트를 생성해야 한다. cargo fuzz add 뒤에 테스트 이름을 넣어 실행하면 테스트를 만들 수 있다. 예를 들어 cargo-fuzz로 기본 테스트 코드의 뼈대를 만드는 방법은 다음과 같다.

```
$ cargo fuzz init myfuzztest ◀──── 새로운 myfuzztest 검사를 만든다.
$ cargo fuzz run myfuzztest ◀──── 새롭게 만든 테스트를 실행한다. 이 작업은 시간이 오래 걸린다.
```

cargo-fuzz로 생성된 결과 파일 fuzz/fuzz_targets/myfuzztest.rs는 다음과 같다.

```
#![no_main]
use libfuzzer_sys::fuzz_target;

fuzz_target!(|data: &[u8]| {
// ◀──── 퍼즈 코드는 여기에 들어온다.
});
```

퍼즈 테스트는 7장에서 자세히 다룬다. 이미 libFuzzer나 일반적인 퍼즈 테스트에 친숙하다면 cargo-fuzz를 빠른 시간 안에 별문제 없이 익힐 수 있을 것이다.

3.8.4 cargo-watch로 반복적 개발

cargo-watch는 프로젝트의 소스 트리에서 변경 사항을 지속적으로 감시하며 변경 사항이 있을 때 지정된 명령을 실행하는 도구다. 우리는 2장에서 cargo-watch에 대해 살펴보았다. cargo-watch는 일반적으로 테스트를 자동으로 실행하거나, rustdoc으로 문서를 생성하거나, 단순히 프로젝트를 다시 컴파일하고자 할 때 쓰인다.

다음과 같이 cargo-watch를 설치한다.

```
$ cargo install cargo-watch --locked
```

작업 중인 프로젝트에서 다음과 같이 cargo-watch를 사용한다.

```
$ cargo help watch  ◀── 도움말을 출력한다.
...
$ cargo watch       ◀── cargo check를 코드가 변경될 때마다 지속적으로 실행한다.
$ cargo watch -x doc ◀── 변화가 생길 때마다 지속적으로 문서를 다시 만든다.
```

3.8.5 종속성 검사: cargo-tree

프로젝트가 복잡해지면서 종속성이 너무 많거나 충돌이 일어나거나 혹은 다른 상황으로 인해 곤혹스러워질 때가 있다. 종속성이 어디에서 오는지 파악하는 데 유용한 도구 중 하나는 cargo-tree다.

cargo-tree는 다음과 같이 설치한다.

```
$ cargo install cargo-tree
```

작업 중인 프로젝트에서 cargo-tree를 다음과 같이 사용한다.

```
$ cargo help tree  ◀── 도움말을 출력한다.
...
```

dryoc 크레이트에서 cargo-tree를 실행하면 예제 3.5와 같은 결과가 나온다.

예제 3.5 **dryoc 크레이트의 cargo tree 결과에서 발췌**

```
dryoc v0.5.1 (/Users/siabard/tmp/dryoc)
├── bitflags v1.3.2
├── chacha20 v0.9.1
│   ├── cfg-if v1.0.0
│   ├── cipher v0.4.4
│   │   ├── crypto-common v0.1.6
│   │   │   ├── generic-array v0.14.7
│   │   │   │   └── typenum v1.16.0
│   │   │   │   [build-dependencies]
│   │   │   │   └── version_check v0.9.4
│   │   │   └── typenum v1.16.0
│   │   ├── inout v0.1.3
│   │   │   └── generic-array v0.14.7 (*)
│   │   └── zeroize v1.6.0
...
```

크레이트에 대한 일반적인 종속성과 개발 전용 종속성의 계층구조를 볼 수 있다. *로 중복된 종속성을 표시한다.

3.9 요약

- 많은 인기 있는 에디터에서 LSP_{Language Server Protocol} 또는 전용 확장을 통해 러스트를 지원한다.
- rust-analyzer는 표준 러스트 언어 IDE 도구로, LSP를 지원하는 에디터와 함께 사용할 수 있다.
- rustfmt와 Clippy를 사용해서 생산성을 높이고 코드 품질을 향상시킬 수 있다.
- 게시된 크레이트에서 nightly 전용 기능을 사용할 때가 있는데, 이런 경우 기능 플래그를 이용해서 안정 버전 사용자를 지원해야 한다.
- `cargo-update`를 사용하면 카고 패키지를 쉽게 업데이트할 수 있다.
- `cargo-expand`로 매크로를 확장하여 결과 코드를 볼 수 있다.
- `cargo-fuzz`를 사용하면 퍼즈 테스트를 위해 libFuzzer와 간단히 통합할 수 있다.
- `cargo-watch`는 코드 변경 시 카고 명령을 자동으로 다시 실행시킨다.
- `cargo-tree`를 사용하면 프로젝트 종속성 트리를 시각화할 수 있다.

코어 데이터

우리는 소프트웨어를 만들 때 데이터 구조를 다루는 데 많은 시간을 보낸다. 때로는 사용자 정의 데이터 구조를 작성해야 하지만, 대부분의 작업에서는 각 프로그래밍 언어에서 제공하는 내장 구조를 사용한다. 러스트는 성능, 편의성, 기능과 사용자 정의와의 적절한 균형을 제공하는 다양하고 유연한 데이터 구조 세트를 제공한다.

자신만의 사용자 정의 데이터 구조를 구현하기 전에 표준 라이브러리에 포함된 핵심 구조를 자세히 이해하는 것이 좋다. 이 구조를 통해 거의 모든 응용 프로그램의 요구 사항을 충족할 수 있는 기능과 유연성을 충분히 얻을 수 있다. 내장 구조만으로 불충분한 경우, 기존 데이터 구조에 대한 기초 지식이 있으면 자신만의 구조를 설계할 때 많은 이점을 얻을 수 있다.

2부에서는 러스트의 핵심 데이터 구조와 메모리 관리에 대해 자세히 알아보고, 이를 통해 매우 효과적인 러스트 프로그램을 작성하는 데 필요한 몇 가지 필수 지식을 제공한다. 러스트의 데이터 구조와 메모리 관리 기능을 효과적으로 활용하는 방법을 배우면 러스트로 작업하는 것도 훨씬 쉬워진다.

PART II

Core Data

CHAPTER 4

데이터 구조

지금까지는 러스트 **언어** 자체에 대해서는 많은 시간을 할애하지 않았다. 2장과 3장에서는 도구에 대해 중점적으로 살펴봤다. 이제부터는 러스트 언어와 그 기능에 대해 초점을 맞춰 자세히 알아볼 것이다. 이 장에서는 러스트의 기본 구문 다음으로 중요한 데이터 구조에 대해 알아본다.

다른 언어와 마찬가지로 러스트로 작업할 때에는 **데이터 구조**와 상호작용하는 데 많은 시간이 걸릴 것이다. 러스트는 최신 프로그래밍 언어의 데이터 구조에서 보이는 대부분의 기능을 지원하는 것은 물론, 뛰어난 안정성과 성능 역시 제공한다. 러스트의 핵심 데이터 타입을 파악하면 패턴이 자주 반복되므로 언어의 나머지 부분이 매우 명확해진다.

이 장에서는 데이터에 대한 접근 방식에서 러스트가 다른 언어와 어떻게 다른지를 알아보고, 핵심 데이터 타입과 구조를 파악하여, 이를 효과적으로 사용하는 방법을 알아본다. 또한 비러스트 소프트웨어와 통합하기 위해 러스트의 기본 타입과 C 타입을 매핑하는 방법에 대해서도 살펴본다.

러스트로 작업할 때 대부분 문자열string, 벡터vector, 맵map이라는 세 가지 핵심 데이터 구조를 사용할 것이다. 러스트 표준 라이브러리에 포함된 이 구조는 빠르고 모든 기능을 갖추고 있으며, 일반적인 프로그래밍 상황 대부분에 쓰인다. 방대한 데이터의 원천이며 저장소로 사용되는 문자열부터 시작하자.

4.1 String, str, &str, &'static str에 대한 설명

필자가 러스트를 처음 접했을 때 문자열 타입을 이해하기 약간 어려웠다. 그래서 여러분이 비슷한 상황에 처해 있더라도 걱정하지 않았으면 하고, 이제 좋은 소식을 전해주겠다. 대여, 수명, 메모리 관리 개념 탓에 여러 문자열 타입이 복잡해 보이지만 바탕이 되는 메모리 레이아웃을 처리해보면 매우 간단해 보일 것이다.

때때로 String이 있어야 하는데 str만 들고 있거나 &str이 필요한 함수를 써야 하는 상황에서 String만 갖고 있는 경우에 처할 수 있다. 하나에서 다른 것으로 바꾸는 것은 그리 어렵지는 않지만, 처음에는 혼란스러울 수 있다. 이 절에서 그 모든 것에 대해 알아본다.

기본 데이터(연속적인 문자의 열)와 상호작용하는 데 사용하는 인터페이스를 나눠서 생각하는 것이 중요하다. 러스트에는 한 종류의 문자열만 있지만, 문자열을 할당하고 해당 문자열의 참조를 처리하는 데에는 여러 가지 방법이 있다.

4.1.1 String과 str

몇 가지 개념을 명확히 하는 것부터 시작하자. 첫째, 러스트에는 String과 str이라는 2개의 다른 핵심 문자열 타입이 있다. 그리고 이 둘은 기술적으로는 다른 타입이지만, 의도와 목적 면에서는 대동소이하다. 둘 모두 연속적인 메모리 영역에 저장된 임의의 길이의 UTF-8 문자 시퀀스를 나타낸다. String과 str의 유일한 실질적인 차이점은 메모리 관리 방법이다. 이와 같이 모든 핵심적인 러스트 타입을 이해하려면 메모리 관리 방식 측면에서 생각하는 것이 효과적이다. 따라서 이 두 가지 문자열 타입은 다음과 같이 요약할 수 있다.

- str: 스택에 할당된 UTF-8 문자열, 대여할 수 있지만 이동하거나 변경할 수 없음(&str은 힙 할당 데이터를 가리키는 경우도 있을 수 있다. 이에 대해서는 나중에 더 알아보자)
- String: 힙에 할당된 UTF-8 문자열, 대여와 변경이 가능함

C와 C++와 같은 언어에서는 C 포인터가 메모리에 할당된 **방식**을 알려주지 않으므로 힙과 스택에 할당된 데이터의 차이가 모호하다. 기껏해야 특정 타입의 메모리 영역이 있고, 해당 영역은 유효할 수 있으며, 아마도 길이가 0~N개까지일 것이라고 알려주는 게 고작이다. 러스트에서의 메모리 할당은 명시적이므로 일반적으로 **타입** 자체가 요소의 수와 함께 메모리 할당 **방법**을 정의한다.

C에서는 스택에 문자열을 할당하고 변경할 수 있지만, 러스트에서는 unsafe 키워드를 사용하지 않고는 허용되지 않는다. 당연히 C 프로그래밍 오류의 주요 원인이 바로 이 부분이다.

몇 가지 C 문자열을 살펴보자.

```
char *stack_string = "stack-allocated string";
char *heap_string = strndup("heap-allocated string");
```

위의 코드에는 서로 다른 **종류**의 메모리를 가리키는 2개의 동일한 포인터pointer 타입이 있다. 첫 번째 stack_string은 스택에 할당된 메모리에 대한 포인터다. 스택stack에 할당된 메모리는 일반적으로 컴파일러에서 처리하며, 할당은 본질적으로 즉각적으로 이루어진다. heap_string은 힙에 할당된 문자열에 대한 동일한 타입의 포인터다. strndup()은 malloc()을 써서 힙에 메모리 영역을 할당하고, 해당 영역에 입력된 내용을 복사하고, 새로 할당된 영역의 주소를 반환하는 표준 C 라이브러리 함수다.

NOTE 현학적으로 얘기한다면 위의 'heap string'은 처음에는 스택이 할당되었지만, strndup()을 호출한 후 힙 할당 문자열로 변환되었다고 말할 수 있다. 컴파일러로 생성되는 바이너리 안에 heap string이라는 리터럴(literal)을 포함하고 있는지를 검사해서 이를 확인할 수 있다.

C에서는 모든 문자열은 동일하다. 임의의 길이를 가진 연속된 메모리 영역이며 null 문자(16진수 바이트값 0x00)로 끝난다. 이를 러스트에 빗대보면 str은 첫 행의 stack_string과 같은 것이라고 생각할 수 있다. String은 두 번째 행인 heap_string과 동일하다. 다소 지나치게 단순화한 것이지만 러스트에서의 문자열을 이해하는 데는 도움이 될 것이다.

4.1.2 효율적으로 문자열 사용하기

러스트에서 작업할 때 대부분 String이나 &str을 사용하고 str은 사용하지 않는다. 러스트 표준 라이브러리의 **불변** 문자열 함수는 &str 타입에 대해 구현되지만, **가변** 함수는 String 타입에 대해서만 구현된다.

str을 직접 생성할 수는 없으며, 그에 대한 참조만 빌릴 수 있다. 함수 인수로 사용되는 경우처럼 String을 항상 &str로 빌릴 수 있기 때문에 &str 타입은 최소공통분모 역할을 한다.

정적 수명에 대해 간단히 알아보자. 러스트에서 'static은 프로세스의 전체 수명 동안 유효한 참조(또는 대여한 변수)를 정의하는 특수한 수명 지정자다. 명시적으로 &'static str이 필요한 몇 가지 특별한 경우가 있지만, 실제로 이런 경우는 드물다.

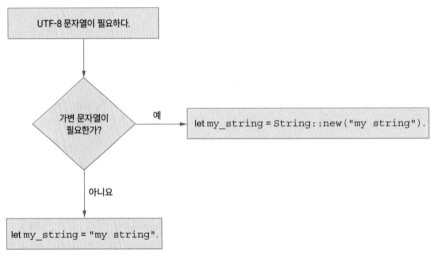

그림 4.1 언제 **str** 또는 **String**을 쓸지 결정하지를 간단한 흐름도로 표현

그림 4.1에 표시된 것처럼 String 또는 정적 문자열을 사용하기로 결정하는 것은 변경 가능 여부로 귀결된다. 가변성이 필요하지 않은 경우, 정적 문자열이 거의 항상 최선의 선택이다.

실제로 &'static str과 &str의 유일한 차이점은 String은 &str로 빌릴 수 있지만, &'static str로 빌릴 수 없다는 것이다. 왜냐하면 String의 수명은 프로세스만큼 길지 않기 때문이다. String이 범위를 벗어나면 Drop 트레이트로 해제된다(트레이트에 대해서는 8장에서 자세히 살펴본다).

구조 내부를 살펴보면 String은 실제로는 UTF-8 문자의 Vec이다. Vec에 대해서는 이 장의 뒷부분에서 더 자세히 설명한다. 또한 str은 UTF-8 문자의 슬라이스slice일 뿐이며 슬라이스에 대해서는 다음 절에서 자세히 설명한다.

표 4.1 문자열 타입 요약

타입	종류	구성 요소	사용 예
str	스택에 할당된 UTF-8 문자열 슬라이스	문자 배열에 대한 포인터와 그 길이	불변 문자열로, 로그나 디버그문, 또는 스택에 할당된 불변 문자열
String	힙에 할당된 UTF-8 문자열	문자의 벡터	가변, 길이 변경 가능한 문자열로, 필요에 따라 할당 및 할당 해제가 된다.
&str	불변 문자열 참조	대여된 str이나 String의 포인터와 그 길이	str 혹은 String을 불변 형태로 대여받고자 할 때 사용
&'static str	불변 정적 문자열 참조	str에 대한 포인터와 그 길이	명시적인 static 수명을 가진 str에 대한 참조

str과 String의 또 다른 차이점은 String은 **이동**할 수 있지만, str은 그럴 수 없다는 것이다. 실제로 str 타입의 변수를 소유하는 것은 불가능하며, str에 대한 참조만 보유할 수 있다. 예제 4.1을 살펴보자.

예제 4.1 **이동 가능한 문자열과 이동이 불가능한 문자열**

```
fn print_String(s: String)¹ {
    println!("print_String: {}", s);
}

fn print_str(s: &str) {
    println!("print_str: {}", s);
}

fn main() {
    // let s: str = "impossible str";   ◄ 컴파일되지 않는다. rustc에서 error[E0277]: the size for values of
                                          type str cannot be know at compilation time 오류가 난다.
    print_String(String::from("String"));   ◄── 가능하다. String을 main 함수에서 print_String으로 옮긴다.
    print_str(&String::from("String"));   ◄── 가능하다. main의 String에서 &str을 반환한다.
    print_str("str");   ◄── 가능하다. main에서 str을 스택에 생성하고, 이를 참조인 &str으로 print_str에 전달한다.
    // print_String("str");   ◄ 컴파일되지 않는다. rustc에서 error[E0308]: mismatched types,
                                expected struct String, found `&str` 오류가 난다.
}
```

예제 4.1을 실행하면 다음과 같이 출력된다.

```
print_String: String
print_str: String
print_str: str
```

---

1   울긴이 대소문자를 섞어쓰는 것에 대해 러스트 컴파일러가 경고를 내겠지만, 이 함수의 이름은 의도적인 것이므로 무시하기 바란다.

4.2 슬라이스와 배열 이해하기

러스트에서 **슬라이스**slice와 **배열**array은 특별한 타입이다. 둘 모두 동일한 타입의 임의값에 대한 시퀀스를 나타낸다. 또한 다차원 슬라이스 또는 배열(즉, 슬라이스의 슬라이스, 배열의 배열, 슬라이스의 배열, 배열의 슬라이스) 형태도 가능하다.

슬라이스는 다소 새로운 프로그래밍 개념으로, 일반적으로 자바, C, C++, 파이썬, 루비에서 시퀀스에 대해 이야기할 때 해당 용어를 사용하지 않는다. 일반적으로 시퀀스는 **배열**(자바, C, C++, 루비에서), **리스트**(파이썬에서), **시퀀스**(스칼라Scala에서)에 해당한다. **슬라이스**는 다른 언어에서도 같은 동작을 하지만, 러스트나 Go에서처럼 일급 언어 개념 혹은 타입까지는 아니다(슬라이스 추상화가 다른 언어에서 인기를 끌긴 했다). C++에는 `std::span`, `std::string_view`가 같은 일을 하지만, 이를 설명할 때 슬라이스라는 용어를 사용하지는 않는다.

> **NOTE** '슬라이스'라는 용어는 원래 Go 언어에서 나온 것으로, 2013년 롭 파이크(Rob Pike)가 블로그[2]에서 처음 소개했다.

특히 러스트에서 슬라이스와 배열은 미묘하게 다르다. 배열은 고정 길이의 값 시퀀스이고, 슬라이스는 임의 길이의 값 시퀀스다. 즉, 슬라이스는 실행 시 길이가 결정되는 가변 길이고, 배열은 컴파일 시 길이가 정해지는 고정 길이다. 슬라이스에는 또 다른 흥미로운 속성이 있는데, 하나의 슬라이스를 겹쳐지지 않는 하위 슬라이스들로 재귀적 분해를 할 수 있다는 것이다.

러스트에서 배열을 사용하는 것은 종종 까다롭다. 컴파일 시 시퀀스의 길이를 알기 위해서는 해당 시점에 정보가 컴파일러에 전달되어야 하고, 타입 서명에 존재해야 하기 때문이다. 러스트 1.51부터는 **const generic**(10장에서 자세히 설명)이라는 기능을 사용하여 임의 길이의 제네릭 배열을 정의할 수 있지만 컴파일 시간에만 가능하다.

몇 가지 코드를 예제로 슬라이스와 배열의 차이점을 알아보자.

예제 4.2 배열과 슬라이스 만들기

```
let array = [0u8; 64];          ◀── 타입 서명이 [u8; 64]로 배열이며, 0으로 초기화된다.
let slice: &[u8] = &array;       ◀── 배열의 슬라이스를 대여한다.
```

---

2 https://go.dev/blog/slices

예제 4.2에서 64개의 0을 요소로 하는 바이트 배열을 초기화했다. 0u8은 길이가 8비트이고 값이 0인 부호 없는 정수 타입의 약칭이다. 0은 값이고 u8은 타입이다.

두 번째 줄에서는 배열을 슬라이스로 대여한다. 지금까지는 특별히 흥미롭지는 않다. 슬라이스로 두 번 빌리기같이 약간 더 흥미로운 작업을 할 수 있다.

```
let (first_half, second_half) = slice.split_at(32);    슬라이스를 둘로 나눈 후 대여하는 식으로,
println!(                                              겹치지 않는 하위 슬라이스 2개로 구조를 분해했다.
    "first_half.len()={} second_half.len()={}",
    first_half.len(),
    second_half.len(),
);
```

위에서 러스트 코어 라이브러리 중 하나로 모든 슬라이스, 배열, 벡터에 구현된 split_at() 함수를 호출했다. split_at()는 슬라이스(배열에서 이미 빌린)를 분해하고 원래 배열의 첫 번째와 두 번째 절반에 해당하는, 2개의 겹치지 않는 슬라이스를 반환한다.

이 **구조 분해**destructure의 개념은 러스트에서 중요하다. 배열이나 슬라이스의 일부를 빌려야 하는 상황에 처할 수 있기 때문이다. 실제로 슬라이스가 겹치지 않기 때문에 이 패턴을 사용하여 동일한 슬라이스 또는 배열을 여러 번 대여할 수 있다. 일반적인 사례 중 하나는 텍스트나 이진 데이터를 파싱parsing하거나 디코딩decoding하는 것이다. 예를 들어보자.

```
let wordlist = "one,two,three,four";
for word in wordlist.split(',') {
    println!("word={}", word);
}
```

위의 코드는 문자열을 가져와 ,로 분할한 다음 해당 문자열 내의 각 단어를 출력한다. 이 코드를 출력하면 다음과 같다.

```
word=one
word=two
word=three
word=four
```

앞의 코드에서 주목할 부분은 힙 할당이 발생하지 않는다는 것이다. 모든 메모리는 스택에 할당되며, 컴파일 시간에 고정된 길이를 갖는다. 내부에서 `malloc()`은 호출되지 않는다. 이는 원시 C 포인터로 작업하는 것과 똑같지만, 참조 카운팅이나 가비지 컬렉팅이 없으므로 작업에 부하가 없다. 그리고 C 포인터와 달리 코드는 안전하며 지나치게 장황하지도 않고 간결하다.

또한 슬라이스에는 인접한 메모리 영역에서의 작업을 위한 다양한 최적화 기능이 있다. 이러한 기능 중 하나는 슬라이스에서 작동하는 `copy_from_slice()` 메서드다. 표준 라이브러리에서 `copy_from_slice()`를 호출하면 `memcpy()` 함수를 사용하여 메모리를 복사한다.

예제 4.3 **slice/mod.rs의 일부**[3]

```
pub fn copy_from_slice(&mut self, src: &[T])
where
    T: Copy,
{
            ◄──── 이 부분의 코드는 일부러 생략했다.

    // SAFETY: `self` is valid for `self.len()` elements by definition, and `src` was
    // checked to have the same length. The slices cannot overlap because
    // mutable references are exclusive.
    unsafe {
        ptr::copy_nonoverlapping(src.as_ptr(), self.as_mut_ptr(), self.len());
    }
}
```

러스트 코어 라이브러리에서 발췌한 예제 4.3을 보면 `ptr::copy_nonoverlapping()`은 C 라이브러리의 `memcpy()`의 래퍼일 뿐이다. 일부 플랫폼에서 `memcpy()`는 일반 코드로 할 수 있는 것 이상으로 추가적인 최적화를 수행한다. 다른 최적화된 함수는 메모리를 채우기 위해 `memset()`을 사용하는 `fill()`, `fill_with()`이다.

배열과 슬라이스의 핵심 속성을 정리하면 다음과 같다.

- 배열은 컴파일 시 값이 알려진 고정 길잇값 시퀀스다.
- 슬라이스는 연속된 메모리 영역을 가리키는 포인터로, 길이를 포함하며 가변 길이인 시퀀스를 나타낸다.
- 슬라이스와 배열 모두 겹치지 않는 하위 슬라이스로 재귀적 분해될 수 있다.

---

3 https://doc.rust-lang.org/src/core/slice/mod.rs.html#3071-3097에서 발췌(옮긴이) 2024년 2월 기준 https://doc.rust-lang.org/src/core/slice/mod.rs.html#3647-3674)

4.3 벡터

두말할 나위 없이 **벡터**vector는 러스트에서 가장 중요한 데이터 타입이다(다음으로 중요한 것은 Vec을 기반으로 하는 String이다). 가변 길이를 가진 데이터 구조가 필요할 때 벡터를 자주 쓸 것이다. C++을 써본 사람이라면 이전에 벡터라는 용어를 들어봤을 것이다. 여러 면에서 러스트의 벡터 유형은 C++의 것과 매우 유사하다. 벡터는 거의 모든 종류의 시퀀스에 대한 범용 컨테이너 역할을 한다.

벡터는 러스트에서 힙에 메모리를 할당하는 방법 중 하나다(Box와 같은 스마트 포인터도 있다. 스마트 포인터는 5장에서 자세히 다룬다). 벡터는 몇 가지 내부 최적화를 통해 블록 단위로 메모리를 할당하는 것 같은 과도한 할당을 제한한다. 또한 nightly 채널에서는 사용자 지정 할당자(5장에서 자세히 설명)가 있어 자체적인 메모리 할당 동작을 구현할 수 있다.

4.3.1 Vec으로 더 깊이 뛰어들기

Vec은 벡터에서 슬라이스 참조를 얻을 수 있기 때문에 슬라이스의 메서드를 상속한다. 객체지향 프로그래밍의 의미에서 상속이 러스트에는 없지만, Vec은 Vec인 동시에 슬라이스인 특별한 타입이다. 예를 들어 as_slice()에 대한 표준 라이브러리 구현을 보면 다음과 같다.

예제 4.4 **vec/mod.rs의 일부**[4]

```
pub fn as_slice(&self) -> &[T] {
    self
}
```

예제 4.4는 보통 상황이라면 동작이 불가능한 특수한 변환을 하고 있다. Vec<T>인 self를 취하여 간단히 &[T]로 반환하는 것이다. 동일한 코드를 직접 컴파일하려고 하면 실패한다.

이게 어떻게 가능할까? 러스트는 Deref(그리고 변경 가능한 동반자 DerefMut)라는 특성을 제공하는데, 컴파일러에서 암묵적으로 한 타입을 다른 타입으로 강제 변환을 할 때 사용한다. 지정된 타입에 대해서 일단 구현되면 해당 타입은 역참조된 타입의 모든 메서드도 자동으로 구현한다. Vec의 경우 Deref, DerefMut는 러스트 표준 라이브러리에서 예제 4.5와 같이 구현된다.

---

4   https://doc.rust-lang.org/src/alloc/vec/mod.rs.html#376-379에서 발췌(옮긴이 2024년 2월 기준 https://doc.rust-lang.org/src/alloc/vec/mod.rs.html#1190-1192)

예제 4.5 Vec에서 Deref의 구현[5]

```rust
#[stable(feature = "rust1", since = "1.0.0")]
impl<T, A: Allocator> ops::Deref for Vec<T, A> {
    type Target = [T];

    #[inline]
    fn deref(&self) -> &[T] {
        unsafe { slice::from_raw_parts(self.as_ptr(), self.len) }
    }
}

#[stable(feature = "rust1", since = "1.0.0")]
impl<T, A: Allocator> ops::DerefMut for Vec<T, A> {
    #[inline]
    fn deref_mut(&mut self) -> &mut [T] {
        unsafe { slice::from_raw_parts_mut(self.as_mut_ptr(), self.len) }
    }
}
```

예제 4.5에서 벡터를 역참조하면 원시 포인터와 길이를 사용해서 슬라이스로 강제 변환된다. 이러한 작업은 일시적이라는 점에 유의해야 한다. 즉, 슬라이스 크기를 바꿀 수 없으며 역참조될 때 슬라이스에 길이가 주어진다.

어떤 이유로 벡터의 슬라이스를 가져오고 이후에 벡터의 크기를 조정한다 해도 슬라이스의 크기는 변경되지 않는다. 그러나 이는 안전하지 않은 코드에서만 가능하다. 대여 검사기가 벡터에서 슬라이스를 빌려오는 동시에 벡터를 변경하지 못하게 하기 때문이다. 다음 예를 참고한다.

```rust
let mut vec = vec![1, 2, 3];
let slice = vec.as_slice();   ◄──── vec은 여기에서 대여되므로 &[i32]를 반환한다.
vec.resize(10, 0);            ◄──── 변경 작업이 이루어진다.
println!("{}", slice[0]);     ◄──── 여기서 컴파일이 실패한다.
```

위의 코드는 컴파일되지 못하며, 대여 검사기가 다음과 같은 오류를 반환한다.

```
error[E0502]: cannot borrow `vec` as mutable because it is also borrowed as immutable
 --> src/main.rs:4:5
  |
```

---

5 https://doc.rust-lang.org/src/alloc/vec/mod.rs.html#376-379에서 발췌(옮긴이) 2024년 2월 기준 https://doc.rust-lang.org/src/alloc/vec/mod.rs.html#2699-2715)

```
3 | let slice = vec.as_slice();
  |             -------------- immutable borrow occurs here
4 | vec.resize(10, 0);
  | ^^^^^^^^^^^^^^^^^^ mutable borrow occurs here
5 | println!("{}", slice[0]);
  |                -------- immutable borrow later used here

For more information about this error, try `rustc --explain E0502`.
```

4.3.2 벡터 래핑하기

러스트의 일부 타입은 `String`과 같이 `Vec`을 래핑하기만 한다. `String` 타입은 `Vec<u8>`이고 위에서 언급한 `Deref` 트레이트를 통해 `str`로 역참조된다.

예제 4.6 **string.rs 일부**[6]

```
pub struct String {
    vec: Vec<u8>,
}
```

`Vec`이 모든 타입의 크기 조정 가능 시퀀스를 구현하는 데 선호되는 방법이므로 벡터 래핑은 일반적인 패턴이다.

4.3.3 벡터 관련 타입

90%의 경우에서는 `Vec`을 선호할 것이고, 나머지 10%에서는 다음 절에서 설명할 `HashMap`을 선호할 것이다. `Vec`나 `HashMap` 이외의 컨테이너 타입은 특정 상황이나 특별한 최적화가 필요한 경우에는 적합하겠지만, 보통은 `Vec`이면 충분하고 다른 타입을 쓴다 할지라도 성능이 눈에 띄게 나아지지도 않는다. 다음 인용문을 명심하라.

> 프로그래머는 프로그램의 중요하지 않은 부분의 속도에 대해 생각하거나 걱정하는 데 엄청난 시간을 낭비하며, 이러한 효율성에 대한 시도는 실제로 디버깅 및 유지 관리를 고려할 때 부정적인 영향을 강력하게 미친다. 약 97%의 경우, 작은 효율성은 잊어버려야 한다. 미숙한 최적화는 모든 악의 근원이다. 대신 우리는 핵심적인 3%의 기회를 놓치지 않아야 한다.
>
> **- 도널드 커누스**Donald Knuth. **<컴퓨팅 서베이> 6권 4호, 1974년 12월 출판**

---

6   https://doc.rust-lang.org/src/alloc/string.rs.html#278-280에서 발췌(옮긴이) 2024년 2월 기준 https://doc.rust-lang.org/src/alloc/string.rs.html#365-367)

연결된 메모리가 과도하게 크게 할당될 것이 우려되거나 할당된 영역의 메모리 위치가 우려되는 경우라면, Vec에 Box를 씌운 것, 즉 Vec<Box<T>>를 사용하여 이 문제를 쉽게 해결할 수 있다. 이처럼 러스트 표준 라이브러리에는 이따금씩 필요한 몇 가지 다른 컬렉션 타입이 있는데, 그중 일부는 내부적으로 Vec을 래핑한다.

- VecDeque: Vec을 기반으로 크기를 조정할 수 있는 양방향 큐
- LinkedList: 양방향 링크 리스트
- HashMap: 다음 절에서 자세히 설명
- BTreeMap: B-Tree 기반 맵
- HashSet: HashMap 기반의 해시 집합
- BTreeSet: BTreeMap 기반의 B-Tree 집합
- BinaryHeap: 내부적으로 Vec을 사용하여 바이너리 힙으로 구현된 우선순위 큐

핵심 데이터 구조에 대한 상세한 최신 성능 정보가 포함된 추가 권장 사항은 러스트 표준 라이브러리 컬렉션 부분[7]을 참조한다.

> **TIP** 필요한 경우 Vec 위에 자체 데이터 구조를 구축하는 것도 합리적이다. 이에 대한 좋은 예는 러스트 표준 라이브러리의 BinaryHeap을 들 수 있는데, 문서화된 자료[8]를 찾아보자.

4.4 맵

HashMap은 러스트의 또 다른 컨테이너 타입으로 자주 사용된다. Vec이 러스트에서 크기 조정 가능한 타입으로 선호된다면, HashMap은 항목의 모음에서 상수 시간constant time[9]에 원하는 값을 키를 사용해서 찾아내야 할 때 선호하는 타입이다. 러스트의 HashMap은 다른 언어에서 볼 수 있는 해시 맵과 크게 다르지 않지만, 러스트의 구현은 아마도 다른 많은 라이브러리에서 찾을 수 있는 것보다 더 빠르고 안전할 것이다.

HashMap은 파이썬(버전 3.4부터), 루비, 스위프트, 하스켈에서도 사용되는 SipHash-1-3 함수를 사용하여 키를 해싱한다. 이 함수는 일반적인 경우에는 괜찮지만, 정수 형식이나 매우 큰 문자열과

---

7 https://doc.rust-lang.org/std/collections/index.html
8 https://doc.rust-lang.org/std/collections/binary_heap/index.html
9 [옮긴이] $O(1)$의 시간. 어떤 문제를 풀 때 필요한 수학적 연산 시간이 주어진 입력에 상관없이 항상 일정할 때의 연산 시간

같이 크기가 매우 작거나 매우 큰 키에는 적합하지 않다. HashMap에 자신만의 해시 함수를 만들어 사용하는 것도 가능하다. 매우 작거나 매우 큰 키를 해시하려는 경우에 별도의 해시 함수를 만들 수 있지만, 대부분은 기본 구현으로도 충분하다.

4.4.1 사용자 지정 해시 함수

사용자 지정 해싱 함수를 HashMap에 사용하려면 먼저 기존 구현을 찾거나 필요한 트레이트를 구현하는 해시 함수를 작성해야 한다. HashMap에는 해당 해시 함수에 std::hash::BuildHasher, std::hash::Hasher, std::default::Default 트레이트가 구현되어야 한다. 트레이트는 8장에서 자세히 설명한다.

표준 라이브러리에서의 HashMap 구현을 살펴보자.

예제 4.7 **HashMap의 일부**[10]

```
impl<K, V, S> HashMap<K, V, S>
where
    K: Eq + Hash,
    S: BuildHasher,
{
         ◀──── 구체적인 구현 내용 생략

}
```

예제 4.7에서 S 타입 매개변수의 트레이트 요구 사항인 BuildHasher를 볼 수 있다. 조금 더 자세히 살펴보면 BuildHasher는 Hasher 트레이트를 둘러싼 래퍼다.

예제 4.8 **BuildHasher의 일부**[11]

```
pub trait BuildHasher {
    /// Type of the hasher that will be created.
    #[stable(since = "1.7.0", feature = "build_hasher")]
    type Hasher: Hasher;  ◀──── Hasher 트레이트에 대한 요구 사항
         ◀──── 코드 생략
}
```

---

10 https://doc.rust-lang.org/src/std/collections/hash/map.rs.html#592-596에서 발췌(옮긴이) 2024년 2월 기준 https://doc.rust-lang.org/src/std/collections/hash/map.rs.html#730-734)

11 https://doc.rust-lang.org/src/core/hash/mod.rs.html#430-433에서 발췌(옮긴이) 2024년 2월 기준 https://doc.rust-lang.org/src/core/hash/mod.rs.html#638-641)

BuildHasher와 Hasher API는 대부분의 구현 세부 정보를 해시 함수 작성자에게 맡긴다. BuildHasher의 경우 새 Hasher 인스턴스를 반환하는 build_hasher() 메서드만 필요하다. Hasher 트레이트에는 write(), finish()의 두 가지 메서드만 필요하다. write()는 바이트 슬라이스 (&[u8])를 사용하고, finish()는 계산된 해시를 나타내는 부호 없는 64비트 정수를 반환한다. Hasher 트레이트는 Hasher 트레이트를 구현할 때 기본적으로 상속하는 여러 기본 구현을 제공한다. 더 자세한 동작 방식이 궁금하다면 해당 문서[12]를 확인해보자.

https://crates.io에는 이미 다양한 해시 기능을 구현한 수많은 크레이트가 있다. 예를 들어 SipHash 대신 J. 앤드류 로저스Andrew Rosers가 설계한 MetroHash로 HashMap을 만들어보자. 이 함수에 대한 설명[13]을 찾아보는 것을 추천한다. MetroHash 크레이트에는 std::hash::BuildHasher, std::hash::Hasher 트레이트의 필수 구현이 이미 포함되어 있으므로 매우 쉽게 HashMap을 구성할 수 있다.

예제 4.9 **MetroHash가 적용된 HashMap을 사용하기**

```
use metrohash::MetroBuildHasher;
use std::collections::HashMap;
                                                          새로운 해시 맵 인스턴스가
                                                          MetroHash를 쓰게끔
let mut map = HashMap::<String, String, MetroBuildHasher>::default();  ◀──  만든다.
map.insert("hello?".into(), "Hello!".into());  ◀──  키-값 쌍을 맵에 삽입한다. Into 트레이트를 써서,
                                                   &str을 String으로 전환한다.
println!("{:?}", map.get("hello?"));  ◀──  맵에서 값을 꺼내 온다. 결과는 Option이다. println! 매크로의 {:?} 인수는
                                           fmt::Debug 트레이트를 사용해서 해당 값을 서식화하라는 뜻이다.
```

4.4.2 해시 가능한 타입 만들기

HashMap은 임의의 키와 값과 함께 사용할 수 있지만, 키는 std::cmp::Eq, std::hash::Hash 트레이트를 구현해야 한다. Eq, Hash와 같은 많은 트레이트는 #[derive] 속성을 사용하면 자동으로 파생된다. 예제 4.10을 보자.

예제 4.10 **복합 키 타입을 사용하기**

```
#[derive(Hash, Eq, PartialEq, Debug)]
struct CompoundKey {
    name: String,
```

---

12 https://doc.rust-lang.org/std/hash/trait.BuildHasher.html, https://doc.rust-lang.org/std/hash/trait.Hasher.html
13 https://www.jandrewrogers.com/2015/05/27/metrohash/

```
    value: i32,
}
```

예제 4.10은 이름(name)과 값(value)으로 구성된 복합 키를 나타낸다. #[derive] 속성으로 Hash, Eq, PartialEq, Debug의 네 가지 트레이트를 파생했다. HashMap에는 Hash와 Eq만 필요하지만, Eq는 PartialEq에 의존하기 때문에 PartialEq도 파생해야 한다. 또한 자동으로 디버그 출력을 지원해주는 Debug도 파생했는데, 디버깅이나 코드 테스트에 매우 편리하다.

아직 이 책에서 #[derive]에 대해 많이 알아보지는 않았지만 러스트에서 자주 사용한다. 8장과 9장에서 트레이트와 #[derive]에 대해 자세히 알아본다. 지금은 트레이트 구현을 생성해주는 자동화 방법 정도로만 생각하면 된다. 이러한 트레이트 구현은 구성이 가능하다는 추가적인 이점이 있다. 어떤 트레이트가 타입의 하위 집합에 존재한다면, 해당 트레이트는 타입의 상위 집합에서도 파생할 수 있다.

4.5 러스트 타입: 기본형, 구조체, 열거형, 별칭

강력한 타입 언어로서 러스트에는 데이터를 모델링하는 다양한 방법이 있다. 맨 아래에는 숫잣값, 바이트, 문자와 같은 가장 기본적인 데이터 단위를 처리하는 기본형이 있다. 거기에서 위로 이동하면 다른 타입을 캡슐화하는 데 사용되는 구조체와 열거형이 있다. 마지막으로 별칭을 사용하면 다른 타입의 이름을 바꾸거나 조합하여 새로운 타입을 만들 수 있다.

정리해보면 러스트의 타입은 네 가지 카테고리로 나뉜다.

- **기본형**primitive: 문자열, 배열, 튜플, 정수 타입 등
- **구조체**struct: 다른 여러 타입의 임의의 조합으로 구성된 복합 타입. C 언어의 구조체와 유사
- **열거형**enum: 러스트의 특별한 타입으로 C, C++, 자바 등 다른 언어의 enum과 어느 정도 유사
- **별칭**alias: 기존 타입을 기반으로 새 타입 정의를 만들기 위한 신택틱 슈거syntax sugar

4.5.1 기본 타입 사용하기

기본 타입 러스트 언어와 코어 라이브러리에서 제공된다. 이들은 이 절에서 살펴볼 몇 가지 예외를 제외하면 다른 강력한 타입을 가진 언어의 기본 타입과 동일하다. 정수, 부동소수점, 튜플, 배열 등을 포함한 코어 기본 타입을 표 4.2에 요약해 나타냈다.

표 4.2 러스트 기본 타입 요약

종류	클래스	설명
정수	스칼라	8~128비트 길이를 가지는 부호 있거나 부호 없는 정수(바이트 크기에 맞춰짐. 예: 8비트)
크기	스칼라	아키텍처에서 정해진 크기 타입으로 부호가 있거나 없을 수 있다.
부동소수점	스칼라	32비트나 64비트의 부동소수점수
튜플	복합	고정 길이의 타입이나 값의 모음으로, 구조 분해가 가능하다.
배열	시퀀스	한 타입의 값에 대한 고정 길이 시퀀스로 자를 수 있다.

정수 타입

정수 타입은 부호 지정(부호 있는 것과 부호 없는 경우 각각 `i`, `u`로 표기)과 비트 수로 구분할 수 있다. 크기 타입은 `i`나 `u`로 시작하고 뒤에 `size`라는 단어가 온다. 부동소수점 타입은 `f`로 시작하고 그 뒤에 비트 수가 온다. 표 4.3은 기본 정수 타입을 요약해 나타낸 것이다.

표 4.3 정수 타입 식별자 요약

길이	부호 있는 식별자	부호 없는 식별자	C에서의 동등 표현
8비트	`i8`	`u8`	`char`, `uchar`
16비트	`i16`	`u16`	`short`, `unsigned short`
32비트	`i32`	`u32`	`int`, `unsigned int`
64비트	`i64`	`u64`	`long`, `long long`, `unsigned long`, `unsigned long long` 플랫폼에 따라 결정
128비트	`i128`	`u128`	확장 정수 타입으로 표준 C에는 없지만, GCC와 clang에서 `__int128`, `__uint128`로 제공

정수 리터럴의 타입은 타입 식별자를 추가하여 지정할 수 있다. 예를 들어 `0u8`은 값이 0인 부호 없는 8비트 정수다. 정숫값 앞에는 2진수, 8진수, 16진수, 바이트 리터럴의 경우 `0b`, `0o`, `0x`, `b`가 붙는다. 예제 4.11에서는 각 값을 10진수(밑 10) 정수로 출력한다.

예제 4.11 정수 리터럴 관련 코드

```
let value = 0u8;
println!("value={}, length={}", value, std::mem::size_of_val(&value));
let value = 0b1u16;
println!("value={}, length={}", value, std::mem::size_of_val(&value));
let value = 0o2u32;
println!("value={}, length={}", value, std::mem::size_of_val(&value));
let value = 0x3u64;
println!("value={}, length={}", value, std::mem::size_of_val(&value));
let value = 4u128;
```

```
println!("value={}, length={}", value, std::mem::size_of_val(&value));

println!("Binary (base 2)        0b1111_1111={}", 0b1111_1111);
println!("Octal (base 8)         0o1111_1111={}", 0o1111_1111);
println!("Decimal (base 10)          1111_1111={}", 1111_1111);
println!("Hexadecimal (base 16)  0x1111_1111={}", 0x1111_1111);
println!("Byte literal             b'A'={}", b'A');
```

예제 4.11의 실행 결과는 다음과 같다.

예제 4.12 **예제 4.11의 결과**

```
value=0, length=1
value=1, length=2
value=2, length=4
value=3, length=8
value=4, length=16
Binary (base 2)          0b1111_1111=255
Octal (base 8)           0o1111_1111=2396745
Decimal (base 10)            1111_1111=11111111
Hexadecimal (base 16)    0x1111_1111=286331153
Byte literal             b'A'=65
```

크기 타입

크기 타입의 식별자는 usize와 isize다. 이는 플랫폼에 따라 달라지는 크기이며, 일반적으로 32비트 64비트 시스템의 경우 길이가 각각 32비트, 64비트다. usize는 C의 size_t와 동일하며, isize는 크기 간 부호 있는 산술연산을 위해 제공된다. 러스트 표준 라이브러리에서 길이 매개변수를 반환하거나 요구하는 함수는 usize를 사용한다.

기본 타입의 연산

많은 언어가 기본 타입의 검사하지 않은 산술연산을 허용한다. 특히 C와 C++에서 많은 산술연산은 정의되지 않은 결과를 내며 오류가 나지도 않는다. 그러한 예 중 하나는 0으로 나누는 것이다. 예제 4.13의 C 프로그램을 살펴보자.

예제 4.13 **divide_by_zero.c**

```c
#include <stdio.h>
int main() {
    printf("%d\n", 1 / 0);
}
```

`clang divide_by_zero.c && ./a.out`으로 이 코드를 컴파일하고 실행하면 무작위 값이 출력된다. `clang`과 `gcc` 모두 이 코드를 문제없이 컴파일한다. 둘 다 경고를 출력하지만 정의되지 않은 작업에 대한 런타임 검사는 없다.

러스트에서는 모든 산술연산을 기본적으로 검사한다. 다음 러스트 프로그램을 살펴보자.

```rust
// println!("{}", 1 / 0);          ◀─── 컴파일이 안 된다.

let one = 1;
let zero = 0;
// println!("{}", one / zero);     ◀─── 컴파일이 안 된다.

let one = 1;
let zero = one - 1;
// println!("{}", one / zero);     ◀─── 이것도 컴파일이 안 된다.

let one = { || 1 }();
let zero = { || 0 }();
println!("{}", one / zero)         ◀─── 코드가 여기서 패닉이 일어난다.
```

러스트 컴파일러는 위의 코드를 컴파일할 때 능숙하게 오류를 잡아낸다. 코드가 컴파일되고 실행되도록 하려면 컴파일러를 속여야 한다. 위에서는 클로저의 반환값을 통해 변수를 초기화하는 속임수를 썼다. 또 다른 방법은 원하는 값을 반환하는 일반 함수를 만드는 것이다. 어쨌든 실행하면 다음과 같은 결과를 보여준다.

```
Running `target/debug/unchecked-arithmetic`
thread 'main' panicked at 'attempt to divide by zero', src/main.rs:14:20
note: run with `RUST_BACKTRACE=1` environment variable to display a backtrace
```

러스트에서 산술연산에 대해 더 많은 제어가 필요하다면 기본 타입에 제공되는 여러 메서드를 사용한다. 예를 들어 0으로 나누기를 안전하게 처리하려면 `Option`을 반환하는 `checked_div()` 메서드를 사용할 수 있다.

```rust
assert_eq!((100i32).checked_div(1i32), Some(100i32));  ◀─── 100 / 1 = 1
assert_eq!((100i32).checked_div(0i32), None);          ◀─── 100 / 0, 결과는 정의되지 않음
```

스칼라 타입(정수, 크기, 부동소수점 실수)의 경우 러스트에는 기본 산술연산(예: 나누기, 곱하기, 더하기, 빼기)에 대한 검사, 비검사, 오버플로, 래핑 형식 메서드 모음이 있다.

C, C++, 자바, C# 등과 같은 언어의 동작과 호환성이 필요한 경우에는 **래핑** 형식 메서드를 사용한다. 이 메서드는 C에서의 연산과 동등한 모듈식 산술연산을 행한다. C에서 부호 있는 정수에 대한 오버플로는 정의되지 않음을 명심해야 한다. 다음은 러스트에서 모듈러 산술연산을 하는 예다.

```
assert_eq!(0xffu8.wrapping_add(1), 0);
assert_eq!(0xffffffffu32.wrapping_add(1), 0);
assert_eq!(0u32.wrapping_sub(1), 0xffffffff);
assert_eq!(0x80000000u32.wrapping_mul(2), 0);
```

각 기본 타입에 대한 산술 함수의 전체 목록은 문서를 참조하도록 한다. `i32`의 경우 https://doc.rust-lang.org/std/primitive.i32.html에서 찾을 수 있다.

4.5.2 튜플 사용하기

러스트의 튜플은 타 언어의 것과 유사하다. **튜플**tuple은 고정 길이를 가진 시퀀스이며, 값은 각각 다른 타입일 수 있다. 러스트의 튜플은 자신의 구조나 속성을 검사하거나 수정할 수 없어서, 배열과 달리 튜플에 대해 반복을 실행하거나 일부를 가져오거나 런타임에 해당 구성 요소의 타입을 결정할 수 없다. 튜플은 본질적으로 러스트의 신택틱 슈거의 한 형태이며 유용하지만 매우 제한적이다.

튜플에 대한 다음의 예를 살펴보자.

```
let tuple = (1, 2, 7);
```

위의 코드는 위에서 언급한 제한 사항(튜플을 분할, 반복, 타입을 결정할 수 없음)을 제외하면 배열과 다소 유사하다. 튜플 내의 개별 요소에 액세스하려면 0부터 시작하는 위치값으로 요소를 참조할 수 있다.

```
println!("tuple = ({}, {}, {})", tuple.0, tuple.1, tuple.2);  ◀── tuple = (1, 2, 3)을 출력한다.
```

또는 match로 일시적인 구조 분해를 하면 패턴 일치를 적용할 수 있다(패턴 일치는 8장에서 자세히 설명한다).

```
match tuple {
    (one, two, three) => println!("{}, {}, {}", one, two, three), ◀─── 1, 2, 3을 출력한다.
}
```

다음과 같이 튜플을 해당 부분으로 분해할 수도 있다. 그러면 튜플 밖으로 값이 이동된다.

```
let (one, two, three) = tuple;
println!("{}, {}, {}", one, two, three); ◀─── 1, 2, 3을 출력한다.
```

경험상 튜플의 가장 일반적인 용도는 함수에서 여러 값을 반환하는 것이다. 예를 들어 다음의 swap() 함수를 참고하자.

```
fn swap<A, B>(a: A, b: B) -> (B, A) {
    (b, a)
}

fn main() {
    let a = 1;
    let b = 2;

    println!("{:?}", swap(a, b)); ◀─── (2, 1)을 출력한다.
}
```

TIP 튜플의 길이에 대한 엄격한 상한선은 없지만, 길이가 12개를 넘는 튜플은 만들지 않는 것이 좋다.[14] 표준 라이브러리는 최대 12개의 요소가 있는 튜플에 대한 트레이트 구현만 제공한다.

4.5.3 구조체 사용하기

구조체는 러스트의 주요한 구성 요소다. 어떤 타입이나 값이라도 포함할 수 있는 복합 데이터 타입이다. 본질적으로 C 구조체나 객체지향 언어의 클래스와 유사하다. C++의 템플릿template이나 자바, C#, 타입스크립트의 제네릭과 유사한 방식으로 제네릭으로 구성할 수 있다(제네릭은 8장에서 자세히 다룬다).

---

14 [옮긴이] 러스트에서 기본 트레이트로 제공하는 PartialEq, Eq 등은 12개가 넘어가는 튜플을 지원하지 않는다. derive를 쓸 일이 있다면 가급적 12개 이하로 튜플 크기를 유지하는 것이 좋다. 다만 이는 편의성에 대한 권유이지, 권고 같은 딱딱한 기준은 아니다.

다음과 같은 경우에는 구조체를 사용해야 한다.

- 상태 저장 함수(즉, 내부 전용 상태에서 작동하는 함수 또는 메서드)를 제공할 때
- 내부 상태(예: 비공개 변수)에 대한 액세스를 제어할 때
- API 뒤에서 상태를 캡슐화할 때

반드시 구조체를 사용할 필요는 없다. 원한다면 C API와 유사한 방식으로 함수만 있는 API를 작성해도 된다. 또한 구조체는 구현을 정의하는 데만 필요하며 인터페이스를 지정하는 데는 필요하지 않다. 이는 C++, 자바, C#과 같은 객체지향 언어와 다르다.

구조체의 가장 간단한 형태는 빈 구조체다.

```
struct EmptyStruct {}

struct AnotherEmptyStruct;  ◀── 유닛 구조체로 중괄호 없이 세미콜론으로 끝난다.
```

빈 구조체(또는 **유닛 구조체**unit struct)는 가끔 접할 수 있다. 10장에서 다시 살펴볼 고급 디자인 패턴을 구현하는 데 종종 사용된다. 구조체의 또 다른 형태는 다음과 같은 **튜플 구조체**tuple struct다.

```
struct TupleStruct(String);

let tuple_struct = TupleStruct("string value".into());  ◀── 튜플과 비슷한 방식으로 구조체를 초기화한다.
println!("{}", tuple_struct.0);  ◀── 첫 번째 튜플 요소는 .0으로, 두 번째는 .1, 세 번째는 .2 식으로 접근한다.
```

튜플 구조체는 튜플처럼 동작하는 특별한 형태의 구조체다. 튜플 구조체와 일반 구조체의 주요 차이점은 튜플 구조체에서는 값에 이름이 없고 타입만 있다는 것이다. 튜플 구조체에는 선언 끝에 세미콜론(;)이 있는데, 일반 구조체에는 필요하지 않다(빈 선언인 경우는 제외). 튜플 구조체는 특정 경우에 필드 이름을 생략할 수 있어 편리할 수 있지만, 모호함을 유발하기도 한다.

일반적으로 구조체에는 다음과 같이 이름과 타입이 있는 요소 목록이 있다.

```
struct TypicalStruct {
  name: String,
  value: String,
  number: i32,
}
```

구조체 내의 각 요소에는 기본적으로 모듈 가시성이 있다. 즉, 구조체 내의 값은 현재 모듈 범위 내라면 어디에서나 액세스할 수 있다. 가시성은 요소별로 설정할 수 있다.

```
pub struct MixedVisibilityStruct {   ◄──── 공개 구조체로, 크레이트 외부에서 볼 수 있다.
  pub name: String,                  ◄──── 이 요소는 공개되었으며, 크레이트 외부에서 접근할 수 있다.
  pub(crate) value: String,          ◄──── 이 요소는 현재 크레이트 내에서는 어디에서든 공개된다.
  pub(super) number: i32,            ◄──── 이 요소는 부모 스코프 내에서는 어디에서든 접근할 수 있다.
}
```

대부분의 경우 구조체 요소를 공개할 필요가 없다. 구조체 내의 요소는 해당 구조체 요소에 대한 공개된 범위 내 모든 코드에서 액세스하고 수정할 수 있다. 기본 가시성(pub(self)와 동일)을 사용하면 동일한 모듈 내의 모든 코드가 구조체 내의 요소에 액세스하고 수정할 수 있다.

가시성 체계는 멤버 요소와 마찬가지로 구조체 자체에도 적용된다. 구조체가 크레이트 외부에서 보이려면(즉, 라이브러리에서 사용하려면) pub struct MyStruct { ... }로 선언해야 한다. 명시적으로 public으로 선언되지 않은 구조체는 크레이트 외부에서 액세스할 수 없다(일반적으로 함수, 트레이트, 기타 선언에도 적용됨).

구조체를 선언할 때 몇 가지 표준 크레이트의 구현을 파생시키고 싶을 것이다.

```
#[derive(Debug, Clone, Default)]
struct DebuggableStruct {
  string: String,
  number: i32,
}
```

위의 예에서 Debug, Clone, Default 트레이트를 파생하고 있다. 이러한 트레이트를 요약하자면 다음과 같다.

- Debug: 타입의 내용을 형식화(출력용)하는 fmt() 메서드를 제공한다.
- Clone: 타입의 복사본(또는 복제본)을 생성하는 clone() 메서드를 제공한다.
- Default: 타입의 기본(일반적으로 비어 있음) 인스턴스를 반환하는 default() 구현을 제공한다.

원한다면 이러한 트레이트를 직접 파생시킬 수 있지만(예: 동작을 별도로 정의하려는 경우) 구조체 내의 모든 요소가 각 트레이트를 구현하는 한 자동으로 특성을 파생함으로써 타이핑해야 하는 수고를 덜 수 있다.

위의 예에서 파생된 이 세 가지 트레이트를 사용하여 다음과 같은 작업을 수행할 수 있다.

```
let debuggable_struct = DebuggableStruct::default();
println!("{:?}", debuggable_struct);          ◀──── DebuggableStruct { string: "", number: 0 }를 출력
println!("{:?}", debuggable_struct.clone());  ◀──── 마찬가지로 DebuggableStruct { string: "",
                                                    number: 0 }를 출력
```

구조체에 메서드를 정의하려면, `impl` 키워드로 **구현**해야 한다.

```
impl DebuggableStruct {
  fn increment_number(&mut self) {  ◀──── self에 대한 가변 참조를 받는 함수
    self.number += 1;
  }
}
```

위의 예는 구조체의 가변 참조를 가져와서 1씩 증가시킨다. 또 다른 방법은 구조체를 **소비**하고 함수에서 반환하는 것이다.

```
impl DebuggableStruct {
  fn incremented_number(mut self) -> Self {  ◀──── self의 소유된 가변 인스턴스를 받는 함수
    self.number += 1;
    self
  }
}
```

이 두 가지 구현 간에는 미묘한 차이가 있지만 기능적으로는 동일하다. 메서드에 대한 입력을 다 써버리기 위해 소비하는 방식을 쓰는 경우가 있지만, 대부분의 경우 첫 번째 버전(&mut self 사용)을 선호한다.

4.5.4 열거형 사용하기

열거형은 열거된 상호 배타적인 **변형**을 포함하는 특수한 유형의 구조체로 생각할 수 있다. 열거형은 주어진 시점의 변형 중 **하나**일 수 있다. 구조체에는 구조체의 모든 요소가 존재한다. 열거형에는 변형 중 하나만 존재한다. 열거형은 정수 타입뿐 아니라, 다른 종류의 타입을 포함할 수 있다. 열거형에 포함된 타입은 이름이 있거나 익명 모두 가능하다.

이는 C, C++, 자바, C#과 같은 언어의 열거형과는 상당히 다르다. 이러한 언어에서의 열거형은 상숫값을 정의하는 방법으로 효과적으로 사용할 수 있다. 러스트의 열거형은 다른 언어의 열거형처럼 사용할 수 있지만 개념적으로는 다르다. C++에도 열거형이 있지만, 러스트의 열거형은 C++의 `enum`보다 `std::variant`에 더 가깝다.

다음 예제를 보자.

```rust
#[derive(Debug)]
enum JapaneseDogBreeds {
    AkitaKen,
    HokkaidoInu,
    KaiKen,
    KishuInu,
    ShibaInu,
    ShikokuKen,
}
```

`JapaneseDogBreeds`는 열거형 타입의 이름이며, 열거형 내의 각 요소는 유닛과 유사한 타입이다. 열거형의 타입은 열거형 외부에 존재하지 않으므로 열거형 내에서 생성된다. 이제 다음과 같이 실행할 수 있다.

```rust
println!("{:?}", JapaneseDogBreeds::ShibaInu);        ◀── ShibaInu를 출력한다.
println!("{:?}", JapaneseDogBreeds::ShibaInu as u32); ◀── 4를 출력한다. 32비트 부호 없는 정수로
                                                           열거형의 값을 의미한다.
```

열거형 타입은 열거될 수 있어 타입을 u32로 캐스팅할 수 있다. 반대로 숫자 4에서 열거값으로 이동하려면 어떻게 해야 할까? 이를 위한 자동 변환은 없지만 `From` 트레이트를 사용하면 직접 구현할 수 있다.

```rust
impl From<u32> for JapaneseDogBreeds {
    fn from(other: u32) -> Self {
        match other {
            other if JapaneseDogBreeds::AkitaKen as u32 == other => {
                JapaneseDogBreeds::AkitaKen
            }
            other if JapaneseDogBreeds::HokkaidoInu as u32 == other => {
                JapaneseDogBreeds::HokkaidoInu
            }
```

```
                    other if JapaneseDogBreeds::KaiKen as u32 == other => {
                        JapaneseDogBreeds::KaiKen
                    }
                    other if JapaneseDogBreeds::KishuInu as u32 == other => {
                        JapaneseDogBreeds::KishuInu
                    }
                    other if JapaneseDogBreeds::ShibaInu as u32 == other => {
                        JapaneseDogBreeds::ShibaInu
                    }
                    other if JapaneseDogBreeds::ShikokuKen as u32 == other => {
                        JapaneseDogBreeds::ShikokuKen
                    }
                    _ => panic!("Unknown breed!"),
            }
        }
    }
```

위의 예제에서 보듯이, 비교 연산을 수행하기 위해 열거형을 u32로 캐스팅해야 하며, 일치하는 항목이 있으면 타입을 반환한다. 일치하는 값이 없는 경우 프로그램을 중단시키는 panic!()을 호출한다. 위에서는 if 문을 사용하는 match 가드 기능을 사용했다.

열거형 안의 열거형 변형에 타입을 지정할 수도 있다. C의 열거형과 유사한 동작을 해야 할 때 사용한다.

```
enum Numbers {
  One = 1,
  Two = 2,
  Three = 3,
}

fn main() {
  println!("one={}", Numbers::One as u32); ◄─┐ one=1을 출력한다. as 형 변환이 없으면 One에 대해서는
}                                             └ std::fmt가 구현되지 않았으므로 컴파일에 실패한다.
```

열거형은 튜플, 구조체, 익명(즉, 이름이 지정되지 않은) 타입을 변형으로 가질 수 있다.

```
enum EnumTypes {
  NamedType, ◄── 명명된 타입
  String, ◄── 익명 String 타입
  NamedString(String), ◄── 명명된 String 타입으로 요소 하나를 가진 튜플로 지정됨
  StructLike { name: String }, ◄── 유사 구조체 타입으로 name이라는 요소 하나를 가짐
```

```
    TupleLike(String, i32), ◄───── 요소가 2개인 튜플과 같은 타입
}
```

분명히 하자면 **이름이 지정되지 않은** 열거형 변형은 이름이 아닌 타입으로 지정된 변형이다. **명명된** 열거형 변형은 열거형 정숫값에 해당하는 열거형 내의 새로운 타입을 만드는 것과 같다. 즉 C, C++, 자바와 같은 언어에서 열거형의 동작을 모사하려면 명명된 변형을 사용해야 한다. 열거형 변형이 타입이기도 하지만(즉, 값만이 아님) 값을 정수 타입으로 캐스팅하는 열거 작업을 편리하게 모사해주기도 한다.

일반적으로 열거형 내에서 명명된 변형과 명명되지 않은 변형을 혼합하는 것은 혼동을 일으킬 수 있으므로 피하는 것이 좋다.

4.5.5 별칭 사용하기

별칭은 러스트의 특수 타입으로 다른 타입에 별칭을 줄 수 있다. C, C++의 `typedef` 또는 C++ `using` 키워드와 동일하다. 별칭을 정의해도 새 타입이 생성되지는 않는다.

일반적으로 별칭에는 두 가지 용도가 있다.

- 인체 공학적 목적이나 라이브러리 사용자의 편의를 위해 공용 타입에 대한 별칭 타입 정의를 제공
- 보다 복잡한 타입 구성에 해당하는 단축 타입을 제공

예를 들어 크레이트 내에서 자주 사용하는 해시 맵에 대한 타입 별칭을 만들 수 있다.

```
pub(crate) type MyMap = std::collections::HashMap<String, MyStruct>;
```

이제 `std::collections::HashMap<String, MyStruct>`를 전부 입력하는 대신 `MyMap`을 사용하면 된다.

라이브러리의 경우, 일반적으로 제네릭을 쓸 때 타입 생성을 위한 의미 있는 기본값을 공개 타입 별칭으로 내보낸다. 지정된 인터페이스에 어떤 타입이 필요한지 결정하기 어려울 수 있는데, 이때 별칭은 라이브러리 작성자가 해당 정보를 알릴 수 있는 방법 중 하나다.

dryoc 크레이트에서는 편의를 위해 여러 가지 타입 별칭을 제공한다. API는 제네릭을 많이 사용한다. 그러한 예 중 하나는 다음과 같다.

예제 4.14 **kdf.rs의 일부**[15]

```
/// Stack-allocated key type alias for key derivation with [`Kdf`].
pub type Key = StackByteArray<CRYPTO_KDF_KEYBYTES>;
/// Stack-allocated context type alias for key derivation with [`Kdf`].
pub type Context = StackByteArray<CRYPTO_KDF_CONTEXTBYTES>;
```

예제 4.14에서 Key와 Context 타입 별칭은 이 모듈 내에서 제공되므로 이 라이브러리의 사용자는 구현 세부 사항에 대해 걱정할 필요가 없다.

4.6 Result로 오류 처리하기

러스트에는 쉽게 오류 처리를 해주는 몇 가지 기능이 있다. 이러한 기능은 다음과 같은 Result 열거형을 기반으로 한다.

예제 4.15 **std::result::Result 일부**[16]

```
pub enum Result<T, E> {
    Ok(T),
    Err(E),
}
```

Result는 성공(결과 반환) 또는 실패(오류 반환)할 수 있는 작업을 나타낸다. 러스트에서 많은 함수가 반환 유형으로 Result를 반환하는 데 금방 익숙해질 것이다.

자신이 만든 크레이트에 고유한 오류 타입을 만들고자 할 때가 있다. 해당 타입은 예상할 수 있는 모든 다른 종류의 오류를 포함하는 열거형이거나, 오류 메시지 같은 처리 가능한 항목이 있는 단순한 구조체일 수 있다. 필자는 단순한 사람이기 때문에 도움이 되는 메시지를 제공하고 하던 일을 계속하는 것을 선호한다. 다음은 매우 간단한 오류 구조체다.

---

15 https://docs.rs/dryoc/0.3.8/src/dryoc/kdf.rs.html#42-45에서 발췌
16 https://doc.rust-lang.org/std/result/enum.Result.html에서 발췌

```
#[derive(Debug)]
struct Error {
    message: String,
}
```

여러분이 만든 크레이트 내에서 여러분의 함수가 반환했으면 하는 오류 타입을 결정해야 한다. 필자의 제안은 크레이트가 자체 오류 타입을 반환하도록 하는 것이다. 이렇게 하면 오류가 발생한 위치를 명확히 알 수 있어서 크레이트를 사용하는 다른 사람에게 도움이 된다.

이런 방식을 쓰려면 변환해야 하는 다른 타입에 From 트레이트(다음 절에서 설명)를 구현해야 한다. 필요한 경우 컴파일러는 에러 메시지 등을 통해 알려주므로 상대적으로 쉬운 작업이다.

이제 크레이트 내에 다음과 같이 파일의 내용을 읽는 함수가 있다고 가정하자.

```
fn read_file(name: &str) -> Result<String, Error> {
    use std::fs::File;
    use std::io::prelude::*;

    let mut file = File::open(name)?;        ◀── ? 연산자를 사용해서 암묵적으로 오류 처리를 한다.
    let mut contents = String::new();
    file.read_to_string(&mut contents)?;     ◀── 여기에서도 ? 연산자를 사용했다.
    Ok(contents)
}
```

위의 예제에 파일 이름을 열고 내용을 문자열로 읽고 결과로 내용을 반환하는 함수가 있다. ? 연산자를 두 번 사용하고 있는데, 성공 시 함수의 결과나 오류를 즉시 반환한다. File::open, read_to_string() 모두 std::io::Error 타입을 사용하므로, 다음과 같이 From 구현으로 자동 변환되도록 했다.

```
impl From<std::io::Error> for Error {
    fn from(other: std::io::Error) -> Self {
        Self {
            message: other.to_string(),
        }
    }
}
```

4.7 From/Into로 타입 변환하기

러스트 코어 라이브러리에는 두 가지 매우 유용한 트레이트인 From과 Into가 있다. From, Into는 매우 유용해서 표준 라이브러리를 찾아보면 다양한 타입에서 구현되어 있는 것을 쉽게 볼 수 있다. 작업할 때 이러한 트레이트를 자주 접할 것이다.

트레이트는 타입 간 변환을 위한 표준 방법으로, 때때로 컴파일러에서 타입을 자동으로 변환할 때도 사용된다.

일반적으로 From 트레이트만 구현하면 되고 Into는 거의 구현하지 않는다. Into 트레이트는 From의 역변환이며 컴파일러에 의해 자동으로 파생된다. 이 규칙에는 한 가지 예외가 있다. 1.41 이전 버전의 러스트에서는 변환 결과가 외부 타입일 때 From 구현을 허용하지 않는, 약간 더 엄격한 규칙이 있었다.

결과 타입을 지정할 필요가 없으므로 구문이 약간 단순해지기 때문에 From을 선호한다. From 트레이트(표준 라이브러리에서)의 서명은 다음과 같다.

```
pub trait From<T>: Sized {
    /// Performs the conversion.
    fn from(_: T) -> Self;
}
```

간단한 String 래퍼를 만들어서 이 트레이트를 구현해보자.

```
struct StringWrapper(String);

impl From<&str> for StringWrapper {
    fn from(other: &str) -> Self {
        Self(other.into())  ◀── StringWrapper로 감싸인 문자열의 복사본을 반환한다.
    }
}

fn main() {
    println!("{}", StringWrapper::from("Hello, world!").0);
}
```

위에서 빌린 문자열인 &str을 우리가 만든 구조체로 변환할 수 있다. 다른 문자열을 우리 구조체로 변환하려면 String에 구현된 Into 트레이트에서 오는 into()를 호출하기만 하면 된다. 이 예에서는 From과 Into를 **모두** 사용했다.

현장에서는 다양한 이유로 타입 간에 변환해야 하는 경우가 있다. 그러한 것 중 하나는 Result를 사용할 때 오류를 처리하는 경우다. 결과를 반환하는 함수를 호출하고 해당 함수 내에서 ? 연산자를 사용하면, 내부 함수에서 반환된 오류 타입이 Result에서 사용된 오류 타입과 다를 수 있는데, 이때 From 구현을 한다.

다음 예제를 살펴보자.

```
use std::{fs::File, io::Read};

struct Error(String);

fn read_file(name: &str) -> Result<String, Error> {
    let mut f = File::open(name)?;
    let mut output = String::new();

    f.read_to_string(&mut output)?;

    Ok(output)
}
```

위의 코드는 파일을 문자열로 읽으려고 시도하고 결과를 반환한다. 현재 우리는 문자열만 포함하는 사용자 지정 오류 타입이 있다. 위 코드는 다음과 같은 오류로 컴파일이 되지 않는다.

```
error[E0277]: `?` couldn't convert the error to `Error`
 --> src/main.rs:4:33
  |
3 | fn read_file(name: &str) -> Result<String, Error> {
  |                             --------------------- expected `Error` because of this
4 |     let mut f = File::open(name)?;
  |                                 ^ the trait `From<std::io::Error>` is not implemented
  for `Error`
  |
  = note: the question mark operation (`?`) implicitly performs a conversion on the error
  value using the `From` trait
```

```
  = note: required for `Result<String, Error>` to implement `FromResidual<Result<Infallible,
  std::io::Error>>`

error[E0277]: `?` couldn't convert the error to `Error`
 --> src/main.rs:6:34
  |
3 | fn read_file(name: &str) -> Result<String, Error> {
  |                             --------------------- expected `Error` because of this
...
6 |     f.read_to_string(&mut output)?;
  |                                  ^ the trait `From<std::io::Error>` is not implemented
  for `Error`
  |
  = note: the question mark operation (`?`) implicitly performs a conversion on the error
  value using the `From` trait
  = note: required for `Result<String, Error>` to implement `FromResidual<Result<Infallible,
  std::io::Error>>`

For more information about this error, try `rustc --explain E0277`.
```

컴파일하려면 컴파일러가 `std::io::Error`를 자체 사용자 정의 오류로 변환할 수 있도록 `Error`에 대한 `From` 트레이트를 구현해야 한다. 구현은 다음과 같다.

```
impl From<std::io::Error> for Error {
    fn from(other: std::io::Error) -> Self {
        Self(other.to_string())
    }
}
```

이제 코드를 컴파일하고 실행하면 원했던 대로 동작한다.

4.7.1 TryFrom과 TryInto

`From`, `Into` 트레이트 외에도 `TryFrom`, `TryInto`가 있다. 이 트레이트는 타입 변환이 실패할 수 있는 경우를 제외하고는 거의 동일하다. 이들 트레이트의 변환 메서드는 `Result`를 반환한다. 반면에 `From`, `Into`의 경우 문제가 발생하면, 전체 프로그램이 충돌하게 되는 패닉 외에는 오류를 반환할 방법이 없다.

From과 Into를 사용하는 타입 변환의 모범 사례

`From` 및 `Into` 트레이트를 사용한 타입 변환의 모범 사례를 다음과 같이 요약할 수 있다.

- 다른 타입과의 변환이 필요한 타입에 `From` 트레이트를 구현한다.
- 사용자 정의 변환 루틴 작성은 피하고, 대신 가급적 잘 알려진 트레이트를 쓴다.

4.8 러스트 타입으로 FFI 호환성 처리하기

때때로 러스트 언어 외 라이브러리에서 함수를 호출해야 할 수도 있고(또는 그 반대의 경우도 가능) 많은 경우 러스트에서 C 구조체를 모델링하기도 해야 한다. 이렇게 하려면 러스트의 외부 함수 인터페이스 기능(일반적으로 **FFI**foreign function interface)을 사용해야 한다. 러스트의 구조체는 C 구조체와 호환되지 않는다. 호환되도록 하려면 다음과 같이 작업해야 한다.

- 구조체는 `#[repr(C)]` 속성을 사용해서 선언해야 한다. 컴파일러에 구조체를 C 호환 표현으로 저장하도록 지시한다.
- C 타입에 직접 매핑되는 `libc` 크레이트의 C 타입을 사용해야 한다. 러스트 타입은 C 타입과는 다르며, 동등하다고 생각하더라도 항상 호환될 것이라고 가정할 수는 없다.

이 전체 프로세스를 훨씬 간결하게 만들기 위해서 러스트 팀은 `rust-bindgen`이라는 도구를 제공한다. `rust-bindgen`을 사용하면 C 헤더에서 자동으로 C 라이브러리에 대한 바인딩을 생성해준다. 대부분의 경우 지침[17]을 따라 `rust-bindgen`을 사용하여 바인딩을 생성하면 된다.

간단하게 테스트 목적이나 다른 이유로 C 함수를 호출해야 하는 경우라면 `rust-bindgen`을 쓰는 것은 불필요한 낭비다. 이러한 경우 C 구조체를 다음과 같이 러스트에 매핑한다.

- C 구조체 정의를 복사한다.
- C 타입을 러스트 타입으로 변환한다.
- 함수 인터페이스를 구현한다.

2장에서 보았던 zlib 예제에 이어 다음과 같은 C 언어 zlib의 파일 구조체를 빠르게 구현해보겠다.

---

[17] https://rust-lang.github.io/rust-bindgen/introduction.html

```
struct gzFile_s {
    unsigned have;
    unsigned char *next;
    z_off64_t pos;
}
```

위 구조체를 러스트에 상응하는 형태로 변경하면 다음과 같다.

```
#[repr(C)]          ◄──── C와의 호환성을 위해 C 컴파일러가 하는 것처럼 이 구조체의 메모리를 정렬하도록 rustc에 지시한다.
struct GzFileState { ◄──── zlib.h에 정의된 대로 zlib 파일 상태를 나타내는 러스트로 구현한 C 구조체
    have: c_uint,
    next: *mut c_uchar,
    pos: i64,
}
```

위에서 만든 구조체를 이용해서 zlib에서 C함수를 호출할 수 있다.

```
type GzFile = *mut GzFileState;

#[link(name = "z")]  ◄──── 이들 함수가 외부 z 라이브러리에 속한 것임을 rustc에 알린다.
extern "C" {
    fn gzopen(path: *const c_char, mode: *const c_char) -> GzFile;   ┐ 외부 zlib 함수들로,
    fn gzread(file: GzFile, buf: *mut c_uchar, len: c_uint) -> c_int; │ zlib.h에 정의되어 있다.
    fn gzclose(file: GzFile) -> c_int;                                │
    fn gzeof(file: GzFile) -> c_int;                                  ┘
}

fn read_gz_file(name: &str) -> String {
    let mut buffer = [0u8; 0x1000];
    let mut contents = String::new();
    unsafe {
        let c_name = CString::new(name).expect("CString failed");  ◄── 러스트 UTF-8 문자열을
        let c_mode = CString::new("r").expect("CString failed");       아스키(ASCII) C 문자열로
        let file = gzopen(c_name.as_ptr(), c_mode.as_ptr());           변환하며, 실패하는 경우
        if file.is_null() {                                            에러를 낸다.
            panic!(
                "Couldn't read file: {}",
                std::io::Error::last_os_error()
            );
        }
        while gzeof(file) == 0 {
            let bytes_read = gzread(
                file,
                buffer.as_mut_ptr(),
```

```
            (buffer.len() - 1) as c_uint
        );
        let s = std::str::from_utf8(&buffer[..(bytes_read as usize)])
            .unwrap();
        contents.push_str(s);
    }
    gzclose(file);
    }
    contents
}
```

`read_gz_file()`은 gzip으로 압축된 파일을 열어 내용을 읽고 문자열로 반환한다.

4.9 요약

- `str`은 러스트의 스택 할당 UTF-8 문자열 타입이다. `String`은 `Vec`을 기반으로 하는 힙 할당 UTF-8 문자열이다.

- `&str`은 `String`과 `&'static str` 모두에서 빌릴 수 있는 문자열 슬라이스다.

- `Vec`은 힙에 할당된 크기 조정 가능한 값의 시퀀스이며, 연속된 메모리 영역에 할당된다. 대부분의 경우 값의 시퀀스를 모델링할 때 `Vec`을 사용해야 한다.

- `HashMap`은 러스트의 표준 해시 맵 컨테이너 타입으로 키를 통한 상수 시간 조회가 필요한 대부분의 경우에 적합하다.

- 러스트에는 컬렉션 라이브러리 내에 `VecDeque`, `LinkedList`, `BTreeMap`, `HashSet`, `BTreeSet`, `BinaryHeap`도 있다.

- 구조체는 구성 가능한 컨테이너이며 러스트의 기본 구성 요소다. 상태를 저장하고 해당 상태에서 작동하는 메서드를 구현하는 데 사용된다.

- 열거형은 러스트의 특별한 변형 타입이며 C, C++, C#, 자바와 같은 언어에서의 `enum`의 동작을 에뮬레이트할 수 있다.

- 많은 표준 트레이트의 구현은 `#[derive]`을 사용하여 파생시킬 수 있다. 필요한 경우 이러한 트레이트를 수동으로 구현할 수 있지만 대부분의 경우 자동으로 파생된 구현으로 충분하다.

메모리 작업

이 장의 주요 내용

- 러스트에서 힙, 스택 기반 메모리 관리의 세부 사항 배우기
- 러스트의 소유권 의미 이해하기
- 참조 카운트 포인터 사용
- 스마트 포인터의 효과적인 활용
- 특정 사용 사례에 대한 사용자 지정 할당자 구현

4장에서 러스트의 데이터 구조에 대해 알아보았지만 모두 이해하려면 메모리 관리와 그것이 러스트의 데이터 구조에서 어떻게 작동하는지에 대해서도 알아야 한다. 핵심 데이터 구조에서 훌륭한 추상화를 통해 메모리 할당, 할당 해제를 관리할 수 있지만, 일부 애플리케이션에는 맞춤 할당자, 참조 카운팅, 스마트 포인터, 러스트 언어의 범위를 벗어난 시스템 수준 기능을 갖춘 고급 기능이 필요할 수 있다.

메모리 관리에 대한 깊은 이해가 없어도 러스트를 효과적으로 사용할 수 있지만, 내부적으로 무슨 일이 일어나고 있는지 아는 것은 상당히 유익하다. 이 장에서는 러스트의 메모리 관리에 대해 자세히 알아본다.

5.1 메모리 관리: 힙과 스택

러스트는 매우 강력하고 세분화된 메모리 관리 체계를 가지고 있다. 러스트를 처음 사용할 때 메모리 관리는 잘 와닿지 않을 것이다. 예를 들어 `String` 또는 `Vec`을 사용할 때라면 메모리 할당 방식에 대해서는 그다지 생각하지 않기도 한다. 어떤 면에서 이런 부분은 파이썬이나 루비같이 메모리 관리가 대체로 추상화되고 거의 생각할 필요가 없는 스크립팅 언어와 비슷하다.

내부적으로 러스트가 메모리를 관리하는 방식은 C나 C++ 같은 언어와 크게 다르지 않다. 그러나 러스트 언어는 꼭 필요할 때가 아니라면 메모리 관리에 신경 쓰지 않게끔 해준다. 그리고 메모리 관리를 꼭 해야 할 때에는 작업에 따라 복잡성을 높이거나 낮추는 데 필요한 도구를 제공해준다.

그림 5.1을 통해 **힙**heap과 **스택**stack의 차이점을 간단히 살펴보자.

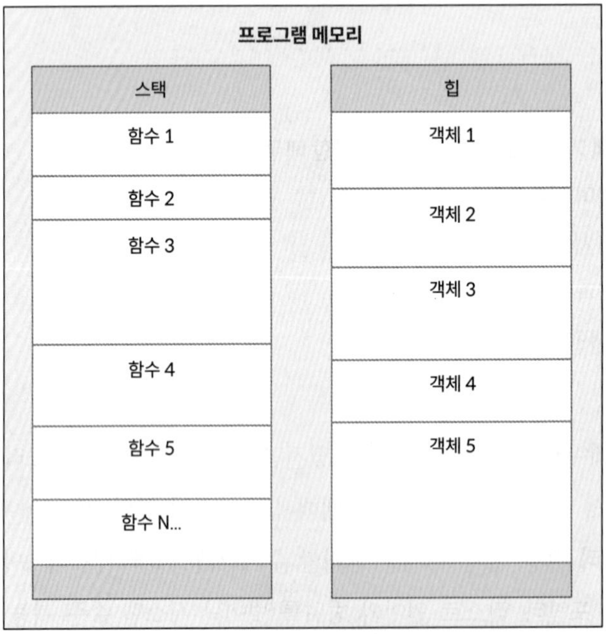

프로그램 메모리	
스택	**힙**
함수 1	객체 1
함수 2	객체 2
함수 3	
	객체 3
함수 4	객체 4
함수 5	객체 5
함수 N...	

그림 5.1 **스택과 힙의 배치의 예**

힙은 동적 할당을 하는 메모리 영역이다. 일반적으로 크기 조정이 가능한 데이터 구조가 위치하도록 메모리에 예약되거나, 런타임에만 크기가 결정되는 데이터들이 위치하는 곳이다. 정적 데이터를 힙에 저장할 수 없다는 것은 아니지만, 정적 데이터의 경우 일반적으로 스택을 사용하는 것이 최적이다(컴파일러는 보통 최적화 목적으로 프로그램 정적 메모리 영역에 정적 데이터를 넣기 때문에 그런 면에서 보면 **실제로는 스택에 보관하지 않는다**). 힙은 기본 OS나 핵심 언어 라이브러리를 통해 관리하는 것이 일반적이지만, 프로그래머가 원하는 경우 자체 힙을 구현할 수도 있다. 보통 임베디드 시스템과 같이 메모리가 제한된 시스템의 경우 **힙 없이 코드를 작성**한다.

일반적으로 힙은 할당자가 관리하며 대부분의 경우 운영체제, 언어 런타임, C 라이브러리에서 할당자(예: `malloc()`)를 제공한다. 힙의 데이터는 힙 전체에 무작위로 할당되는 것으로 생각할 수 있으며 프로세스가 살아 있는 동안 커지거나 작아질 수 있다.

러스트에서 힙에 대한 할당은 `Vec`, `Box`와 같은 힙 할당 데이터 구조를 사용하여 수행한다(`Box`는 이 장의 뒷부분에서 자세히 설명한다).

예제 5.1 **힙에 할당된 값을 보여주는 예제**

```
let heap_integer = Box::new(1);
let heap_integer_vec = vec![0; 100];
let heap_string = String::from("heap string"); ←
```
4장에서 언급했듯이, String은 Vec을 기반으로 하므로 이 문자열을 힙에 할당한다.

스택은 함수 범위에 묶인 스레드 안의 메모리 공간이다. 스택은 LIFO~last in, first out~(후입 선출) 순서를 사용하여 할당된다. 함수를 실행하면 메모리를 할당하고 스택에 푸시한다. 함수가 종료되면 메모리 해제와 함께 스택에서 제거된다. 스택에 할당되는 데이터의 경우 컴파일 시 크기를 알아야 한다. 일반적으로 스택에 메모리를 할당하는 것이 힙을 사용하는 것보다 훨씬 빠르다. 스택을 지원하는 운영체제에서는 실행 스레드당 하나의 스택이 있다.

스택은 컴파일러가 생성한 코드를 기반으로 프로그램 자체에서 관리한다. 함수를 실행하면 새 프레임이 스택에 푸시되고(스택 끝에 추가) 함수를 떠날 때 프레임이 스택에서 빠져나온다. 프로그래머는 스택에 신경 쓸 필요가 없다. 스택은 빠르고 재귀 호출을 통해 함수 호출 스택을 데이터 구조처럼 사용할 수 있는 등의 장점을 갖고 있다. 다른 말로 이야기하면 메모리 관리에 대해 걱정할 필요가 없다는 뜻이다.

예제 5.2 **스택에 할당된 값을 보여주는 예제**

```
let stack_integer = 69420;
let stack_allocated_string = "stack string";
```

다양한 언어에서 스택과 힙의 개념을 알아볼 수 없게 하거나 추상화하므로 신경 쓸 필요는 없다. C, C++에서는 일반적으로 `malloc()`, `new` 키워드를 사용하여 힙에 메모리를 할당하고 함수 내에서 변수를 선언하여 스택에 할당한다. 자바 역시 `new` 키워드로 힙 메모리에 할당하지만 메모리는 가비지 컬렉터의 소관이므로 프로그래머가 힙을 관리할 필요가 없다.

러스트에서 스택은 컴파일러와 플랫폼에 구현된 관련 세부 사항을 통해 관리가 이루어진다. 반면 힙에 데이터를 할당하는 것은 필요에 맞게 사용자가 지정할 수 있다(이 장의 뒷부분에서 맞춤 할당자에 대해 설명할 것이다). 이는 C, C++에서 찾을 수 있는 것과 비슷하다.

스택에 할당 가능한 타입은 기본 타입, 복합 타입(튜플, 구조체), `str`, 컨테이너 타입 자체(내용은 제외)뿐이다.

5.2 소유권 이해하기: 복사, 대여, 참조, 이동

러스트는 **소유권**ownership이라는 새로운 프로그래밍 개념을 도입했는데, 이는 다른 언어와 차별점을 이루는 점 중 하나이며, 소유권을 통해서 안전성을 보장한다. 소유권은 메모리가 범위 내에 있는지, 공유되고 있는지, 범위를 벗어났는지, 또는 오용되고 있는지 컴파일러가 알 수 있는 방법이다. 컴파일러의 **대여 검사기**borrow checker는 작은 크기의 소유권 규칙을 적용한다. 그 규칙은 모든 값에는 소유자가 있어야 하고, 한 번에 한 명의 소유자만 있을 수 있으며, 소유자가 범위를 벗어나면 값이 삭제된다는 것이다.

이미 러스트의 소유권에 익숙하다면 이 절은 복습 역할을 할 테니 원한다면 건너뛰어도 좋다. 반면 소유권을 배우고자 한다면 이 절은 친숙한 용어를 통해 개념을 명확히 정립하게끔 도움을 줄 것이다.

러스트의 소유권에는 **복사 생성자**copy constructor(할당 시 객체의 복사본 생성)의 개념이 없고 원시 포인터와는 거의 상호작용하지 않는다는 점을 제외하면 C, C++, 자바와 몇 가지 면에서 유사하다. 한 변수의 값을 다른 변수에 할당할 때(즉, `let a = b;`) 소유권이 옮겨진다는 의미에서 **이동**move이라고 한다(값은 하나의 소유자만 가질 수 있음). 이동은 기본 타입을 할당하지 않는 한 복사본을 생성하지 않는다(즉, 다른 값으로 정수를 할당하면 복사본이 생성됨).

포인터를 사용하는 대신 러스트에서는 주로 **참조**reference를 사용하여 데이터를 전달한다. 러스트에서는 **대여**borrow를 통해 참조를 생성한다. 데이터는 값(이동)이나 참조로 함수에 전달할 수 있다. 러스트에는 C와 유사한 포인터가 있지만, C 코드와 상호작용할 때를 제외하고 자주 볼 수 있지는 않다.

빌린 데이터(즉, 참조)는 불변(데이터 수정 불가)이거나 가변(데이터 수정 가능)형이다. 기본적으로 데이터를 대여할 때 불변 형태로 한다(즉, 참조가 가리키는 데이터를 수정할 수 없음). mut 키워드로 대여하면 데이터를 수정할 수 있는 가변 참조를 얻을 수 있다. 불변 방식으로 동시에 데이터를 여러 번 대여할 수 있지만(즉, 동일한 데이터에 대한 참조가 여러 개 존재) 데이터를 가변적으로 대여할 때는 한 번에 두 번 이상 빌릴 수 없다.

대여는 일반적으로 & 연산자(가변 참조의 경우 &mut)를 사용하지만, 때때로 as_ref(), as_mut() 메서드를 쓸 때도 있다. 각각 AsRef 및 AsMut 트레이트에서 가져온다. as_ref()와 as_mut()는 컨테이너 자체에 대한 참조보다는 내부 데이터에 대한 액세스를 하기 위해 컨테이너 타입에서 사용한다(이 장의 뒷부분에서 자세히 살펴본다). 다음 예제에서 이러한 개념을 명확히 볼 수 있다.

예제 5.3 소유권 시연 코드

```
fn main() {
    let mut top_grossing_films =        ◄──── 변경 가능한 Vec을 생성하고 일부 값으로 채운다.
        vec!["Avatar", "Avengers: Endgame", "Titanic"];
    let top_grossing_films_mutable_reference =
        &mut top_grossing_films;        ◄──── 위의 Vec에 대한 가변 참조를 대여한다.
    top_grossing_films_mutable_reference ◄──── 대여한 가변 참조로 데이터를 수정할 수 있다.
        .push("Star Wars: The Force Awakens");
    let top_grossing_films_reference = &top_grossing_films; ◄─ 이제 동일한 데이터의
    println!(                                                  불변 참조를 가져오므로
        "Printed using immutable reference: {:#?}",            이전의 가변 참조는 무효화된다.
        top_grossing_films_reference    ◄──── 여기서 Vec의 내용을 출력한다.
    );
    let top_grossing_films_moved = top_grossing_films; ◄── 이 할당은 Vec의 소유권을 이전하는 이동이다.
    println!("Printed after moving: {:#?}", top_grossing_films_moved); ◄─┐ Vec을 이동한 후 내용을
                                                                         출력한다.
    // println!("Print using original value: {:#?}", top_grossing_films); ◄─┐
    // println!(                                                             원래 변수는 이동되어
    //     "Print using mutable reference: {:#?}",                           더 이상 유효하지
    //     top_grossing_films_mutable_reference ◄─┐                          않으므로 이 코드는
    // );                                          이 코드도 컴파일되지 않는다.  컴파일되지 않는다.
}                                                  불변 참조를 만들 때 이 참조가
                                                   무효화되었기 때문이다.
```

위 코드를 실행하면 다음과 같은 결과가 나온다.

```
Printed using immutable reference: [
    "Avatar",
    "Avengers: Endgame",
    "Titanic",
    "Star Wars: The Force Awakens",
]
```

```
Printed after moving: [
    "Avatar",
    "Avengers: Endgame",
    "Titanic",
    "Star Wars: The Force Awakens",
]
```

5.3 깊은 복사

파이썬이나 루비 같은 언어에서 **깊은 복사**deep copy의 개념을 접했을 수 있다. 깊은 복사는 언어나 데이터 구조가 데이터를 가급적 덜 복사하도록 포인터, 참조, 쓰기 시 복사copy-on-write 체계를 이용하는 최적화를 구현할 때 필요하다.

데이터 구조의 복사본은 **얕거나**(포인터 복사 또는 참조 생성) **깊을**(재귀적으로 구조 내의 모든 값 복사 또는 복제) 수 있다. 일부 언어는 할당(`a = b`)을 하거나 함수를 호출할 때 기본적으로 얕은 복사를 수행한다. 따라서 파이썬, 루비, 자바스크립트 같은 언어를 사용하는 경우 때때로 명시적 전체 복사를 수행해야 할 수 있다. 러스트는 개발자의 의도에 대해 아무것도 가정하지 않으므로 항상 컴파일러에게 무엇을 할지 명시적으로 지시해야 한다. 즉, 얕은 복사본의 개념은 러스트에 존재하지 않고 대여 및 참조만 있다.[1]

묵시적 데이터 참조를 사용하는 언어는 바람직하지 않은 부작용을 일으킬 수 있으며, 이로 인해 때때로 사람들의 방심을 유발하거나 찾기 힘든 버그가 생길 수 있다. 일반적으로 개발자가 복사본을 만들려고 하는데 언어가 대신 참조를 제공할 때 문제가 발생한다. 다행히 러스트는 어떤 형태의 묵시적 데이터 참조 작업도 하지 않지만, 코어 데이터 구조를 쓸 때는 가능하다.

러스트에서 **복제**clone(복사copy가 아님에 주의)라는 용어는 새로운 데이터 구조를 생성하고 이전 구조의 모든 데이터를 새 구조로 복사(또는 더 정확하게는 복제)하는 과정이다. 작업은 일반적으로 `Clone` 트레이트에서 오는 `clone()` 메서드로 수행하며, `#[derive(Clone)]` 속성을 사용하면 자동 파생이 이루어진다(트레이트 및 파생 트레이트에 대해서는 8장과 9장에서 자세히 설명한다). 많은 데이터 구조에는 `Clone` 트레이트가 구현되어 있으므로 일반적으로 `clone()`을 사용할 수 있다.

---

1 [옮긴이] 얕은 복사가 일어날 때 데이터 구조 내에 포인터나 참조가 포함되면, 해당 포인터와 참조도 복사된다. 이런 면에서 참조가 생성된다고 할 수 있다. 러스트와 달리 소유권이 없는 언어에서는 복사된 포인터나 참조는 그 자체가 원본과 동일한 권한을 가진다. 하지만 러스트는 이러한 파생된 복사본으로 인한 권한 문제를 막기 위해서 얕은 복사 자체를 금지한다. 다만 소유권을 대여하는 방식으로 참조를 이용할 뿐이다.

예제 5.4를 살펴보자.

예제 5.4 **clone() 시연**

```
fn main() {
    let mut most_populous_us_cities =
        vec!["New York City", "Los Angeles", "Chicago", "Houston"];
    let most_populous_us_cities_cloned = most_populous_us_cities.clone();  ◄─┐ 원본 Vec을
                                                                             복제한다.
    most_populous_us_cities.push("Phoenix");  ◄─── 원본 Vec에 새로운 도시를 추가한다.
    println!("most_populous_us_cities = {:#?}", most_populous_us_cities);
    println!(
        "most_populous_us_cities_cloned = {:#?}",
        most_populous_us_cities_cloned  ◄─── 완전 별개의 구조이므로 복제된 Vec을 출력하면 결과에 'Phoenix'가 없다.
    );
}
```

실행 결과는 다음과 같다.

```
most_populous_us_cities = [
    "New York City",
    "Los Angeles",
    "Chicago",
    "Houston",
    "Phoenix",
]
most_populous_us_cities_cloned = [
    "New York City",
    "Los Angeles",
    "Chicago",
    "Houston",
]
```

Clone 트레이트는 파생될 때 재귀적으로 동작한다. 따라서 Vec과 같은 최상위 데이터 구조에서 clone()을 호출했을 때 Vec의 모든 요소가 Clone을 구현한다면 전체 복사본을 생성한다. 깊이 중첩된 구조는 Clone 트레이트만 구현하면 다른 작업을 수행할 필요 없이 쉽게 복제할 수 있다.

5.4 복사 피하기

특정한 경우 의도치 않게 데이터 구조가 필요 이상으로 자주 복제되거나 복사될 수 있다. 예를 들어 임의의 데이터 세트를 검색, 변경, 처리하는 알고리즘 내에서 문자열을 처리할 때 문자열의 복사본이 너무 많이 반복적으로 생겨날 수 있다.

`Clone`의 한 가지 단점은 데이터 구조를 복사하기가 너무 쉬워 멋대로 적용할 경우 동일한 데이터의 복사본이 많이 생성될 수 있다는 점이다. 대부분의 경우 이것은 문제가 되지 않으며 매우 큰 데이터 집합에서 작업을 시작할 때까지는 문제없을 것이다.

러스트에서 많은 코어 라이브러리 함수는 객체를 바로 수정하는 것이 아니라 객체의 복사본을 반환한다. 이것은 대부분의 경우 선호되는 동작이다. 메모리를 복제하는 비용이 발생하지만, 데이터의 불변성을 유지하는 데 도움이 되므로 일시적으로만 동작하는 알고리즘의 동작 방식을 더 쉽게 추론할 수 있는 장점이 있다. 표 5.1을 통해 러스트 코어 라이브러리에서 몇 가지 문자열 작업을 살펴본다.

표 5.1 **복사 관련 러스트 코어 문자열 함수**

함수	설명	복사 여부	알고리즘	식별 방법
`pub fn replace<'a, P>(&'a self, from: P, to: &str) -> String where P: Pattern<'a>,`	일치하는 패턴을 다른 문자열로 대치	가능	새 문자열을 만들고 변경된 내용을 새로운 문자열에 푸시한 후 새 문자열을 반환하며 기존의 문자열은 건드리지 않는다.	`self` 매개변수는 불변 참조. 함수는 소유된 `String`을 반환
`pub fn to_lowercase (&self) ->String`	문자열 슬라이스를 소문자로 바꾸어서 새로운 `String`으로 반환한다.	가능	새로운 문자열을 만들고, 새 문자열의 문자를 복사하면서 대문자를 소문자로 변환	`Self` 매개변수는 불변 참조. 함수는 소유된 `String`을 반환
`pub fn make_ascii_lowercase (&mut self)`	해당 문자열을 아스키 소문자로 변환	불가능	각 문자를 반복하면서, 대문자 아스키 문자를 소문자로 변환하여 적용	함수는 가변 참조 `self`를 받아, 바로 그 자리에 있는 메모리를 바꾼다.
`pub fn trim(&self) -> &str`	앞뒤 공백을 지운 문자열 슬라이스를 반환	불가능	양끝 검색자를 써서 공백이 아닌 문자열의 시작과 끝을 찾아, 해당 슬라이스를 정렬된 결과로 반환	함수는 소유된 문자열이 아닌 참조를 반환

특정 패턴이 보일 것이다. 함수가 원본 데이터를 그 자리에서 수정하는지 또는 새 복사본을 반환하는지 여부에 따라 알고리즘이 복사본을 생성하는지 여부를 알아낼 수 있는 경우가 많다. 설명할 예가 하나 더 있는데, 이것은 필자가 **통과**pass through라고 부르는 것이다. 다음을 살펴보자.

```
fn lowercased(s: String) -> String {
    s.to_lowercase()  ◄── 복사가 to_lowercase() 안에서 일어나며 새로운 문자열이 반환된다.
}
fn lowercased_ascii(mut s: String) -> String {
```

```
    s.make_ascii_lowercase();    ◄──   문자열은 바로 통과되어 그 메모리 안의 값이 바뀐다.
    s                                   make_ascii_lowercase() 함수가 대상에 직접 수행하기 때문에
}                                       소유권은 동일한 소유 개체를 반환하여 호출자에게 다시 전달된다.
```

위의 코드에서 첫 번째 함수인 `lowercased()`는 소유한 문자열을 취해 `to_lowercase()`를 호출하여 해당 문자열의 새 복사본을 반환한다. 두 번째 함수는 변경 가능한 소유 문자열을 사용하고 내부 변경 버전을 사용하여 소문자 변경본을 반환한다(아스키 문자열에서만 작동).

정리하면 다음과 같다.

- 불변 참조를 취하고 참조 또는 슬라이스를 반환하는 함수는 복사본을 만들 가능성이 없다(예: `fn func(&self) -> &str`).

- 참조(예: `&`)를 사용하고 소유된 개체를 반환하는 함수는 복사본을 생성할 수 있다(예: `fn func(&self) -> String`)

- 변경 가능한 참조를 취하는 함수(예: `&mut`)는 데이터를 제자리에서 수정할 수 있다(예: `fn func(&mut self)`)

- 소유 객체를 취하고 같은 유형의 소유 객체를 반환하는 함수는 아마 복사본을 만들고 있을 것이다(예: `fn func(String) -> String`).

- 가변 소유 객체를 취하고 동일한 유형의 소유 객체를 반환하는 함수는 복사본을 만들지 않을 수 있다(예: `fn func(mut String) -> String`).

일반적으로 함수가 복사본을 만드는지, 제자리에서 작동하는지, 단순히 소유권을 전달하는지 확실하지 않은 경우 문서와 소스 코드를 검토해야 한다. 러스트의 메모리 의미론을 통해 입력과 출력을 검사하는 것만으로 알고리즘이 데이터에서 어떻게 동작하는지 비교적 쉽게 추론 가능하지만, 이는 호출되는 함수가 이러한 패턴을 따르는 경우에만 참이다. 심각한 성능 문제가 있는 경우 기본 알고리즘을 면밀히 검사해야 한다.

5.5 박스할 것인가 말 것인가: 스마트 포인터

러스트의 `Box`는 4장에서 간략하게 언급한 스마트 포인터의 한 유형이다. `Box`는 힙에 데이터를 할당하는 방법을 제공하는 것이 주목적으로, C++과 같은 언어의 스마트 포인터와 약간 다르다. 러스트에서 힙에 데이터를 할당하는 두 가지 방법은 `Vec`을 사용하는 것과 `Box`를 사용하는 것이다. `Box`

는 기능 측면에서 상당히 제한적이다. 다른 많은 기능 없이 보유하고 있는 개체에 대한 메모리 할당과 할당 해제만 처리하지만 이는 의도적으로 설계된 것이다. 그럼에도 Box는 여전히 매우 유용하며 힙에 데이터를 저장해야 하는 경우(Vec 사용을 제외하고) 가장 먼저 고려할 방안이다.

TIP Box는 비워질 수 없으므로(아직 모르는 것이 나은 특정 상황을 빼고), 보통 Option에 Box를 넣어 박스할 데이터가 없는 경우에 대비한다.

담을 데이터나 개체가 선택적인 경우 Box를 Option에 넣어야 한다. **선택적** 타입(또는 maybe 타입)은 러스트에만 있는 것이 아니다. 에이다Ada, 하스켈, 스칼라, 스위프트 등 몇몇 언어에도 이러한 타입이 있다. 선택적이라는 것은 일종의 **모나드**monad(함수형 디자인 패턴으로 액세스에 반드시 제한이 걸려야 하는 값을 함수에 래핑하는 것)다. 러스트는 선택값을 다루기 쉽게 하기 위한 신택틱 슈거syntax sugar를 제공한다.

러스트에서 Option을 자주 볼 수 있다. 이전에 선택적 값optional을 사용한 적이 없다면 null값(포인터와 같은)을 안전하게 처리하는 방법으로 생각할 수 있다. 러스트에는 널 포인터(안전하지 않은 코드 제외)가 없지만, 기능적으로 널 포인터와 동일하면서도 안전한 None이 있다.

Box와 Option의 멋진 점은 둘을 함께 사용하면 유효하지 않거나 초기화되지 않았거나 이중 해제된 메모리로 인해 런타임 오류(예: 널 포인터 예외)를 거의 확실히 막을 수 있다는 것이다. 그러나 한 가지 주의해야 할 것은 힙 할당이 실패할 수 있다는 점이다. 이런 상황을 처리하는 것은 까다로우며 운영체제와 설정에 따라 다소 다르다. 이 책에서는 그에 관한 내용은 다루지 않는다.

할당 실패는 보통 시스템의 사용 가능한 메모리가 부족할 때 일어나며, 이를 처리하는 것(처리하도록 선택한 경우)은 응용 프로그램에 따라 다르다. 메모리 할당이 실패하는 대부분의 경우에는 일단 프로그램의 '빠른 실패'와 함께 거의 항상 기본 동작(개발자는 해당 오류를 처리하지 않음)인 OOMout of memory(메모리 부족 오류)으로 종료하는 것이 일반적이며, 여러분도 그러한 상황을 겪어봤을 것이다. 자체 메모리 관리 기능을 제공하는 몇 가지 주목할 만한 응용 프로그램은 자체 내장 작업 관리자와 OS 자체와 매우 유사한 메모리 관리 기능이 있는 웹 브라우저를 들 수 있다. 데이터베이스 또는 온라인 트랜잭션 처리 시스템과 같은 미션 크리티컬 소프트웨어를 작성하는 경우 메모리 할당 실패를 적절하게 처리하고 싶을 것이다.

할당이 실패할 것으로 의심될 때 try_new() 메서드를 사용하면 Box는 Result로 성공이나 실패를 반환해준다. Box의 기본 new() 메서드는 할당에 실패하면 패닉을 일으켜 프로그램이 중단될 수 있다. 대부분의 경우 충돌은 실패한 할당을 처리하는 가장 좋은 방법이다. 또는 맞춤 할당자 내에서 할당 실패를 포착할 수 있다(이 장의 뒷부분에서 설명).

> **TIP** Option과 Result를 더 잘 이해하려면 enum을 사용하여 직접 구현해보자. 러스트에서 자신만의 선택값을 생성하고 사용하는 것은 열거형과 패턴 매칭을 통하면 간단하다.

다음과 같은 단방향 연결 리스트를 통해 Box를 살펴보자.

예제 5.5 리스트로 만든 유사 단방향 연결 리스트

```
struct ListItem<T> {
    data: Box<T>,          ◀── 데이터는 각 리스트 항목마다 박스된다. 데이터 필드는 비어 있거나 널일 수 없다.
    next: Option<Box<ListItem<T>>>,  ◀── next 포인터는 선택 사항이다. 리스트에 후속 요소가 있는지 알 수
}                                        없으므로 Option에 Box를 놓고, 리스트의 다음 항목을 가리킨다.

struct SinglyLinkedList<T> {
    head: ListItem<T>,     ◀── 리스트 자체의 구조체에는 head만 포함되어 있다.
}                              head는 항상 존재해야 하므로 박스하지 않는다.

impl<T> ListItem<T> {
    fn new(data: T) -> Self {          새 데이터는 Box에 넣어 새로운 리스트 항목으로 이동한다.
        ListItem {                     데이터는 힙에 할당되며 스택에서 힙으로 데이터를
            data: Box::new(data),  ◀── 이동해야 할 수 있으므로 컴파일러는 데이터를
            next: None,        ◀──     대상 위치로 가져오는 데 필요한 세부 정보를 정렬한다.
        }                      next 포인터는 새로운 요소가 목록의 어디에 있는지 아직 모르기 때문에
    }                          None으로 초기화된다. 또한 이 구현에는 삽입 작업이 없고 추가만 있다.
    fn next(&self) -> Option<&Self> {  ◀── 각 항목의 next() 메서드는 다음 항목에 대한 선택적 참조(존재하는 경우)를
        if let Some(next) = &self.next {    반환한다. 이 함수는 중첩된 참조를 풀어 코드를 단순화하기 위해 존재한다.
            Some(next.as_ref())    ◀──  if let ... 구문으로 역참조를 시도하기 전에
        } else {                        next 포인터가 가리키는 항목이 있는지 확인한다.
            None
        }                          next 항목에 대한 내부 참조를 반환했다.
    }                              Some(&*next)로도 쓸 수 있다.
    fn mut_tail(&mut self) -> &mut Self {
        if self.next.is_some() {   ◀── self.next를 빌려야 하기 때문에 여기서는 if let ... 구문을 사용할 수 없다.
            self.next.as_mut().unwrap().mut_tail()  ◀── Box를 Option으로 감싸고 있으므로 Option을 가변
        } else {                                        참조로부터 풀어야 하고 그 안의 가변 참조를 반환한다.
            self   ◀── 다음 요소가 없으면 이 항목은 꼬리이므로 그냥 자신을 반환한다.
        }
    }
    fn data(&self) -> &T {
        self.data.as_ref()  ◀── T에 직접 액세스하는 편의를 위한 메서드다.
    }
}
impl<T> SinglyLinkedList<T> {
    fn new(data: T) -> Self {
```

```
        SinglyLinkedList {
            head: ListItem::new(data),    ◄──── 새 리스트를 만들려면 첫 번째 요소가 필요하다.
        }                                       빈 리스트를 지원하려면 head 요소를 Option으로 만들면 된다.
    }
    fn append(&mut self, data: T) {
        let mut tail = self.head.mut_tail();    ◄──── 새 요소를 추가할 때 꼬리의 다음 항목은 None으로 가정한다.
        tail.next = Some(Box::new(ListItem::new(data)));    ◄──── 새 요소를 꼬리 항목의 다음 포인터에
    }                                                              추가하면 새 요소가 새 꼬리가 된다.
    fn head(&self) -> &ListItem<T> {
        &self.head    ◄──── 편의를 위해 헤드 요소를 가져오는 메서드를 만들었다.
    }
}
```

연결 리스트 예제에는 이해해야 할 것이 많다. 러스트를 처음 접하는 사람에게 연결 리스트를 구
현하는 것은 러스트의 고유한 기능을 배울 수 있는 가장 좋은 방법 중 하나다. 위의 예는 몇 가지
멋진 기능을 제공하며 안전하다. 리스트는 비어 있거나 유효하지 않거나 널 포인터를 포함하지 않
는다. 이것이야말로 리스트의 가장 강력한 기능이며, 객체 소유권에 대한 러스트의 규칙 덕에 가
능하다.

연결 리스트를 테스트하려면 다음과 같은 코드를 사용한다.

```
fn main() {
    let mut list = SinglyLinkedList::new("head");
    list.append("middle");
    list.append("tail");                      "head" 요소가 있는 문자열의 새 연결 리스트를
                                               만든 다음 "middle"과 "tail" 요소를 추가한다.
    let mut item = list.head();    ◄──── 리스트의 head에 대한 참조를 가져온다.
    loop {                         ◄──── 리스트의 모든 항목을 방문할 때까지 반복한다.
        println!("item: {}", item.data());    ◄──── 각 항목의 값을 출력한다.
        if let Some(next_item) = item.next() {    ◄──── Option을 언래핑하는 if let 문을 사용하여
            item = next_item;                           리스트의 다음 항목을 가져온다.
        } else {
            break;    ◄──── 목록의 끝에 도달하면 break로 루프를 종료한다. 다음 항목이 None일 때 알 수 있다.
        }
    }
}
```

실행하면 다음과 같은 결과가 나온다.

```
item: head
item: middle
item: tail
```

다음으로 넘어가기 전에 러스트로 만든 연결 리스트를 이해하는 것이 좋다. 처음부터 직접 구현해 보고 필요하다면 예제를 다시 참조한다. 다음 절에서는 연결 리스트를 좀 더 개선한다. 이 책을 계속 그냥 진행한다면, 언제든 전체 언어를 잘 이해한 후 러스트의 메모리 관리를 더 잘 다루고 싶을 때 이 연습을 다시 해보면 좋을 것이다.

마지막으로 실제로는 자신만의 연결 리스트를 구현할 필요는 없다. 코어 라이브러리에는 연결 리스트가 필요한 경우를 대비해서 `std::collections::LinkedList`를 제공한다. 하지만 대부분의 경우 `Vec`을 사용하도록 한다. 추가로 여기에 제공하는 예제는 최적화되지 않았음을 유의하자.

5.6 참조 카운트

이전 절에서 유용하지만 매우 제한적인 스마트 포인터인 `Box`에 대해 살펴보았는데, 이후 자주 접하게 될 것이다. 이 제약 중에 특징적인 것은 `Box`는 공유할 수 없다는 것이다. 즉, 프로그램에서 동일한 데이터를 가리키는 2개의 별도 박스를 가질 수 없다. `Box`는 자체 데이터를 소유하며 한 번에 2개 이상의 대여를 허용하지 않는다. 이것은 대부분 흥분할 만한 기능(또는 역기능)이다. 그러나 데이터를 공유해야 하는 경우가 있다. 실행 스레드 간에 또는 데이터를 다르게 처리하기 위해 동일한 데이터를 여러 구조(예: `Vec`이나 `HashMap`)에 저장하여 공유하는 경우가 있을 수 있다.

`Box`가 맞지 않는 경우에 대안으로 찾게 되는 것은 **참조 카운트** 스마트 포인터일 것이다. 참조 카운팅은 포인터의 복사본 수를 추적하다가 더 이상 사본이 없으면 메모리를 해제하는 일반적인 메모리 관리 기술이다. 구현은 일반적으로 주어진 포인터의 복사본 수에 대한 정적 카운터를 유지하고 새 복사본이 만들어질 때마다 카운터를 증가시키는 방식을 쓴다. 복사본이 파괴되면 카운터가 감소한다. 카운터가 0에 도달하면 메모리를 해제할 수 있다. 이는 포인터의 복사본이 더 없으므로 메모리가 더 이상 사용되지 않거나 액세스할 수 없음을 의미하기 때문이다.

> **TIP** 참조 카운트 스마트 포인터를 구현하는 것은 재미있는 자율 연습이 될 수 있지만, 러스트에서는 약간 까다로우며 원시(즉, 안전하지 않은) 포인터를 사용해야 한다. 연결 리스트 연습이 너무 쉽다고 생각되면 자신만의 참조 카운트 스마트 포인터를 만들어보자.

러스트에는 두 가지 참조 카운트 포인터가 있다.

- `Rc`: 한 개체의 공유 소유를 가능케 하는 단일 스레드 참조 카운트 스마트 포인터
- `Arc`: 다중 스레드 참조 카운트 스마트 포인터로, 스레드 간에 객체의 소유권 공유가 가능

러스트의 단일 스레드 객체와 다중 스레드 객체

많은 프로그래밍 언어는 스레드에 안전한 것과 안전하지 않은 것으로 스레드 간에 사용할 수 있는 함수 또는 개체를 구분한다. 러스트에서는 모든 것이 기본적으로 안전하기 때문에 이런 구분이 적용되지 않는다. 대신 일부 개체는 스레드 간에 이동하거나 동기화할 수 있지만 다른 개체는 할 수 없다. 이 동작은 개체가 Send 및 Sync 트레이트를 구현하는지 여부로 결정되며, 이에 대해서는 6장에서 자세히 설명한다.

Rc, Arc의 경우 Rc는 Send나 Sync를 제공하지 않으므로(실제로 Rc는 이러한 트레이트를 구현되지 않은 것으로 명시적으로 표시함) Rc는 단일 스레드에서만 사용할 수 있다. 반면 Arc는 Send와 Sync를 모두 구현하므로 다중 스레드 코드에서 사용할 수 있다.

특히 Arc는 플랫폼에 따라 다르며 일반적으로 운영체제 또는 CPU 수준에서 구현되는 원자성 카운터(atomic counter)를 사용한다. 원자성 연산은 일반 산술연산보다 비용이 많이 들기 때문에 원자성이 필요한 경우에만 Arc를 사용해야 한다.

언어 규칙을 우회하는 unsafe 키워드를 사용하지 않는 한 러스트 코드는 항상 안전하다는 점을 기억해두는 것이 중요하다. 반면 러스트의 고유한 패턴과 전문용어를 이해하지 못하면 컴파일하기가 상당히 어려울 수 있다.

참조 카운트 포인터를 효과적으로 사용하기 위해 **내부 가변성**interior mutability이라는 러스트의 또 다른 개념을 이해해야 한다. 내부 가변성은 러스트의 대여 검사기가 가변 참조에 충분한 유연성을 제공하지 않을 때 필요하다. 이것이 비상수단처럼 들린다면, 실제로 그렇다. 하지만 러스트의 안전성을 해치지 않으면서 여전히 안전한 코드를 작성할 수 있으니 걱정하지 않아도 된다.

내부 가변성을 활성화하려면 러스트의 두 가지 특수 타입인 Cell과 RefCell을 써야 한다. 만약 러스트를 처음 접한다면 아직 이것들을 접해보지 못했을 것이고, 일반적인 상황에서는 접할 가능성이 거의 없다. 대부분의 경우 RefCell을 사용하면 참조를 빌릴 수 있고, Cell은 값을 타입 안팎으로 이동시키므로 (대부분의 경우 원하는 동작이 아닐 수 있음) Cell 대신 RefCell을 사용하는 것이 좋다.

RefCell과 Cell의 또 다른 특징은 컴파일러에 데이터를 빌릴 방법에 대한 자세한 정보를 제공한다는 점이다. 컴파일러는 상당히 훌륭하지만 유연성 측면에서 제한적이어서 수행하려는 작업을 이해하지 못해 코드가 완벽히 안전한데도 (얼마나 정확한지에 관계없이) 컴파일되지 않는 경우가 있다.

RefCell이나 Cell은 자주 쓰지는 않는다. 대여 검사기를 우회하려고 사용하고자 한다면 하고 있는 일을 다시 점검할 필요가 있다. 컨테이너나 데이터 구조의 데이터에 변경 가능하게 액세스해야 하는 특정 경우에나 주로 필요하다.

Cell과 RefCell의 한 가지 제약은 단일 스레드 응용 프로그램에만 해당된다는 점이다. 다중 스레드에서 실행 스레드 간 안전이 필요한 경우, 내부 가변성을 활성화하는 동일한 기능을 제공하면서

126 **CHAPTER 5** 메모리 작업

도 스레드 간에 사용할 수 있는 `Mutex` 또는 `RwLock`을 사용한다. 이들은 일반적으로 `Rc`가 아닌 `Arc`와 쌍을 이룬다(10장에서 동시성에 대해 자세히 살펴본다).

이전 절의 연결 리스트 예제가 더 유연해지도록 `Box` 대신 `Rc`와 `RefCell`을 사용하게끔 업데이트하자. 특히 이제 단일 연결 리스트를 **이중 연결 리스트**로 만들 수 있다. 공유 소유권을 허용하지 않는 `Box`만을 사용했다면 불가능한 작업이다.

예제 5.6 **Rc, RefCell, Box를 이용한 이중 연결 리스트 예제**

```
use std::cell::RefCell;
use std::rc::Rc;

struct ListItem<T> {
    prev: Option<ItemRef<T>>,        ◄─── 리스트의 이전 항목에 대한 포인터를 추가했다.
    data: Box<T>,                    ◄─── 데이터는 여전히 Box에 보관된다. 데이터 소유권을 공유하지 않고 리스트의
    next: Option<ItemRef<T>>,             노드에 대한 포인터만 공유하기 때문에 여기서는 Rc를 사용할 필요가 없다.
}
type ItemRef<T> = Rc<RefCell<ListItem<T>>>;   ◄─── 이 타입 별칭은 코드를 깔끔하게 유지하기 위해서다.
struct DoublyLinkedList<T> {
    head: ItemRef<T>,
}
impl<T> ListItem<T> {
    fn new(data: T) -> Self {
        ListItem {
            prev: None,
            data: Box::new(data),    ◄─── 데이터가 Box로 이동된다.
            next: None,
        }
    }
    fn data(&self) -> &T {
        self.data.as_ref()
    }
}
impl<T> DoublyLinkedList<T> {
    fn new(data: T) -> Self {
        DoublyLinkedList {
            head: Rc::new(RefCell::new(ListItem::new(data))),
        }
    }
    fn append(&mut self, data: T) {                           먼저 리스트에서 꼬리 항목에
        let tail = Self::find_tail(self.head.clone());   ◄─── 대한 포인터를 찾아야 한다.
        let new_item = Rc::new(RefCell::new(ListItem::new(data)));  ◄─── 추가하려는 새 항목에 대한
        new_item.borrow_mut().prev = Some(tail.clone());   ◄───     포인터를 만든다.
        tail.borrow_mut().next = Some(new_item);   ◄───  이전 꼬리를 가리키도록 새 항목의
    }                                                    prev 포인터를 업데이트한다.
                    새로 삽입된 항목이 새로운 꼬리가 되도록
                    이전 꼬리의 next 포인터를 업데이트한다.
```

```
    fn head(&self) -> ItemRef<T> {
        self.head.clone()
    }
    fn tail(&self) -> ItemRef<T> {
        Self::find_tail(self.head())
    }
    fn find_tail(item: ItemRef<T>) -> ItemRef<T> {        next 포인터가 비어 있는지 확인하고
        if let Some(next) = &item.borrow().next {    ◄─── 그렇지 않으면 재귀적으로 검색을 계속한다.
            Self::find_tail(next.clone())    ◄─────── 다음 포인터를 복제하고 반환하여 재귀적으로 검색을 계속한다.
        } else {
            item.clone()    ◄─────   next 포인터가 비어 있으면 목록의 끝(또는 꼬리)에 온 것이다.
        }                            복제 후 현재 항목 포인터를 반환한다.
    }
}
```

이 연결 리스트는 이전과 많이 달라졌다. `Rc`와 `RefCell`을 사용한 탓에 약간 복잡해졌지만 훨씬 더 유연해졌다. 더 많은 언어 기능을 알아본 후 이 책의 뒷부분에서 이 예제를 다시 살펴보자.

요약하면 `Rc`와 `Arc`는 참조 카운트 포인터를 제공하지만 내부 데이터에 변경 가능하게 액세스하려 면 `RefCell`이나 `Cell`(다중 스레드 응용 프로그램의 경우 `Mutex` 또는 `RwLock`)과 같은 객체를 사용해야 한다.

5.7 쓰기 시 복제

이 장의 앞부분에서 복사 방지에 대해 언급했었다. 그러나 데이터를 변경하는 것보다 데이터 복사 본을 만드는 쪽을 선호하는 경우가 있다. 특히 함수형 프로그래밍 패턴을 선호하는 경우 이런 패 턴이 매우 유용하다. **쓰기 시 복제**clone on write에 대해 들어본 적이 없을 수도 있지만 **쓰기 시 복사** copy on write에 대해서는 익히 알고 있을 것이다.

쓰기 시 복사는 데이터가 위치한 곳에서는 변경이 일어나지 않는 디자인 패턴이다. 대신 데이터를 변경해야 할 때마다 새 위치로 복사하고 변경한 다음 새 데이터 복사본에 대한 참조를 반환한다. 스칼라 같은 일부 프로그래밍 언어는 데이터 구조가 **가변** 또는 **불변**으로 분류되고 모든 불변 구조 가 쓰기 시 복사를 구현하게끔 원칙적으로 이 패턴을 쓴다. 매우 인기 있는 자바스크립트 라이브 러리인 `Immutable.js`는 이 패턴을 기반으로 모든 데이터 구조에 대한 변경을 데이터의 새 복사본 을 생성하여 처리한다. 이 패턴을 기반으로 데이터 구조를 구축하면 프로그램 내에서 데이터를 처 리하는 방법을 훨씬 쉽게 추론할 수 있다.

예를 들어 리스트나 배열의 복사본을 사용하면, 값을 추가하는 작업은 항목의 원래 목록을 그대로 유지하면서 모든 이전 요소와 새 요소가 추가된 새 목록을 반환하는 식으로 동작한다. 프로그래머는 컴파일러가 최적화나 오래된 데이터 정리를 처리할 수 있다고 가정한다.

러스트에서 이 패턴은 `Clone` 트레이트에 의존하므로 쓰기 시 복제라고 한다. `Copy`의 경우 **묵시적 비트 단위 복사**(즉, 문자 그대로 객체의 바이트를 새로운 메모리 위치에 복사)를 하는 반면, `Clone`은 **명시적 복사**를 한다는 점에서 다르다. `Clone`은 복제하려는 객체에 `clone()` 메서드를 호출해야 하지만, `Copy`는 할당을 통해 묵시적으로(`let x = y;`) 일어난다. `Clone` 트레이트는 일반적으로 `#[derive(Clone)]`을 사용하여 자동으로 구현하지만, 특수한 경우 수동으로 구현할 수도 있다. 트레이트에 대해서는 8장과 9장에서 자세히 살펴보겠다.

러스트는 쓰기 시 복제를 구현하는 데 도움이 되는 세 가지 스마트 포인터를 제공한다.

- `Cow`: 편리한 체계를 제공해주는 열거형 기반 스마트 포인터
- `Rc`, `Arc`: 참조 횟수가 계산되는 두 스마트 포인터. 모두 `make_mut()` 메서드를 사용하여 쓰는 작업에서 복제본을 제공한다. `Rc`는 단일 스레드 버전이고 `Arc`는 다중 스레드 버전이다.

`Cow`의 타입 서명을 살펴보자.

예제 5.7 **러스트 표준 라이브러리의 Cow 정의 일부**

```
pub enum Cow<'a, B> where
    B: 'a + ToOwned + ?Sized, {
    Borrowed(&'a B),
    Owned(<B as ToOwned>::Owned),
}
```

`Cow`는 빌린 변형variant과 소유된 변형을 포함하는 열거형이다. 소유된 변형의 경우 `Box`와 매우 유사하지만, 데이터가 반드시 힙에 할당되지는 않는다는 점이 다르다. `Cow`를 사용할 때 데이터가 확실히 힙에 할당되도록 하려면 `Cow` 내에서 `Box`를 사용하거나 대신 `Rc`나 `Arc`를 사용해야 한다. 러스트에서 쓰기 시 복제는 언어 수준 기능이 아니다. 명시적으로 `Cow` 트레이트를 사용해야 한다.

데이터 구조가 변경 불가능하도록 단일 연결 리스트 예제를 업데이트하여 `Cow` 용법을 살펴보자. 예제 5.8은 `#[derive(Clone)]`를 추가하는 것 외에는 이전 버전과 크게 다르지 않다.

예제 5.8 단일 연결 리스트 ListItem에 Cow를 사용한 예

```
#[derive(Clone)]  ◄──── Clone 트레이트를 파생했다. Cow는 Clone 트레이트의 동작에 의존한다.
struct ListItem<T>
where
    T: Clone,
{
    data: Box<T>,
    next: Option<Box<ListItem<T>>>,
}
impl<T> ListItem<T>
where
    T: Clone,
{
    fn new(data: T) -> Self {
        ListItem {
            data: Box::new(data),
            next: None,
        }
    }
    fn next(&self) -> Option<&Self> {
        if let Some(next) = &self.next {
            Some(&*next)
        } else {
            None
        }
    }
    fn mut_tail(&mut self) -> &mut Self {
        if self.next.is_some() {
            self.next.as_mut().unwrap().mut_tail()
        } else {
            self
        }
    }
    fn data(&self) -> &T {
        self.data.as_ref()
    }
}
```

Cow를 리스트에 사용한 예제 5.9를 살펴보자.

예제 5.9 단방향 연결 리스트 SinglyLinkedList에 Cow 사용하기

```
#[derive(Clone)]
struct SinglyLinkedList<'a, T>
where
    T: Clone,
```

```
{
    head: Cow<'a, ListItem<T>>,          ◄─── head 포인터는 Cow 내에 저장된다. 구조체에 대한 수명 지정자를 포함해야
}                                              컴파일러가 구조체와 헤드 매개변수의 수명이 동일하다는 것을 알 수 있다.


impl<T> ListItem<T>
where
    T: Clone,
{
    fn new(data: T) -> Self {
        ListItem {
            data: Box::new(data),
            next: None,
        }
    }
    fn next(&self) -> Option<&Self> {
        if let Some(next) = &self.next {
            Some(&*next)
        } else {
            None
        }
    }
    fn mut_tail(&mut self) -> &mut Self {
        if self.next.is_some() {
            self.next.as_mut().unwrap().mut_tail()
        } else {
            self
        }
    }
    fn data(&self) -> &T {
        self.data.as_ref()
    }
}


impl<'a, T> SinglyLinkedList<'a, T>
where
    T: Clone,
{
    fn new(data: T) -> Self {
        SinglyLinkedList {
            head: Cow::Owned(ListItem::new(data)),   ◄─── 리스트를 head 포인터를 포함해 초기화한다.
        }
    }
                                          append 메서드 서명은 더 이상 변경 가능한 self가 필요하지 않고
                                          대신 완전히 새로운 링크 리스트를 반환하도록 변경되었다.
    fn append(&self, data: T) -> Self {
        let mut new_list = self.clone();
        let mut tail = new_list.head.to_mut().mut_tail();   ◄─── to_mut()을 호출하면 head의 가변 참조를
        tail.next = Some(Box::new(ListItem::new(data)));         얻음으로써 쓰기 시 복제가 일어난다.
        new_list                                                 mut_tail()을 호출하기 때문에 이 과정은
    }                                                            재귀적으로 일어난다.
```

```
    fn head(&self) -> &ListItem<T> {
        &self.head
    }
}
```

5.8 맞춤 할당자

메모리 할당 동작을 전용으로 만들어야 하는 경우가 생길 수 있다. 몇 가지 사례를 들어보면 다음과 같다.

- 메모리가 많이 제한되거나 운영체제가 부족한 임베디드 시스템
- jemalloc[2] 또는 TCMalloc[3]와 같은 사용자 지정 힙 관리자를 포함하여 최적화된 메모리 할당이 필요한 성능에 중요한 애플리케이션
- 예를 들어 `mprotect()`, `mlock()` 시스템 호출을 사용하여 메모리 페이지를 보호하려는 엄격한 보안 또는 안전 요구 사항이 있는 애플리케이션
- 일부 라이브러리 또는 플러그인 인터페이스는 메모리 누수를 방지하기 위해 데이터를 전달할 때 특수 할당자가 필요할 수 있다. 이는 언어 경계를 넘어 작업할 때 매우 일반적이다(즉, 러스트와 가비지 수집 언어 간의 통합).
- 애플리케이션 내에서 메모리 사용량 추적과 같은 사용자 지정 힙 관리 구현

기본적으로 러스트는 메모리 할당에 표준적인 시스템 구현을 사용한다. 대부분의 시스템에서는 시스템의 C 라이브러리에서 제공하는 `malloc()`, `free()` 함수다. 이 동작은 러스트의 **전역 할당자** global allocator에 의해 구현된다. 전역 할당자는 `GlobalAlloc` API를 사용하여 전체 러스트 프로그램에 대해 재정의할 수 있으며, 개별 데이터 구조는 `Allocator` API를 통해 맞춤 할당자를 사용하여 재정의할 수 있다.

NOTE `Allocator` API는 작성 시점을 기준으로 nightly 전용 기능[4]이다. `GlobalAlloc` API는 안정 채널 러스트에서 계속 사용할 수 있다.

2　http://jemalloc.net/
3　https://github.com/google/tcmalloc
4　https://github.com/rust-lang/rust/issues/32838

자신만의 할당자가 전혀 필요 없더라도(대부분의 사람들은 맞춤 할당자가 필요하지 않을 것이다) 러스트 메모리 관리를 더 잘 이해하려면 할당 인터페이스에 대한 감을 잡을 가치가 있다. 실제로 위에서 언급한 것과 같은 특수한 상황을 제외하고는 할당자에 대해 걱정할 필요가 거의 없다.

5.8.1 맞춤 할당자 작성하기

Vec과 함께 사용할 Allocator를 만들어보자. 할당자는 단순히 malloc(), free() 함수를 호출한다. 먼저 러스트 표준 라이브러리[5]에 정의된 Allocator 트레이트를 살펴보자. 트레이트는 다음과 같다.

예제 5.10 러스트 표준 라이브러리에서 발췌한 Allocator 트레이트 코드

```
pub unsafe trait Allocator {
    fn allocate(&self, layout: Layout)
        -> Result<NonNull<[u8]>, AllocError>;          ── 필요한 메서드
    unsafe fn deallocate(&self, ptr: NonNull<u8>, layout: Layout);

    fn allocate_zeroed(
        &self,
        layout: Layout
    ) -> Result<NonNull<[u8]>, AllocError> { ... }       ◄─┐
    unsafe fn grow(
        &self,
        ptr: NonNull<u8>,
        old_layout: Layout,
        new_layout: Layout
    ) -> Result<NonNull<[u8]>, AllocError> { ... }       ◄─┤
    unsafe fn grow_zeroed(
        &self,
        ptr: NonNull<u8>,                                    선택적 메서드로
        old_layout: Layout,                                  기본 구현 제공
        new_layout: Layout
    ) -> Result<NonNull<[u8]>, AllocError> { ... }       ◄─┤
    unsafe fn shrink(
        &self,
        ptr: NonNull<u8>,
        old_layout: Layout,
        new_layout: Layout
    ) -> Result<NonNull<[u8]>, AllocError> { ... }       ◄─┤
    fn by_ref(&self) -> &Self { ... }                    ◄─┘
}
```

---

5 https://doc.rust-lang.org/std/alloc/trait.Allocator.html

할당자를 구현하려면 `allocate()`, `deallocate()` 두 메서드만 구현하면 된다. 이들은 각각 `malloc()`, `free()`와 유사하다. 다른 메서드는 할당을 더 최적화하려는 경우에 구현한다. `allocated_zeroed()`에 대한 C와 동등한 호출은 `calloc()`이며 `shrink`와 `grow_zeroed` 함수의 경우는 `realloc()`을 사용한다.

NOTE `Allocator` 트레이트의 일부 메서드에서 `unsafe` 키워드를 볼 수 있다. 메모리 할당 및 할당 해제에는 거의 항상 안전하지 않은 작업이 포함되며, 이런 이유로 해당 메서드가 안전하지 않은 것으로 표시된다.

러스트는 `Allocator` 트레이트의 선택적 메서드에 대한 기본 구현을 제공한다. 증가 및 축소의 경우 기본 구현에서는 단순히 새 메모리를 할당하고, 모든 데이터를 복사한 다음 이전 메모리 할당을 해제한다. 0인 데이터를 할당하기 위해 기본 구현은 `allocate()`를 호출하고 모든 메모리 위치에 0을 쓴다. 전역 할당자를 통과pass through하는 할당자를 작성하는 것으로 시작하자.

예제 5.11 **통과 할당자**

```
#![feature(allocator_api)]

use std::alloc::{AllocError, Allocator, Global, Layout};
use std::ptr::NonNull;

pub struct PassThruAllocator;

unsafe impl Allocator for PassThruAllocator {
    fn allocate(&self, layout: Layout) -> Result<NonNull<[u8]>, AllocError> {
        Global.allocate(layout)
    }
    unsafe fn deallocate(&self, ptr: NonNull<u8>, layout: Layout) {
        Global.deallocate(ptr, layout)
    }
}
```

NOTE 할당자 API의 코드 샘플은 nightly 전용이며 이를 컴파일하거나 실행하려면 `cargo +nightly ...`를 사용하거나 `rustup override set nightly`로 프로젝트 디렉터리 내의 도구 체인을 재정의해야 한다.

예제 5.11에서는 최소한의 필수 코드로 기본 전역 할당자 구현을 간단히 호출하는 통과 할당자를 만든다. 할당자를 테스트하기 위해 다음과 같은 코드를 사용한다.

```
fn main() {
    let mut custom_alloc_vec: Vec<i32, _> =
        Vec::with_capacity_in(10, PassThruAllocator);  ◀──┐ 맞춤 할당자를 사용하여 용량이
                                                          │ 10인 벡터를 생성한다.
```

```rust
    for i in 0..10 {
        custom_alloc_vec.push(i as i32 + 1);
    }
    println!("custom_alloc_vec={:?}", custom_alloc_vec);
}
```

위의 코드를 실행하면 예상한 대로 다음과 같은 결과가 나온다.

```
custom_alloc_vec=[1, 2, 3, 4, 5, 6, 7, 8, 9, 10]
```

이제 C 라이브러리에서 직접 `malloc()` 및 `free()` 함수를 호출하도록 할당자를 변경해보자. `Layout` 구조체는 `size()` 메서드를 사용하여 할당할 메모리양을 결정하는 데 필요한 정보를 반환한다.

예제 5.12 **malloc()과 free()를 이용한 기본 맞춤 할당자 코드**

```rust
#![feature(allocator_api)]

use std::alloc::{AllocError, Allocator, Layout};
use std::ptr::NonNull;

use libc::{free, malloc};

pub struct BasicAllocator;

unsafe impl Allocator for BasicAllocator {
    fn allocate(
        &self,
        layout: Layout
    ) -> Result<NonNull<[u8]>, AllocError> {
        unsafe {
            let ptr = malloc(layout.size() as libc::size_t);
            let slice = std::slice::from_raw_parts_mut(
                ptr as *mut u8,
                layout.size()
                );
            Ok(NonNull::new_unchecked(slice))
        }
    }
    unsafe fn deallocate(&self, ptr: NonNull<u8>, _layout: Layout) {
        free(ptr.as_ptr() as *mut libc::c_void);
    }
}
```

Allocator 트레이트의 allocate() 메서드는 unsafe 키워드를 포함하지 않지만 안전하지 않은 호출을 한다. 따라서 이 코드 블록은 unsafe {} 블록으로 래핑한다.

C 라이브러리의 malloc()을 호출하고 있으며 할당된 메모리가 일반적인 표준 정렬을 가질 것으로 가정하여 크기를 Layout 구조체에서 얻는다.

메모리 블록은 슬라이스로 반환되므로 먼저 원시 C 포인터를 러스트 슬라이스로 변환한다.

마지막으로 바이트 슬라이스에 대한 최종 포인터를 생성하고 반환한다.

deallocate()는 본질적으로 allocate()의 반대지만 이 메서드는 이미 안전하지 않은 것으로 표시되어 있다. 포인터는 원시 러스트 표현에서 C 포인터로 변환되어야 한다.

NOTE Layout 구조체에는 이식성을 위해 처리해야 하는 `size` 및 `align` 속성이 포함되어 있다. `size` 속성은 할당할 최소 바이트 수를 지정하고 `align` 속성은 2의 거듭제곱으로 블록에 대한 최소 바이트 정렬값이다. 자세한 내용은 `Layout`에 대한 러스트 문서[6]를 참조한다.

예제 5.12에서 `unsafe` 키워드 사용을 주의 깊게 살펴보자. `deallocate()` 메서드는 함수 서명 자체의 일부로서 `unsafe`를 포함해야 하고, `allocate()`는 메서드 내에서 `unsafe`를 사용해야 한다. 두 경우 모두 원시 포인터와 메모리를 처리하기 때문에 `unsafe`를 반드시 사용해야 한다. 메서드가 잘못된 데이터(예: 잘못된 포인터 또는 잘못된 레이아웃)로 호출되면 동작이 정의되지 않아 안전하지 않은 것으로 간주되므로 `deallocate()`는 `unsafe`로 표시된다. 맞춤 할당자를 작성해야 하는 경우 예제 5.12는 할당 요구 사항에 관계없이 좋은 시작점이 되어줄 것이다.

5.8.2 보호 메모리를 위한 맞춤 할당자 만들기

어떤 상황에서 할당자 API를 활용하면 좋을지, 사용자 정의 메모리 할당자에 관한 고급 예제를 빠르게 살펴보면서 명확히 익히자. 이 예에서 할당자는 프로그램 전체가 아니라 개별 데이터 구조에 세밀하게 적용할 수 있으므로 성능 향상을 위해 정밀하게 조정할 수 있다.

이 책 전체에서 예제로 사용하는 `dryoc` 크레이트에서 보호된 메모리 기능을 구현하기 위해 `Allocator` 트레이트를 사용했다. 최신 운영체제는 안전과 보안이 중요한 시스템을 작성하는 개발자를 위해 여러 메모리 보호 기능을 제공하는데, 러스트 프로그램에서 이러한 기능을 활용하려면 자체 메모리 할당 코드를 작성해야 한다. 특히 `dryoc` 크레이트는 유닉스 계열 시스템에서는 `mprotect()`, `mlock()` 시스템 호출을 사용하고 윈도우에서는 `VirtualProtect()`, `VirtualLock()` 시스템 호출을 사용한다. 이 시스템 호출은 프로세스 내부와 외부의 코드 모두에 대해 프로세스 내 메모리의 특정 영역에 대한 액세스를 잠그고 제어하는 기능을 제공한다. 이는 비밀 키와 같은 민감한 데이터를 관리하는 코드에서 중요하다.

메모리 잠금 및 보호 기능 구현의 일부로 메모리는 플랫폼별로 메모리 페이지에 정렬되도록 특별한 플랫폼용 메모리 함수(유닉스의 `posix_memalign()`, 윈도우의 `VirtualAlloc()`)에 의해 할당되어야 한다. 또한 예제 5.13과 같이 대상 메모리 영역 전후에 2개의 추가 메모리 블록을 할당하고, 이들 메모리를 잠금으로써 특정 메모리 공격에 대한 추가적인 보호를 제공한다. 이 영역은 자동차를 예로 들면 범퍼에 해당한다고 볼 수 있다.

---

6 https://doc.rust-lang.org/stable/std/alloc/struct.Layout.html

사용자 정의 할당자를 사용하면 그림 5.2와 같이 메모리가 힙에 할당된다. 활성 영역은 할당된 총 메모리의 **부분 집합**이며 첫 페이지와 마지막 페이지를 제외한 영역은 할당자에 의해 **슬라이스**로 반환된다.

그림 5.2 앞뒤 영역이 포함된 보호 메모리 레이아웃

이 할당자의 코드 일부분을 살펴보자(전체 코드는 책의 코드와 함께 포함되어 있다). 먼저 예제 5.13을 살펴본다.

예제 5.13 **페이지 정렬 할당자에서 allocate() 코드. dryoc 크레이트에서 발췌**

```
fn allocate(&self, layout: Layout
) -> Result<ptr::NonNull<[u8]>, AllocError> {
    let pagesize = *PAGESIZE;
    let size = _page_round(layout.size(), pagesize) + 2 * pagesize;    ◄─  메모리 영역의 크기를
    #[cfg(unix)]                                                            가장 가까운 페이지
    let out = {                                                             길이로 반올림하고,
        let mut out = ptr::null_mut();                                      메모리 영역 앞뒤 2개의
        let ret = unsafe {                                                  페이지를 추가한다.
            libc::posix_memalign(&mut out, pagesize as usize, size)    ◄─
        };                                                       POSIX 기반 시스템에서 페이지
        if ret != 0 {                                             정렬된 메모리를 할당한다.
            return Err(AllocError);
```

```
        }
        out
    };
    #[cfg(windows)]
    let out = {
        use winapi::um::winnt::{MEM_COMMIT, MEM_RESERVE, PAGE_READWRITE};
        unsafe {
            winapi::um::memoryapi::VirtualAlloc(     ◀─── 윈도우 기반 시스템에서
                ptr::null_mut(),                          페이지 정렬된 메모리를 할당한다.
                size,
                MEM_COMMIT | MEM_RESERVE,
                PAGE_READWRITE,
            )
        }
    };
    let fore_protected_region = unsafe {
        std::slice::from_raw_parts_mut(out as *mut u8, pagesize)
    };
    mprotect_noaccess(fore_protected_region)     ◀─── 새 영역의 앞쪽 페이지를 액세스
        .map_err(|err| {                              불가로 표시하여 스캔을 방지한다.
            eprintln!("mprotect error = {:?}, in allocator", err)
        })
        .ok();
    let aft_protected_region_offset =
        pagesize + _page_round(layout.size(), pagesize);
    let aft_protected_region = unsafe {
        std::slice::from_raw_parts_mut(
            out.add(aft_protected_region_offset) as *mut u8,
            pagesize
        )
    };                                           새 영역의 뒤쪽 페이지를 액세스 불가로
    mprotect_noaccess(aft_protected_region)  ◀── 표시하여 스캔을 방지한다.
        .map_err(|err| eprintln!("mprotect error = {:?}, in allocator", err))
        .ok();
    let slice = unsafe {
        std::slice::from_raw_parts_mut(
            out.add(pagesize) as *mut u8,
            layout.size()
        )
    };
    mprotect_readwrite(slice)     ◀─── 새 영역의 메모리를 읽기/쓰기로 표기한다.
        .map_err(|err| {
            eprintln!("mprotect error = {:?}, in allocator", err)
        })
        .ok();                                        새 포인터를 메모리 위치와 크기로
    unsafe { Ok(ptr::NonNull::new_unchecked(slice)) }  ◀── 구성된 슬라이스로 반환한다.
}
```

이어서 예제 5.14를 통해 `deallocate()` 구현을 살펴보자.

예제 5.14 페이지 정렬된 할당자의 deallocate() 코드. dryoc에서 발췌

```
unsafe fn deallocate(&self, ptr: ptr::NonNull<u8>, layout: Layout) {
    let pagesize = *PAGESIZE;
    let ptr = ptr.as_ptr().offset(-(pagesize as isize));
    // unlock the fore protected region
    let fore_protected_region =
        std::slice::from_raw_parts_mut(ptr as *mut u8, pagesize);
    mprotect_readwrite(fore_protected_region)  ◄──── 기본 상태인 읽기/쓰기로 앞쪽 메모리 페이지를 반환한다.
        .map_err(|err| eprintln!("mprotect error = {:?}", err))
        .ok();
    // unlock the aft protected region
    let aft_protected_region_offset =
        pagesize + _page_round(layout.size(), pagesize);
    let aft_protected_region =
        std::slice::from_raw_parts_mut(
        ptr.add(aft_protected_region_offset) as *mut u8,
        pagesize
    );
    mprotect_readwrite(aft_protected_region)  ◄──── 기본 상태인 읽기/쓰기로 뒤쪽 메모리 페이지를 반환한다.
        .map_err(|err| eprintln!("mprotect error = {:?}", err))
        .ok();
    #[cfg(unix)]
    {
        libc::free(ptr as *mut libc::c_void);  ◄──── POSIX 기반 시스템에서 페이지 정렬 메모리를 해제한다.
    }
    #[cfg(windows)]
    {
        use winapi::shared::minwindef::LPVOID;
        use winapi::um::memoryapi::VirtualFree;
        use winapi::um::winnt::MEM_RELEASE;
        VirtualFree(ptr as LPVOID, 0, MEM_RELEASE);  ◄──┐ 윈도우 기반 시스템에서
    }                                                     페이지 정렬 메모리를 해제한다.
}
```

예제 5.14는 `dryoc` 크레이트의 코드를 기반으로 한다. 깃허브에서 전체 코드 목록을 찾아보자. 향후 개선이 필요할 수 있다.

cfg, cfg_attr 속성, 조건부 컴파일을 위한 cfg 매크로 사용

책 전반에 걸쳐 속성에 대해 이야기했지만, 사용자 지정 할당자 예제에서 볼 수 있듯이 지금이 `cfg`에 대해 더 깊이 논의할 수 있는 적기다.

C/C++ 같은 언어를 사용해봤다면 컴파일 시 매크로로 코드를 활성화하거나 비활성화하는 데 익숙할 것이다(예: `#ifdef FLAG { ... } #endif`). 컴파일할 때 기능을 활성화하거나 비활성화하는 것은 특히 OS별로 특화된 기능에 액세스해야 하는 컴파일 언어에서 보이는 일반적인 패턴이다(사용자 지정 할당자 예제에서와 같이). 러스트에서 이에 대응하는 기능은 C, C++에서 보았던 것과 비슷해 보이지만 다르게 동작한다.

러스트는 조건부 코드 컴파일을 세 가지 내장 도구를 사용해서 처리한다.

- 첨부된 코드를 조건부로 포함하는 `cfg` 속성(즉, 블록이든 명령문이든 다음 코드 줄에 있는 항목을 대상으로 한다)
- 기존 속성을 기반으로 새 컴파일러 속성을 설정할 수 있다는 점을 제외하면 `cfg`처럼 작동하는 `cfg_attr` 속성
- 컴파일 시 `true` 또는 `false`를 반환하는 `cfg` 매크로

사용법은 다음과 같다.

```
#[cfg(target_family = "unix")]
fn get_platform() -> String {
    "UNIX".into()
}

#[cfg(target_family = "windows")]
fn get_platform() -> String {
    "Windows".into()
}

fn main() {
    println!("This code is running on a {} family OS", get_platform());
    if cfg!(target_feature = "avx2") {
        println!("avx2 is enabled");
    } else {
        println!("avx2 is not enabled");
    }
    if cfg!(not(any(target_arch = "x86", target_arch = "x86_64"))) {
        println!("This code is running on a non-Intel CPU");
    }
}
```

위의 예에서 `cfg` 속성은 `get_platform()`의 전체 함수 블록에 적용되므로 두 번 나온다. `cfg` 매크로를 사용하여 `avx2` 대상 기능이 활성화되어 있는지 그리고 비인텔 아키텍처를 사용하고 있는지 테스트한다.

맞춤 할당자 예제에서 나왔던 구성 조건자(configuration predicate)는 컴파일러에 정의된 `unix`, `windows`로 줄여 쓸 수 있다. 즉, `#[cfg(target_family = "unix")]` 대신 `#[cfg(unix)]`를 사용할 수 있다. 대상 CPU에 대한 구성 값의 전체 목록은 `rustc --print=cfg -C target-cpu=native`를 실행하면 얻을 수 있다.

조건자는 `all()`, `any()`, `not()`을 사용하여 결합할 수도 있다. `all()`, `any()`는 조건자의 목록을 허용하는 반면 `not()`은 1개의 조건자를 받는다. 예를 들어 `#[cfg(not(any(target_arch = "x86", target_arch = "x86_64")`처럼 쓸 수 있다.

컴파일 시간 구성 옵션의 전체 목록[7]을 살펴보기를 추천한다.

5.9 스마트 포인터 요약

표 5.2는 핵심 스마트 포인터와 메모리 컨테이너 타입을 요약해 나타낸 것이다. 러스트에 대해 더 많이 배워나가고 더 고급 메모리 관리를 시험하는 것을 시작할 때 참조할 수 있다.

표 5.2 러스트 스마트 포인터와 컨테이너의 요약

타입	종류	설명	언제 사용하는가	단일 혹은 다중 스레드용인가
`Box`	포인터	힙에 할당된 스마트 포인터	단일 객체를 힙에 저장해야 할 때(그리고 `Vec` 같은 컨테이너에는 넣지 않을 때)	단일 스레드
`Cow`	포인터	쓰기 시 복제하는 스마트 포인터로 소유된 데이터나 대여된 데이터에 쓰인다.	쓰기 시 복제 기능을 가진 힙 할당 데이터가 필요할 때	단일 스레드
`Rc`	포인터	참조 카운트되는 힙 할당 스마트 포인터로 소유권 공유가 가능	힙 할당된 데이터에 대한 소유권 공유가 필요할 때	단일 스레드
`Arc`	포인터	원자적 참조 카운트되는 힙 할당 스마트 포인터로 소유권 공유가 가능	스레드를 넘나드는 소유권이 공유된 힙 할당 데이터가 필요할 때	다중 스레드
`Cell`	컨테이너	이동을 이용한 내부 가변성이 가능한 메모리 컨테이너	이동을 이용하는 스마트 포인터에서 데이터의 내부 가변성이 필요할 때	단일 스레드
`RefCell`	컨테이너	참조를 이용한 내부 가변성이 가능한 메모리 컨테이너	참조를 통한 내부 가변성이 필요할 때	단일 스레드
`Mutex`	컨테이너	배타적 프리미티브로 참조를 통한 내부 가변성이 가능	스레드 간 동기적 데이터 공유가 필요할 때	다중 스레드
`RwLock`	컨테이너	배타적 프리미티브로 읽는 쪽과 쓰는 쪽의 구분을 해주며, 참조를 통한 내부 가변성이 가능	스레드 간 읽는 쪽과 쓰는 쪽의 잠금이 필요한 경우	다중 스레드

---

7 https://doc.rust-lang.org/reference/conditional-compilation.html

5.10 요약

- `Box`와 `Vec`은 힙에 메모리를 할당한다. 항목의 목록이 필요할 때는 `Vec`을 우선적으로 고른다. 단일 항목에 대해서는 `Box`를 사용한다.
- `Clone` 트레이트는 `Rc`에서 데이터 구조의 깊은 복사를 할 때 사용할 수 있으며, `Arc`는 소유권을 공유하기 위한 참조 카운트 스마트 포인터를 제공한다.
- `Cell`, `RefCell`은 불변 구조 내에서 데이터를 변경해야 할 때 내부 변경 문제에 대한 탈출구를 제공하지만 단일 스레드 응용 프로그램에만 사용할 수 있다.
- `Mutex`, `RwLock`은 내부 가변성을 활성화하기 위해 `Arc`와 함께 사용할 수 있는 동기화 프리미티브(가장 기본적인 단위)를 제공한다.
- `Allocator`, `GlobalAlloc` API로 메모리 할당 동작을 별도로 구현할 수 있다.

좋은 소프트웨어를 만드는 일은 여러모로 어려운 일이다. 단순성의 중요성에 대해 자주 듣지만 단순성의 형제라고 할 수 있는 정확성에 대해서는 그렇지 않은 경향이 있다. 간결한 코드를 작성하는 것은 훌륭한 목표이지만 정확성이 없으면 세상에서 가장 아름답고 간단한 코드라도 여전히 틀릴 수 있다. 복잡성을 추상화 뒤로 숨기고는 하지만, 복잡성은 숨겨져 있을 때에도 항상 어디에나 있으므로 정확성을 유지해야 한다.

정확성은 질적이며 양적이다. 코드가 올바른지 여부는 API의 사양이 얼마나 잘 지정되었는지, API 정의와 구현이 일치하는지 여부에 따라 달라진다. 예를 들어 2개의 매개변수를 받아들이고 그 합을 반환하는 덧셈 함수를 작성할 수 있지만, 오버플로, 부호의 여부, 잘못된 입력 등과 같은 극단적인 경우도 올바르게 처리해야 한다. 덧셈 프로그램에서 이러한 경우를 올바르게 처리하려면 이에 대한 사양을 명세화해야 한다. 사양이 정해지지 않은 동작은 정확성의 적이다.

6장에서는 코드의 정확성을 보장하기 위한 테스트 전략에 대해 논의한다. 코드에 대한 테스트를 작성하면 구현의 정확성을 확인하는 것 외에도 모호성을 찾아 사양의 약점을 밝힐 수도 있다.

PART III
Correctness

CHAPTER

6

단위 테스트

. . . .

이 장의 주요 내용

■ 러스트의 단위 테스트가 타 언어의 것과 어떻게 다른지 이해하기

■ 러스트에서 단위 테스트를 할 때 해야 할 일과 하지 말아야 할 일

■ 병렬 코드를 사용한 단위 테스트

■ 리팩터링을 염두에 두고 단위 테스트 작성하기

■ 리팩터링에 도움이 되는 도구 알아보기

■ 테스트가 적용되는 코드의 범위를 측정하기

■ 급변하는 러스트 생태계에 대처하기 위한 테스트 전략

단위 테스트unit test는 회귀를 포착[1]하여 코드 출시 전에 요구 사항을 충족하는지 확인하는 작업을 통해 코드 품질을 개선하는 한 가지 방법이다. 러스트는 단위 테스트 프레임워크를 제공하므로 이 작업을 쉽게 할 수 있다. 이 장에서 러스트가 제공하는 기능 중 일부를 살펴보고 러스트의 단위 테스트 프레임워크의 일부 단점과 이를 극복하는 방법에 대해 알아본다.

---

1 [옮긴이] 개발자가 새로운 코드를 추가할 때 기존 코드를 손상시키지 않았는지를 검증하는 것을 가리킨다.

6.1 러스트에서의 테스트는 어떤 차이가 있는가?

러스트의 단위 테스트 기능에 대해 자세히 알아보기 전에 러스트와 다른 언어의 차이점과 이것이 단위 테스트와 어떤 관련이 있는지 먼저 이야기해야 한다. 하스켈이나 스칼라와 같은 언어를 사용해본 사람들은 테스트와 관련하여 러스트가 비슷한 면을 가지고 있다는 걸 알 것이다. 그러나 대부분의 언어와 비교하면 일반적으로 볼 수 있는 단위 테스트가 러스트에서는 필요하지 않다는 점에서 크게 다르다.

자세히 설명하자면 많은 경우 러스트에서 코드가 컴파일된다면 코드는 반드시 정확한 상태인 경우가 많다. 달리 말하자면 러스트 컴파일러를 항상 코드에 적용되는 자동 테스트 스위트로 생각할 수 있다는 뜻이다. 이는 특정한 테스트 사례에만 해당되며 이를 깨뜨리는 다양한 방법도 존재한다.

러스트의 안전 보장 중 일부를 피해 가는 가장 일반적인 두 가지 방법은 다음과 같다.

- `unsafe` 키워드 사용
- 컴파일 타임 오류를 런타임 오류로 변환

후자, 즉 컴파일 타임 오류를 런타임 오류로 변환하는 것은 다양한 방법으로 만들어낼 수 있지만, 가장 일반적인 것은 `Option`이나 `Result`를 사용하면서도 두 가지 결과를 적절하게 처리하지 않는 것을 들 수 있다. 특히 실패 사례의 처리 없이 이러한 타입에 `unwrap()`을 호출할 때 그렇다. 어떤 경우에는 바람직할 수 있지만, 단순히 오류를 처리하는 데 시간을 보내고 싶지 않아 종종 저지르는 실수이기도 하다. 이러한 문제를 피하기 위한 간단한 해결책은 모든 경우를 처리하고 런타임에 패닉 상태가 되는 함수(예: `unwrap()`)를 호출하지 않는 것이다. 러스트는 코드에 패닉이 발생할 상황이 없는지 확인하는 방법을 제공하지 않는다.

러스트 표준 라이브러리의 경우에 일반적으로 실패 시 패닉에 빠지는 함수와 메서드를 문서에 명시했다. 모든 종류의 프로그래밍에 대한 일반적인 규칙으로, I/O나 비결정적 작업을 수행하는 함수는 언제든지 실패(또는 패닉)할 수 있으며, 이러한 실패 사례는 적절하게 처리되어야 한다(적절히 처리되지 않은 실패는 패닉으로 처리된다).

> **NOTE** 러스트에서 패닉(panic)이라는 용어는 오류를 발생시키고 프로그램을 중단하는 것을 의미한다. 패닉을 강제로 발생시키려면 `panic!()` 매크로를 사용한다. 또 `compile_error!()` 매크로를 사용하여 컴파일 오류를 유발할 수 있다.

보통 러스트 컴파일러는 코드가 출시되기 전에 단위 테스트의 도움 없이 오류를 포착할 수 있다. 그러나 러스트 컴파일러는 논리 오류는 잡아내지 못한다. 예를 들어 러스트 컴파일러는 0으로 나누기 오류 같은 특정 사례를 감지할 수는 있지만, 실수로 곱셈 대신 나누기를 사용한 경우를 알려줄 수는 없다.

일반적으로 테스트하기는 쉽고 잘못되기는 어렵게 소프트웨어를 작성하는 가장 좋은 방법은 코드를 다음을 만족하는 작은 계산 단위(함수)로 나누는 것이다.

1. 함수는 가능한 경우 무상태stateless이어야 한다.

2. 상태를 유지해stateful야 하는 경우 함수는 멱등적idempotent(동일한 연산을 여러 번 적용하더라도 결과가 변하지 않는 성질)이어야 한다.

3. 함수는 가능할 때마다 결정적deterministic이어야 한다. 즉, 함수의 결과는 주어진 입력의 집합에 대해 항상 동일한 결과를 내야 한다

4. 실패할 수 있는 함수는 `Result`를 반환해야 한다.

5. 값을 반환하지 않는(즉, null) 함수는 `Option`을 반환해야 한다.

4와 5를 따르면 러스트의 `?` 연산자(?는 결과가 `Ok`가 아닌 경우 '오류 결과와 함께 일찍 반환'의 줄임말)로 많은 코드를 줄일 수 있다. 4장에서 `Result`를 `From` 트레이트와 함께 사용하여 코드에서 오류 처리를 크게 단순화하는 방법에 대해 알아보았다. `Result`를 반환하는 함수를 작성하는 경우 함수 내에서 발생할 수 있는 모든 오류에 대해 필요한 `From` 트레이트 구현만 작성하면 `?` 연산자로 이들 오류를 적절히 다룰 수 있다. 이것은 일반적인 상황에서만의 이야기이며, 오류 처리가 해당 함수에만 한정된 경우에는 적절하지 않을 수 있다.

> **TIP** 예상치 못한 결과에 패닉하려면 expect() 함수를 사용한다. expect()는 프로그램이 패닉에 빠진 이유를 설명하는 메시지를 인수로 취한다. expect()는 unwrap()보다 안전하며, assert()와 유사하게 동작한다고 생각할 수 있다.

규칙에 따라 러스트 단위 테스트는 테스트 중인 코드와 동일한 소스 파일에 저장된다. 즉, 주어진 구조체, 함수, 메서드에 대해 해당 단위 테스트는 일반적으로 동일한 소스 파일 내에 있다. 테스트는 일반적으로 파일의 맨 아래에 있다. 코드를 상대적으로 작게 유지하고 관심사를 분리하는 데 도움이 된다. 한 파일에 너무 많은 논리를 욱여넣으면 특히 복잡한 테스트가 있는 경우 파일이 상당히 커질 수 있다. 파일 코드가 1000줄이 넘어간다면 리팩터링을 고려해봐야 한다.

마지막으로 이 조언의 대부분은 반드시 러스트에만 한정되는 것은 아니며 모든 프로그래밍 언어에 적용할 수 있다. 특히 러스트의 경우 코드는 항상 반환값을 처리하고 필요한 경우를 제외하고는 `unwrap()` 사용을 피해야 한다.

6.2 내장 테스트 기능 살펴보기

러스트는 많은 기본 테스트 기능을 제공하지만(표 6.1), 더 성숙한 테스트 프레임워크에 비하면 내장 기능만으로는 부족하다. 러스트와 다른 언어 사이의 한 가지 큰 차이점은 핵심 러스트 도구와 언어에는 추가 라이브러리나 프레임워크를 사용하지 않으면서도 테스트 기능이 포함되어 있다는 점이다. 많은 언어에서 테스트는 기본 기능 이외의 것이며, 코드를 제대로 테스트하려면 다양한 추가 도구와 라이브러리가 필요하다.

러스트가 제공하지 않는 기능은 일반적으로 크레이트에서 찾을 수 있지만, 러스트가 제공하는 엄격한 보장과 안정성 덕에 훨씬 더 쉽게 테스트할 수 있다.

표 6.1 러스트 테스트 기능 요약

기능	설명
단위 테스트	러스트와 카고는 추가 라이브러리 없이도 소스 파일의 `tests` 모듈을 사용하여 직접 단위 테스트를 할 수 있다. `tests` 모듈은 `#[cfg(test)]`로 표시되어야 하고 함수 테스트는 `#[test]` 속성으로 표시되어야 한다.
통합 테스트	러스트와 카고는 공개 인터페이스를 통해 라이브러리와 애플리케이션을 테스트할 수 있는 통합 테스트를 제공한다. 테스트는 일반적으로 기본 소스 코드와 별개인 자체 개별 애플리케이션으로 구성된다.
문서 테스트	`rustdoc`을 사용하는 소스 코드 문서 내 코드 샘플은 단위 테스트로 취급되어 문서의 전반적인 품질과 테스트를 동시에 개선한다.
카고 통합	단위, 통합, 문서 테스트는 자동으로 카고와 함께 동작하여, 테스트 자체를 정의하는 것 외에는 추가 작업이 필요하지 않다. `cargo test` 명령은 필터링을 처리하고 어서션(assertion/표명, 가정 설명문이라고도 함) 오류를 표시하며 테스트를 병렬화한다.
어서션 매크로	러스트는 `assert!()`, `assert_eq!()`와 같은 어서션 매크로를 제공하지만 테스트에만 국한되지는 않는다(일반적인 러스트 매크로이기 때문에 어디에서나 사용할 수 있다). 그러나 카고는 단위 테스트를 실행할 때 어서션 실패를 적절하게 처리하고 유용한 출력 메시지를 제공한다.

테스트 기능을 알아보기 위해 단위 테스트를 이용하는 간단한 라이브러리 구조를 살펴보도록 하겠다. 보통의 덧셈 함수(가산기)에 대한 예제 6.1을 살펴보자.

예제 6.1 러스트에서 기본 단위 테스트에 대한 코드

```
pub fn add<T: std::ops::Add<Output = T>>(a: T, b: T) -> T {   │ 동일한 타입의 매개변수 2개를 받아 동일한
    a + b                                                       │ 타입의 결과를 반환하는 덧셈 함수다. 타입
}                                                               │ T에는 출력 타입에 정의된 대로 std::ops::Add
                                                                │ 트레이트가 구현되어 있어야 한다.

#[cfg(test)]   │ tests 모듈에는 테스트가 포함되어 있으며, #[cfg(test)] 속성은
mod tests {    │ 이것이 단위 테스트 모듈임을 컴파일러에 알려준다.
    use super::*;   ◀──── 편의를 위해 모듈 외부 범위에 있는 모든 것을 가져온다. 테스트에서 종종 볼 수 있다.


    #[test]          ◀──── #[test] 속성은 컴파일러에게 이 함수가 단위 테스트임을 알려준다.
    fn test_add() {
        assert_eq!(add(2, 2), 4);
    }
}
```

예제 6.1은 정상적으로 작동한다. `cargo test`를 실행하면 예제 6.2와 같이 출력된다.

예제 6.2 테스트 성공

```
$ cargo test
   Compiling unit-tests v0.0.1 (/private/tmp/unit-tests)
    Finished test [unoptimized + debuginfo] target(s) in 0.89s
     Running unittests src/lib.rs (target/debug/deps/unit_tests-584caaf454743caf)

running 1 test
test tests::test_add ... ok

test result: ok. 1 passed; 0 failed; 0 ignored; 0 measured; 0 filtered out; finished in 0.00s

   Doc-tests unit-tests

running 0 tests

test result: ok. 0 passed; 0 failed; 0 ignored; 0 measured; 0 filtered out; finished in 0.00s
```

6.3 테스트 프레임워크

러스트의 단위 테스트에는 다른 단위 테스트 프레임워크에서 찾을 수 있는 도우미helper(소프트웨어 테스트를 지원해주는 작은 도구나 함수), 픽스처fixture(소프트웨어 테스트를 수행하기 위해 사전에 정의된 상태나 환경), 하네스harness(소프트웨어 테스트를 수행하기 위해 필요한 인프라를 구성하는 도구나 프레임워크), 매개변수화된 테스트 기능 등은 포함되어 있지 않다. 이런 것이 필요하다면 직접 코딩하거

나 일부 라이브러리를 사용해야 한다.

기본 매개변수화 테스트의 경우라면 parameterized[2] 크레이트가 테스트 생성에 관련한 훌륭한 인터페이스를 제공한다. test-case[3] 크레이트는 간단하고 간결하며 사용하기 쉬운 매개변수화된 테스트의 또 다른 구현이다. 픽스처의 경우 rstest[4] 크레이트를 사용해볼 수 있다. assert2[5] 크레이트는 인기 있는 C++ Catch2 라이브러리에서 영감을 받은 어서션을 제공한다.

자세히 언급할 가치가 있는 라이브러리 중 하나는 QuickCheck[6]의 러스트 구현인 proptest[7] 크레이트다. QuickCheck는 1999년에 처음 출시된 하스켈 라이브러리로 이전에 접해본 이들도 있을 것이다. proptest는 QuickCheck를 러스트로 일대일로 이식한 것은 아니지만, 그에 준하는 기능을 제공하며, 러스트 관련하여 어느 정도 변경을 하였다. 차이점은 관련 문서[8]에서 찾아볼 수 있다.

속성 테스트는 무작위 테스트 데이터를 생성하고, 결과를 확인하고, 오류를 생성하는 데 필요한 최소한의 테스트 사례를 알려줌으로써 많은 시간을 절약해준다. 이는 잘 알려진 값(예: 사양 준수를 확인하는 경우)에 대한 테스트를 꼭 대체하지는 않지만, 시간을 크게 절약해준다.

[NOTE] 속성 테스트를 하는 데에는 그만한 대가가 따른다. 수동으로 설정한 값이나 잘 알려진 값과 달리 임의의 값을 테스트하는 데에는 CPU를 더 많이 사용한다. 테스트할 임의값의 수를 조정할 수 있지만 가능한 값의 경우가 큰 데이터의 경우 모든 결과를 테스트하는 것은 실용적이지 않다.

가산기 예제로 돌아가서, 이번에는 proptest를 써서 테스트 함수에 테스트 데이터를 넣어보자.

예제 6.3 **proptest로 가산기 테스트하기**

```
pub fn add<T: std::ops::Add<Output = T>>(a: T, b: T) -> T {
    a + b
}


#[cfg(test)]
mod tests {
    use super::*;
    use proptest::prelude::*;  ◄── proptest 라이브러리를 가져오면, proptest! 매크로를 쓸 수 있다.
```

---

2   https://crates.io/crates/parameterized
3   https://crates.io/crates/test-case
4   https://crates.io/crates/rstest
5   https://crates.io/crates/assert2
6   https://github.com/nick8325/quickcheck
7   https://lib.rs/crates/proptest
8   https://altsysrq.github.io/proptest-book/proptest/vs-quickcheck.html

```
    proptest! {
        #[test]
        fn test_add(a: i64, b: i64) {        ◄── 함수 매개변수 a,b에 들어갈 값은 proptest! 매크로로 제공된다.
            assert_eq!(add(a, b), a + b);    ◄── 가산기 결과가 a + b 결과와 같은지 확인한다.
        }
    }
}
```

proptest를 이용한 테스트를 실행해보면 다음과 같다.

```
$ cargo test
   Compiling proptest v0.1.0 (/private/tmp/proptest)
    Finished test [unoptimized + debuginfo] target(s) in 1.20s
     Running unittests src/main.rs (target/debug/deps/proptest-17136ab4baa19821)

running 1 test
test tests::test_add ... FAILED

failures:

---- tests::test_add stdout ----
# ... 생략 ...
thread 'tests::test_add' panicked at 'Test failed: attempt to add with overflow;
minimal failing input: a = -17792687700003790239, b = -7444103266850985570
    successes: 4
    local rejects: 0
    global rejects: 0
', src/main.rs:10:5


failures:
    tests::test_add

test result: FAILED. 0 passed; 1 failed; 0 ignored; 0 measured; 0 filtered out;
finished in 0.00s

error: test failed, to rerun pass `--bin proptest`
```

해당 프로그램이 제대로 동작하지 않은 것 같다. 특정 상황(이 경우에서는 덧셈 연산이 유한한 길이의
두 부호 있는 정수를 더했을 때 오버플로가 일어남)에서 문제가 일어났다. 우리는 이런 종류의 실패를
예상하지 못했고 아마 a와 b에 대한 무작위 데이터를 생성하지 않았다면 포착하지 못했을 것이다.

러스트의 산술연산은, 특히 테스트할 때 처음에는 사람들을 혼란스럽게 할 수 있다. 이유는 간단하다. 러스트에서 디버그 모드(예: 테스트)로 컴파일된 코드는 기본적으로 확인된 산술연산을 한다. 동일한 코드가 릴리스(배포) 모드에서 컴파일되면 동일한 코드는 확인되지 않은 산술연산을 한다. 따라서 디버그 모드에서 실행할 때는 실패하는데, 프로덕션에서는 제대로 작동하는(즉, 오류를 생성하거나 프로그램을 충돌시키지 않는) 코드가 나올 수 있다.

러스트의 접근 방식은 코드가 컴파일되는 방식에 따라 동작이 다르기 때문에 약간 혼란스러울 수 있다. 러스트의 기조는 더 많은 버그를 잡기 위해서는 테스트 코드가 더 엄격해야 하지만, 호환성을 위해서는 코드가 대부분의 다른 프로그램이 런타임에 작동하는 방식으로 작동해야 한다는 것이다.

대부분의 언어는 C와 같은 언어의 동작을 에뮬레이트하기 때문에 개발자는 때때로 산술 오버플로를 당연하게 여긴다. 러스트는 기본 타입에 대한 여러 가지 대체 산술 함수를 제공하며, 각 타입에 대해서 표준 라이브러리에 문서화되어 있다. 예를 들어 i32에는 checked_add(), unchecked_add(), carry_add(), wrapping_add(), overflowing_add(), saturating_add()가 있다.

C 동작을 에뮬레이션하려면 Wrapping 구조체[9]를 사용하거나 각 타입과 작업에 해당하는 메서드를 사용하면 된다. 이 동작은 RFC 560에 정리되어 있으며 관련 사이트[10]에서 볼 수 있다.

예제 6.3을 수정하는 방법 중 가장 쉬운 것은 오버플로를 명시적으로 래핑하는 것이다(즉, 정수 오버플로의 C 동작을 따른다). 다음과 같이 코드를 수정한다.

```
extern crate num_traits;  ◀── WrappingAdd 트레이트를 제공하는 num_traits 크레이트를 필요로 한다.
use num_traits::ops::wrapping::WrappingAdd;

pub fn add<T: WrappingAdd<Output = T>>(a: T, b: T) -> T {  ◀── 트레이트 바인딩이 Add에서
    a.wrapping_add(&b)                                          WrappingAdd로 바뀌었다.
}

#[cfg(test)]
mod tests {
    use super::*;
    use proptest::prelude::*;

    proptest! {
        #[test]
        fn test_add(a: i64, b: i64) {
            assert_eq!(add(a, b), a.wrapping_add(b));  ◀── 테스트를 업데이트해야 하므로
        }                                                   wrapping_add()도 사용한다.
    }
}
```

---

9 https://doc.rust-lang.org/std/num/struct.Wrapping.html
10 https://github.com/rust-lang/rfcs/blob/master/text/0560-integer-overflow.md

위 코드의 경우 `WrappingAdd` 트레이트를 제공하는 작은 라이브러리인 `num_traits` 크레이트를 추가했다. 러스트 표준 라이브러리에는 사용 가능한 동등한 트레이트가 없으며, 트레이트 없이 이런 방식으로 일반 함수를 생성하기는 어렵다(트레이트에 대해서는 8장과 9장에서 더 자세히 살펴보겠다).

코드를 실행하면 예상대로 테스트를 통과한다.

```
$ cargo test
   Compiling num-traits v0.2.15
   Compiling proptest v1.1.0
   Compiling proptest v0.1.0 (/private/tmp/proptest)
    Finished test [unoptimized + debuginfo] target(s) in 9.11s
     Running unittests src/main.rs (target/debug/deps/proptest-980f363c9c826997)

running 1 test
test tests::test_add ... ok

test result: ok. 1 passed; 0 failed; 0 ignored; 0 measured; 0 filtered out; finished in 0.01s
```

6.4 테스트하지 말아야 할 것: 컴파일러가 당신보다 더 잘 아는 이유

러스트는 정적으로 타입이 지정된 언어로, 특히 테스트와 관련하여 몇 가지 주요한 이점이 있다. 정적 타입 언어를 동적 타입 언어에 대비해 생각할 수 있는 한 가지는 컴파일러가 소스 코드를 실행하기 전에 분석을 통해 주어진 명령문이나 코드 블록에 대하여 가능한 입력, 출력 세트를 제한하는 작업을 수행한다는 것이다. 가능한 입력 및 출력 세트는 타입 사양에 의해 제한된다. 즉, 문자열은 정수가 될 수 없으며 그 반대도 마찬가지다. 컴파일러는 타입이 예상과 일치하고 참조가 유효한지 확인한다. 런타임에 문자열과 정수가 섞이는 것은 컴파일러가 허용하지 않으므로 걱정할 필요가 없다. 이렇게 타입을 올바르게 사용하는 상황이라면 개발자가 여러 문제를 걱정할 필요가 없어진다.

동적 타입 언어에서 타입 오류는 일반적인 문제 중 하나다. 인터프리터 언어에서 유효하지 않은 구문과 타입 오류가 조합되면, 코드가 배포되기 전까지 파악하기 어려운 런타임 오류를 만들게 된다. 많은 동적 언어가 정적 분석 도구를 이용해 개조되었지만, 일반적인 오류를 포착하기에는 엄격하지도 철저하지도 않다.

테스트와 관련하여 컴파일러나 대여 검사기 테스트 점검을 할 필요가 없다. 예를 들어 정수가 정수인지 또는 문자열이 문자열인지 확인할 필요가 없다. 참조가 유효한지 또는 데이터가 서로 다른 두 스레드에 의해 변경되는지(경쟁 조건) 확인할 필요가 없다.

이는 테스트할 필요가 없다는 것이 아니고, 러스트에서 수동으로 테스트하는 것 대부분이 타입 검증이나 메모리 사용이 아니라 로직이라는 것을 의미한다는 점이다. 여전히 타입 변환 실패가 일어날 수 있지만, 이 결과를 처리하는 것은 로직에 달려 있다. 러스트의 인체 공학적 언어 디자인 덕에 부적절하게 실패할 수 있는 일은 일어나기 어렵다.

러스트에서 제대로 테스트하는 것은 타입 시스템을 효과적으로 사용하는 것에서부터 시작된다. `Option`, `unwrap()`, 안전하지 않은 코드를 과도하게 사용하면 버그를 찾기가 더 어려워질 수 있다. 특히 이러한 기능을 에지_edge_ 케이스 처리(일반적인 상황에서는 일어나지 않는 이상한 값이나 극단적인 경우)를 막는 용도로 사용한다면 더더욱 그렇다. 상태 저장 작업과 I/O 작업은 결과를 확인하고 적절하게 처리해야 한다(I/O를 수행하는 함수 또는 메서드는 `Result`를 반환하도록 하는 것이 좋은 습관이다).

6.5 병렬 테스트 특수 사례와 전역 상태 처리

카고는 단위 테스트를 실행할 때 병렬로 수행한다. 러스트는 테스트 속도를 높이기 위해 스레드를 사용하여 여러 테스트를 동시에 실행한다. 대부분의 경우 투명하게 작동하므로 걱정할 필요가 없다. 그러나 때때로 우리는 글로벌 상태 또는 테스트를 위한 픽스처를 만들어야 하며, 그렇게 하려면 공유 상태가 필요할 수 있다.

러스트에서는 이 문제를 처리하기 위한 몇 가지 기능을 제공한다. 하나는 테스트를 위한 자신만의 `main()` 함수를 만드는 것이다(러스트에 내장된 테스트 라이브러리인 `libtest`를 제대로 재정의해야 하며, 보통의 경우 해당 라이브러리를 직접 쓰는 일은 없다). 그러나 이 옵션은 득보다 실이 더 많을 수 있으므로 대신 다른 대안인 편리한 `lazy_static`[11] 크레이트를 소개한다.

TIP 테스트를 위해 자신만의 `main()`을 정말 만들고 싶다면 대상 설정에서 `harness = false`로 내장 하네스 `libtest`를 비활성화하면 된다.

---

11 https://crates.io/crates/lazy_static

이에 대한 보다 상세한 내용은 rustc[12]와 libtest[13]에서 찾아볼 수 있다.

아직 `lazy_static`을 접하지 않았다면 배움의 즐거움을 느껴볼 수 있을 것이다. `lazy_static` 크레이트를 사용하면 러스트에서 정적 변수를 훨씬 쉽게 생성할 수 있다. 러스트에서 전역 공유 상태를 생성하는 것은 때때로 런타임에 정적 구조를 초기화해야 하기 때문에 다소 까다롭다. 이를 위해 정적 참조를 만들고 처음 액세스할 때 해당 참조를 업데이트할 수 있다. 이것이 `lazy_static`이 수행하는 작업이다.

전역 상태로 인해 발생하는 문제는 예제 6.4에서 볼 수 있다.

예제 6.4 **전역 카운트가 있는 단위 테스트**

```
#[cfg(test)]
mod tests {
    static mut COUNT: i32 = 0;      ◀──── 전역 가변 계수용 변수 정의

    #[test]
    fn test_count() {
        COUNT += 1;                 ◀──── 테스트 안에서 계수 변수 증가시킴
    }
}
```

예제 6.4를 컴파일하면 다음과 같은 오류가 난다.

```
error[E0133]: use of mutable static is unsafe and requires unsafe function or block
 --> src/lib.rs:7:9
  |
7 |         COUNT += 1;
  |         ^^^^^^^^^^ use of mutable static
  |
  = note: mutable statics can be mutated by multiple threads: aliasing violations or data
races will cause undefined behavior
```

컴파일러는 여기에서 오류를 올바르게 포착한다. C로 동등한 코드를 작성했다면 문제없이 컴파일이 이루어지고 실행될 것이다(대부분 그대로 정상적으로 실행될 것이다. 문제가 생길 때까지는).

---

12 https://doc.rust-lang.org/rustc/tests/index.html

13 https://doc.rust-lang.org/test/index.html

몇 가지 방법으로 코드를 수정할 수 있다. 이 경우에는 단순한 카운트만 있으므로 원자적 정수(스레드에 안전한)를 대신 사용해볼 수 있다. 아주 쉬워 보일 것이다. 다음과 같이 시도해보자.

```
#[cfg(test)]
mod tests {
    use std::sync::atomic::{AtomicI32, Ordering};
    static mut COUNT: AtomicI32 = AtomicI32::new(0);    ◀── 러스트 표준 라이브러리에 있는
                                                             원자적 정수(atomic integer)를 사용한다.
    #[test]
    fn test_count() {
        COUNT.fetch_add(1, Ordering::SeqCst);    ◀── fetch와 add 작업을 수행하여 원자적 정수를 증가시킨다.
    }                                                 Ordering::SeqCst는 작업을 동기화하는 방법을
}                                                     컴파일러에 알려주며, 자세한 사항은 문서를 참고한다.[14]
```

업데이트된 테스트를 컴파일하려고 하면 이전과 동일한 오류가 출력된다(use of mutable static). rustc가 굉장히 엄격하다는 것을 알 수 있다. Send 트레이트를 구현하지 않는 COUNT 변수의 **소유권**에 대해 문제를 제기한다. Send도 구현하려면 Arc를 써야 한다.

러스트의 Send와 Sync 트레이트

러스트에는 여러 스레드에서 공유 상태를 처리하기 위한 두 가지 중요한 트레이트인 Send와 Sync가 있다. 이들 트레이트는 컴파일러가 러스트의 스레드 안전 보장을 제공하는 데 사용하는 것이며, 다중 스레드 러스트 코드 및 공유 상태로 작업할 때는 이를 이해해야 한다.

이러한 트레이트는 다음과 같이 정의한다.

- Send : 스레드 간에 안전하게 **이동**할 수 있는 개체를 표시
- Sync : 스레드 간에 안전하게 **공유**할 수 있는 개체를 표시

예를 들어 변수를 한 스레드에서 다른 스레드로 이동하려면 Send를 구현하는 것으로 래핑해야 한다. 스레드 간에 동일한 변수에 대한 참조를 공유하려면 Sync를 구현하는 무언가로 래핑해야 한다.

이러한 트레이트는 컴파일러에서 적절하게 자동으로 파생된다. 직접 구현할 필요 없이 Arc, Mutex, RwLock(5장에서 설명)의 조합을 사용하여 스레드 안전성을 달성할 수 있다.

코드를 다시 수정하자. 이번에는 Arc를 사용한다.

```
#[cfg(test)]
mod tests {
```

---

14 https://doc.rust-lang.org/std/sync/atomic/enum.Ordering.html

```
    use std::sync::atomic::{AtomicI32, Ordering};
    use std::sync::Arc;

    static COUNT: Arc<AtomicI32> = Arc::new(AtomicI32::new(0));

    #[test]
    fn test_count() {                              이 스레드 콘텍스트에서 참조를 얻으려면
        let count = Arc::clone(&COUNT);  ◄───────  Arc를 사용하기 전에 복제해야 한다.
        COUNT.fetch_add(1, Ordering::SeqCst);
    }
}
```

코드를 컴파일하려고 하면 실망스럽게도 새로운 오류가 나온다.

```
error[E0015]: cannot call non-const fn `Arc::<AtomicI32>::new` in statics
  --> src/lib.rs:6:36
   |
 6 |     static COUNT: Arc<AtomicI32> = Arc::new(AtomicI32::new(0));
   |                                    ^^^^^^^^^^^^^^^^^^^^^^^^^^^^
   |
   |
```

또다시 오류가 발생하니 포기하고 그만두고 싶은 마음이 불쑥 치밀 것이다. 인내심이 바닥나기 전에 바로 매우 간단한 해답을 공개한다. `lazy_static`을 사용하면 된다. 컴파일러는 상수가 아닌 전역적인 것을 생성하도록 허용하지 않으므로 런타임 시 초기화를 수행하기 위해 사용자 지정 코드를 작성하거나 `lazy_static`을 사용할 수 있다. 테스트를 한 번 더 업데이트해보자.

```
#[cfg(test)]
mod tests {
    use lazy_static::lazy_static;
    use std::sync::atomic::{AtomicI32, Ordering};
    use std::sync::Arc;
    lazy_static! {  ◄─── lazy_static! 매크로는 정적 변수 선언을 감싸기 위한 것이다.
        static ref COUNT: Arc<AtomicI32> = Arc::new(AtomicI32::new(0));  ◄──┐
    }                                        lazy_static!으로 초기화할 때 초기화된
                                             개체를 반환하는 코드 블록을 제공해야 한다.
    #[test]                                  이 경우 모두 한 줄에 들어가므로 중괄호({ ... })는 생략한다.
    fn test_count() {
        let count = Arc::clone(&COUNT);
        count.fetch_add(1, Ordering::SeqCst);
    }
}
```

짜잔! 이제 코드가 안전하게 컴파일되고 실행된다. `lazy_static!` 매크로는 런타임에 데이터를 초기화하는 세부 사항을 처리한다. 변수에 처음 액세스하면 변수가 자동으로 초기화되어 전역적으로 사용할 수 있다. `lazy_static`이 무엇을 하는지 이해하기 위해 `cargo expand`(3장에서 소개)를 사용하여 매크로가 생성한 코드를 살펴보겠다.[15]

```
#[allow(missing_copy_implementations)]
#[allow(non_camel_case_types)]
#[allow(dead_code)]
struct COUNT {
    __private_field: (),
}
#[doc(hidden)]
static COUNT: COUNT = COUNT { __private_field: () };
impl ::lazy_static::__Deref for COUNT {      ◄── lazy_static은 Deref 트레이트를 구현한다(코드 내에서
    type Target = Arc<AtomicI32>;                 __Deref는 코어 라이브러리 Deref에 대한 별칭).
    fn deref(&self) -> &Arc<AtomicI32> {
        #[inline(always)]
        fn __static_ref_initialize() -> Arc<AtomicI32> {
            Arc::new(AtomicI32::new(0))      ◄── 이 블록은 우리가 제공한 초기화 코드(이 경우 한 줄)로 대체된다.
        }
        #[inline(always)]
        fn __stability() -> &'static Arc<AtomicI32> {
            static LAZY: ::lazy_static::lazy::Lazy<Arc<AtomicI32>> =
                ::lazy_static::lazy::Lazy::INIT;
            LAZY.get(__static_ref_initialize)   │ lazy_static은 러스트 코어 라이브러리의 std::sync::Once
        }                                        │ 프리미티브를 내부적으로 사용하며, 이 지점에서 초기화된다.
        __stability()
    }
}
impl ::lazy_static::LazyStatic for COUNT {
    fn initialize(lazy: &Self) {
        let _ = &**lazy;
    }
}
```

`lazy_static`의 소스 코드를 살펴보면 `std::sync::Once` 프리미티브(표준 라이브러리에서 제공)를 기반으로 한다는 것을 알 수 있다. `lazy_static`이 `Send`를 제공하기 때문에 이전 단계에서 추가한 불필요한 `Arc`를 삭제할 수 있다. `lazy_static`을 사용한 최종 버전은 다음과 같다.

---

15 (옮긴이) `cargo expand --lib --tests`라고 실행한다.

```
#[cfg(test)]
mod tests {
    use lazy_static::lazy_static;
    use std::sync::atomic::{AtomicI32, Ordering};
    lazy_static! {
        static ref COUNT: AtomicI32 = AtomicI32::new(0);
    }

    #[test]
    fn test_count() {
        COUNT.fetch_add(1, Ordering::SeqCst);
    }
}
```

lazy_static은 전역 상태 공유 문제를 해결하는 데는 유용하지만, 테스트 자체를 동기화하는 데는 별 도움이 되지 않는다. 예를 들어 테스트가 한 번에 하나씩 실행되도록 하려면 자체 main()을 구현하여 테스트를 실행하거나 libtest에 1개의 스레드로만 테스트를 실행하도록 지시하거나 뮤텍스mutex를 사용해서 테스트를 동기화해야 한다.

```
#[cfg(test)]
mod tests {
    use lazy_static::lazy_static;
    use std::sync::Mutex;
    lazy_static! {
        static ref MUTEX: Mutex<i32> = Mutex::new(0);
    }

    #[test]
    fn first_test() {
        let _guard = MUTEX.lock().expect("잠금을 얻지 못함");
        println!("첫 번째 테스트 진행 중");
    }

    #[test]
    fn second_test() {
        let _guard = MUTEX.lock.expect("잠금을 얻지 못함");
        println!("두 번째 테스트 진행 중")
    }
}
```

cargo test -- --nocapture(바이너리가 아닌 라이브러리를 테스트하는 경우 cargo test --lib ---nocapture)로 위의 코드를 반복적으로 실행하면 출력이 항상 같은 순서로 인쇄되지 않는 것을 볼 수 있다. 실행 순서를 보장할 수 없기 때문이다(`libtest`는 여전히 이러한 테스트를 병렬로 실행하려고 한다). 특정 순서로 테스트를 실행해야 하는 경우 장벽 또는 조건 변수를 사용하거나 자체 `main()` 함수를 구현하여 테스트를 실행해야 한다.

마지막으로 단위 테스트에는 동기화나 공유 상태가 필요하지 않아야 한다. 이 작업을 수행해야 한다면 설계 자체를 리팩토링해야 할지 고려해보아야 한다.

6.6 리팩터링에 대한 고려

단위 테스트가 주는 가치 중 하나는 소프트웨어 출시 전에 회귀(기존 기능이나 동작을 중단시키는 코드 변경)를 포착하는 것이다. 실제로 단위 테스트가 소프트웨어 사양 전체를 다루는 경우 사양을 준수하지 않는 소프트웨어 변경 사항은 테스트 실패로 이어진다.

코드 리팩터링(여기에서는 소프트웨어의 공개 인터페이스의 동작에 영향을 주지 않는 코드 변경으로 정의) 은 일반적인 관행이며 이점과 위험을 수반한다. 리팩터링의 주요 위험은 회귀 테스트를 통과 못 할 수도 있다는 점이다. 리팩터링을 하게 되면 코드 품질이 향상되고, 컴파일이 빨라지며, 성능이 더 나아질 수 있다.

소프트웨어의 품질을 향상시키기 위해 테스트를 작성할 때 다양한 전략을 사용할 수 있다. 한 가지 전략은 개인 또는 내부 인터페이스 외에 공용 인터페이스를 테스트하는 것이다. 이는 거의 100% 커버리지를 달성할 수 있는 경우 특히 잘 작동한다(코드 커버리지는 이 장의 뒷부분에서 논의 한다).

실제 소프트웨어 개발에서 단위 테스트는 자주 중단되며 자칫 디버깅, 수정, 유지 관리에 많은 개발 시간을 소비할 수 있다. 따라서 테스트해야 할 항목만 테스트하면 (직관에는 어긋나겠지만) 시간을 절약하고 동등하거나 더 나은 수준의 소프트웨어 품질을 제공할 수 있다. 테스트해야 할 사항을 파악하는 것은 테스트 커버리지를 분석하고, 사양에서 요구하는 사항을 결정하고, 딱히 필요 없는 항목을 제거함으로써 달성할 수 있다(단, 주요한 변경 사항이 아닌 경우).

잘 만든 테스트가 있다면 확신을 가지고 무자비하게 리팩터링할 수 있다. 테스트가 너무 많으면 소프트웨어가 경직되고 테스트를 관리하느라 쳇바퀴 돌듯 일해야 한다. 속성 기반 테스트 (proptest), 퍼즈 테스트(다음 장에서 설명), 코드 커버리지 분석과 같은 자동화된 테스트 도구를 결합하면 강력한 기능 없이도 상당한 품질과 유연성을 얻을 수 있다.

6.7 ▸ 리팩터링 도구

이제 몇 가지 멋진 테스트와 깔끔한 API가 있으니, 코드를 정리해서 소프트웨어 내부를 개선해보자. 일부 리팩터링 방식은 다른 방식보다 어렵지만, 이를 좀 더 용이하게 해주는 도구가 있다. 사용할 도구를 논의하기 전에 리팩터링 프로세스를 리팩터링 유형으로 세분화해야 한다. 일반적인 리팩터링 작업의 예는 다음과 같다.

- **재형식화**reformatting: 가독성을 위해 공백 조정 및 기호 재정렬
- **이름 바꾸기**renaming: 변수, 기호, 상수의 이름 변경
- **재배치**relocating: 코드를 소스 트리 내의 한 위치에서 다른 위치로, 가능하면 다른 크레이트로 이동
- **다시 쓰기**rewriting: 코드 또는 알고리즘 섹션을 완전히 다시 작성하는 프로세스

6.7.1 ▸ 재형식화

코드 서식 지정을 위해 선호하는 도구는 rustfmt이다(3장에서 소개). 러스트 코드를 수동으로 다시 형식을 맞출 필요는 거의 없다. rustfmt는 선호에 맞게 구성할 수 있다. 설정을 원하는 대로 조정하는 방법에 대한 자세한 내용은 3장의 rustfmt 절을 참고한다. rustfmt를 사용하려면 간단히 cargo fmt를 실행하면 된다. 또는 rust-analyzer를 사용하여 편집기 또는 IDE에 직접 통합할 수도 있다.

6.7.2 ▸ 이름 바꾸기

이름 바꾸기에 대해 알아보자. 이름 바꾸기는 복잡한 상황에서는 종종 까다로울 수 있다. 대부분의 코드 편집기에는 코드를 일괄로 바꾸는 일종의 찾기/바꾸기 도구가 포함되어 있지만(또는 sed 또는 기타 명령을 사용하여 명령줄에서 이 작업을 수행할 수 있음) 대규모 리팩터링을 수행하는 데 그것이 항상 최선의 방법은 아니다. 정규식은 매우 강력하지만 좀 더 맥락적인 이해를 필요로 하는 때도 있다.

rust-analyzer 도구(3장에서 처음 소개됨)는 기호의 이름을 지능적으로 바꿀 수 있으며 **구조적 검색 및 교체 도구**도 제공한다.[16] IDE나 코드 편집기에서 직접 이 두 가지를 모두 사용할 수 있다.

---

16 https://rust-analyzer.github.io/manual.html#structural-search-and-replace

VS Code에서 커서로 기호를 선택하고 F2를 누르거나 상황에 맞는 메뉴를 사용하여 'Rename Symbol'을 선택해서 기호 이름을 바꾼다.

rust-analyzer의 구조 검색 및 교체 기능은 명령 팔레트를 통하거나 대체 문자열이 포함된 주석을 추가하여 수행할 수 있다. 교체는 기본적으로 전체 작업 공간에 적용되므로 리팩터링이 간단해진다. rust-analyzer는 구문 트리를 구문 분석하여 일치 항목을 찾고 구문 오류가 발생하지 않는 방식으로 표현식, 타입, 경로, 항목에 대한 교체를 수행한다. 대체는 해당 결과가 유효한 경우에만 적용된다.

예를 들어 이 장 앞부분의 `Mutex` 가드 예제를 사용하여 그림 6.1과 같이 `$m.lock() => Mutex:: lock(&$m)` 패턴 대체를 사용할 수 있다.

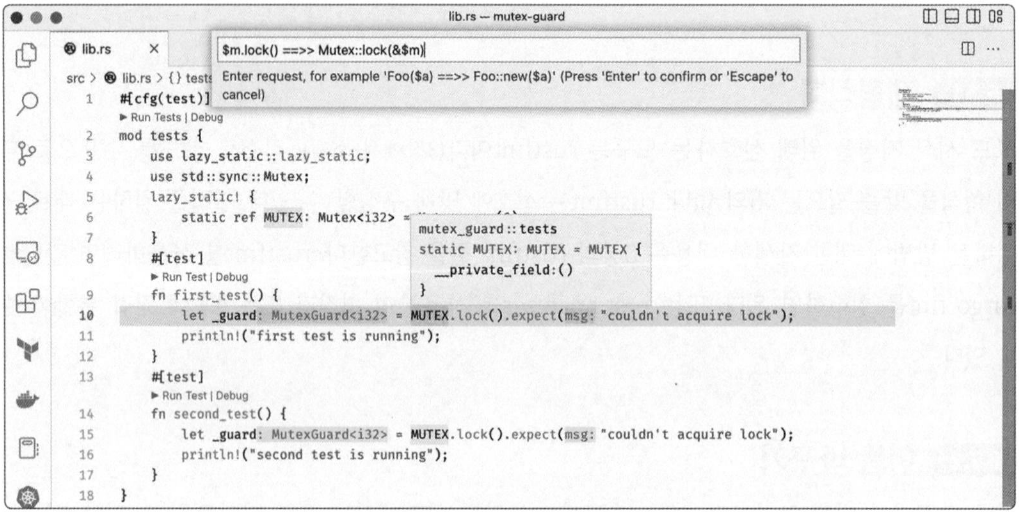

```rust
#[cfg(test)]
▶ Run Tests | Debug
mod tests {
    use lazy_static::lazy_static;
    use std::sync::Mutex;
    lazy_static! {
        static ref MUTEX: Mutex<i32> = (...)
    }
    #[test]
    ▶ Run Test | Debug
    fn first_test() {
        let _guard: MutexGuard<i32> = MUTEX.lock().expect(msg: "couldn't acquire lock");
        println!("first test is running");
    }
    #[test]
    ▶ Run Test | Debug
    fn second_test() {
        let _guard: MutexGuard<i32> = MUTEX.lock().expect(msg: "couldn't acquire lock");
        println!("second test is running");
    }
}
```

그림 6.1 rust-analyzer로 구조적 대체 실행 전

적용 후의 결과는 그림 6.2와 같다. 위의 예에서 `MUTEX.lock()`과 `Mutex::lock(&MUTEX)` 호출은 동일하지만 일부는 후자의 형식을 선호할 수 있다. 구조적 검색 및 바꾸기는 알아서 맥락을 따진다. `std::sync::Mutex::lock()` 대신 `Mutex::lock()`만 지정했지만, rust-analyzer는 4행에 `use std::sync::Mutex`를 통해서 원하는 것이 `std::sync::Mutex::lock`임을 파악한다.

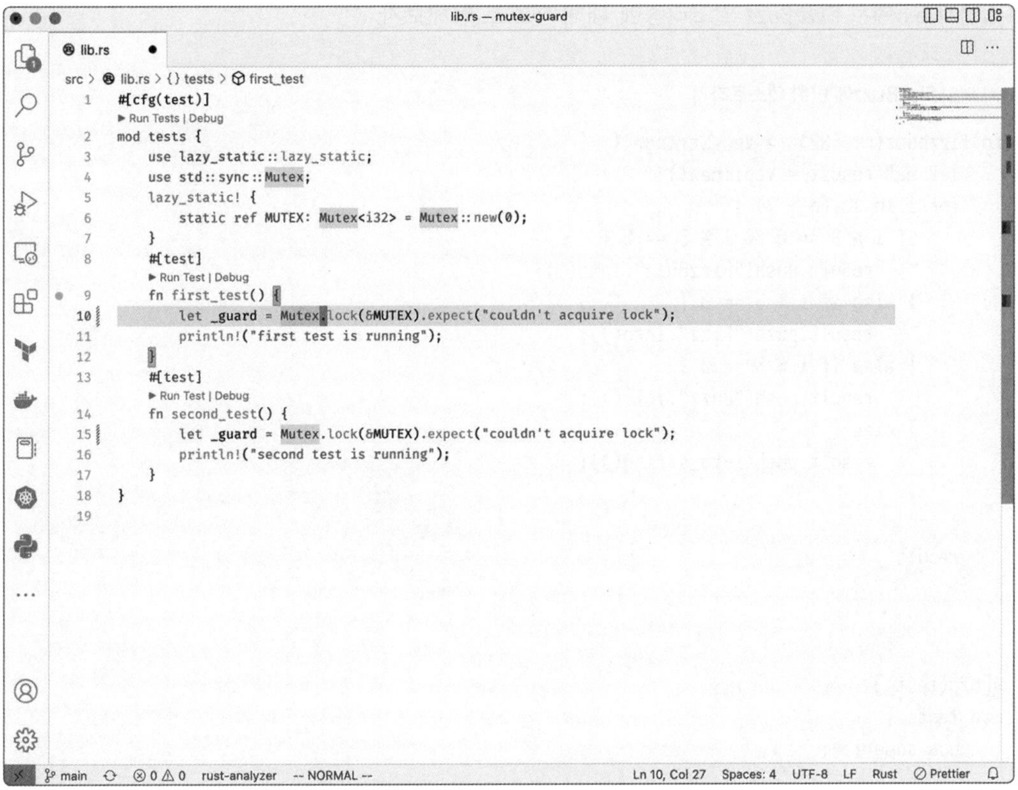

그림 6.2 **rust-analyzer로 구조적 대체 실행 후**

6.7.3 재배치

이 책을 쓰는 시점에 아직 rust-analyzer에는 코드를 재배치하거나 이동하는 기능이 없다. 예를 들어 구조체와 해당 메서드를 다른 파일이나 모듈로 이동하려면 이를 수동으로 행해야 한다.

일반적으로 비커뮤니티 프로젝트를 권장하지는 않지만, JetBrains의 RustRover는 코드 재배치 기능을 **제공한다.**[17] 비상업적 용도로는 무료로 사용할 수 있으며, IntelliJ Enterprise 사용자라면 별도의 러스트 플러그인을 이용할 수 있지만 (필자가 아는 한) 다른 편집기와 함께 사용할 수 없다.

6.7.4 다시 쓰기

많은 양의 코드나 개별 알고리즘을 다시 작성해야 하는 경우 이전 코드와 마찬가지로 새 코드가 작동하는지 테스트하는 좋은 방법은 이 장의 앞에서 알아본 `proptest` 크레이트를 사용하는 것이

---

17 https://www.jetbrains.com/help/rust/refactoring-source-code.html#popular-refactorings

다. 예제 6.5에서 `FizzBuzz` 알고리즘에 대해 테스트를 해보자.

예제 6.5 FizzBuzz에 단위 테스트하기

```rust
fn fizzbuzz(n: i32) -> Vec<String> {
    let mut result = Vec::new();
    for i in 1..(n + 1) {
        if i % 3 == 0 && i % 5 == 0 {
            result.push("FizzBuzz".into());
        } else if i % 3 == 0 {
            result.push("Fizz".into());
        } else if i % 5 == 0 {
            result.push("Buzz".into());
        } else {
            result.push(i.to_string());
        }
    }
    result
}


#[cfg(test)]
mod tests {
    use super::*;

    #[test]
    fn test_fizzbuzz() {
        assert_eq!(fizzbuzz(3), vec!["1", "2", "Fizz"]);
        assert_eq!(fizzbuzz(5), vec!["1", "2", "Fizz", "4", "Buzz"]);
        assert_eq!(
            fizzbuzz(15),
            vec![
                "1", "2", "Fizz", "4", "Buzz", "Fizz", "7", "8", "Fizz", "Buzz", "11", "Fizz",
                "13", "14", "FizzBuzz"
            ]
        )
    }
}
```

예제 6.5의 알고리즘이 잘 작동한다고 확신하지만 다른 버전의 코드를 작성하고자 한다. 따라서 우리는 `HashMap`(동일한 단위 테스트 포함)을 사용하여 다음과 같이 새롭게 구현한다.

```rust
fn better_fizzbuzz(n: i32) -> Vec<String> {
    use std::collections::HashMap;
```

```
let mappings = HashMap::from([(3, "Fizz"), (5, "Buzz")]);
let mut result = vec![String::new(); n as usize];
let mut keys: Vec<&i32> = mappings.keys().collect();
keys.sort();

for i in 0..n {
    for key in keys.iter() {
        if (i + 1) % *key == 0 {
            result[i as usize].push_str(mappings.get(key).expect("couldn't fetch mapping"));
        }
    }

    if result[i as usize].is_empty() {
        result[i as usize] = (i + 1).to_string();
    }
}

result;
}
```

새로운 구현은 조금 더 복잡하며 모든 테스트 케이스를 통과하지만, 제대로 동작하는지는 확신할 수 없다. 여기에 `proptest`가 쓰인다. `proptest`를 사용하여 테스트 케이스를 생성하고, 원본 구현과 비교해볼 수 있다.

```
use proptest::prelude::*;

proptest! {
    #[test]
    fn test_better_fizzbuzz_proptest(n in 1i32...10000) {  ◄── 너무 오래 실행되지 않도록 이 테스트의 값
        asset_eq!(fizzbuzz(n), better_fizzbuzz(n))  ◄──         범위를 1에서 10,000으로 제한한다.
    }                                                        이전 알고리즘과 새 알고리즘의 결과를 비교하며,
}                                                            두 값이 동일할 것을 기대한다.
```

6.8 코드 커버리지

코드 커버리지code coverage 분석은 테스트와 코드의 품질과 효과를 평가하는 데 중요한 도구다. `Tarpaulin`[18]라는 크레이트를 사용하여 코드 커버리지 보고서를 자동으로 생성할 수 있다. `Tarpaulin`은 카고 명령으로 실행되며, 설치는 `cargo install cargo-tarpaulin`으로 한다.

---

18 https://crates.io/crates/cargo-tarpaulin

이전 절의 코드에 `cargo tarpaulin --out Html`을 사용하여 로컬 HTML 커버리지 보고서를 생성할 수 있으며 그 결과는 다음과 같다.

/Users/brenden/dev/code-like-a-pro-in-rust-book/c06/rewriting-fizzbuzz/src	Covered: 24 of 24 (100.00%)
Path	Coverage
📄 lib.rs	24 / 24 (100.00%)

그림 6.3 커버리지 보고서 요약

Back /Users/brenden/dev/code-like-a-pro-in-rust-book/c06/rewriting-fizzbuzz/src/lib.rs   Covered: 24 of 24 (100.00%)

```rust
fn fizzbuzz(n: i32) -> Vec<String> {
    let mut result = Vec::new();

    for i in 1..(n + 1) {
        if i % 3 == 0 && i % 5 == 0 {
            result.push("FizzBuzz".into());
        } else if i % 3 == 0 {
            result.push("Fizz".into());
        } else if i % 5 == 0 {
            result.push("Buzz".into());
        } else {
            result.push(i.to_string());
        }
    }

    result
}

fn better_fizzbuzz(n: i32) -> Vec<String> {
    use std::collections::HashMap;
    let mappings = HashMap::from([(3, "Fizz"), (5, "Buzz")]);
    let mut result = vec![String::new(); n as usize];
    let mut keys: Vec<&i32> = mappings.keys().collect();
    keys.sort();
    for i in 0..n {
        for key in keys.iter() {
            if (i + 1) % *key == 0 {
                result[i as usize].push_str(
                    mappings.get(key).expect("couldn't fetch mapping"),
                );
            }
        }
        if result[i as usize].is_empty() {
            result[i as usize] = (i + 1).to_string();
```

그림 6.4 lib.rs의 세부적인 커버리지 보고서

보고서에서는 `lib.rs`의 커버리지가 100%라고 알려주는데, 이는 코드의 모든 줄이 단위 테스트로 검사된다는 것을 의미한다.

이런 보고서는 로컬에서 확인하거나, CI/CD 시스템에 통합하여 항상 코드 커버리지를 추적할 수 있다. Codecov[19]와 Coveralls[20] 같은 서비스는 오픈 소스 프로젝트에 한해 무료로 제공된다. 예를 들어 `dryoc` 크레이트[21]는 Codecov를 사용한다. 이러한 서비스는 시간 경과에 따른 커버리지 변경 사항을 추적하고 깃허브 풀 리퀘스트와 통합되어 진행 상황을 쉽게 측정할 수 있게 한다.

코드 커버리지에 대한 마지막 참고 사항: 100% 커버리지 달성을 최종 목표로 삼아서는 안 된다. 사실 때로는 모든 코드 라인을 테스트하는 것이 거의 불가능할 수 있다. 커버리지 데이터는 시간이 지남에 따라 개선되고 있는지 또는 적어도 악화되지 않는지 확인하는 데 사용할 수 있지만, 숫자 자체는 질적 실체가 없는 임의의 측정치일 뿐이다. 볼테르Voltaire가 말했듯이 완벽함은 양호함의 적 perfect is the enemy of good이다.

6.9 변화하는 생태계에 대처하기

러스트는 언어 자체와 핵심 라이브러리는 물론 생태계에서 사용할 수 있는 모든 크레이트 측면에서 지속적으로 개선되고 업데이트되고 있다. 최첨단에 있다는 것은 대단한 일이지만, 이것은 몇 가지 도전 과제를 수반한다. 특히 이전 버전과 미래 버전의 호환성을 유지하는 것은 까다로운 일이다.

단위 테스트는 특히 계속해서 바뀌는 대상을 다룰 때 지속적인 유지 관리 면에서 중요한 역할을 한다. 단순하게 종속성 버전을 고정하고 업데이트를 피하려는 유혹을 느낄 수도 있지만, 종속성이 서로 얽힐 수 있기 때문에 장기적으로는 득보다 실이 많다. 적은 수의 테스트라도 회귀를 찾아내거나 (특히 타사 라이브러리가 업데이트되는 경우) 예상치 못했던 언어의 변경을 감지하는 데 큰 도움이 된다.

---

19 https://about.codecov.io/
20 https://coveralls.io/
21 https://app.codecov.io/gh/brndnmtthws/dryoc/

6.10 요약

- 러스트의 강력한 정적 타이핑, 엄격한 컴파일러, 대여 검사기는 단위 테스트의 부담을 줄여준다. 런타임 타입 오류는 다른 언어와는 달리 테스트할 필요가 없다.

- 기본 제공 테스트 기능은 최소한이지만 단위 테스트를 강화하고 자동화하기 위한 다양한 크레이트가 있다.

- 러스트의 `libtest`는 단위 테스트를 병렬로 실행하여 일반적인 상황에서 상당한 속도 향상을 제공하지만 타이밍에 민감하거나 동기화가 필요한 코드는 그에 따라 처리해야 한다.

- 속성 테스트(`proptest`)는 단위 테스트를 유지 관리하는 데 걸리는 시간과 노력을 크게 낮추고 더 높은 수준의 보증을 제공해준다.

- 시간 경과에 따른 코드 커버리지 측정 및 분석을 통해 단위 테스트의 효율성을 정량화할 수 있다.

- 단위 테스트는 업그레이드 후 타사 라이브러리 및 크레이트가 예상대로 작동하는지 확인하는 데 도움이 된다.

CHAPTER

7

통합 테스트

....

이 장의 주요 내용

- 단위 테스트와 통합 테스트의 차이점 이해하기
- 통합 테스트를 효과적으로 사용하기
- 러스트의 내장 통합 테스트와 외부 테스트 비교
- 통합 테스트를 위한 라이브러리와 도구 알아보기
- 퍼즈 테스트

....

6장에서 우리는 러스트에서의 단위 테스트에 대해 알아보았다. 이 장에서는 러스트에서 통합 테스트를 사용하는 방법과 단위 테스트와의 차이점에 대해 알아본다. 단위 테스트와 통합 테스트는 모두 소프트웨어 품질을 향상시키는 강력한 전략이지만, 함께 사용되면서도 서로 약간 다른 목적을 띤다.

통합 테스트는 테스트 중인 소프트웨어 유형에 따라 하네스나 테스트 사례를 만드는 데 더 많은 작업이 필요해 조금 더 어렵다. 통합 테스트보다 단위 테스트를 더 빈번하게 사용하지만, 러스트는 테스트를 작성하는 데 필요한 기본 도구를 제공하므로 상용구나 도구에 지나치게 많은 시간을 소비하지 않아도 된다. 또 별도의 추가 작업 없이도 통합 테스트를 더 빠르게 해주는 몇 가지 라이브러리를 살펴본다.

7.1 통합 테스트와 단위 테스트 비교

통합 테스트integration test는 공개 인터페이스를 토대로 개별 모듈이나 그룹을 테스트하는 것이다. 이런 면에서 소프트웨어 내에서 테스트 가능한 가장 작은 구성 요소를 테스트하고 비공개 인터페이스를 포함할 수 있는 **단위 테스트**와 대조된다. **공개 인터페이스**public interface는 공개 라이브러리 인터페이스나 명령줄 애플리케이션의 경우 CLI 명령과 같이 소프트웨어의 외부 소비자에게 노출되는 인터페이스다.

러스트에서 통합 테스트는 단위 테스트와의 접점이 거의 없다. 단위 테스트와 달리 통합 테스트는 기본 소스 트리 외부에 있다. 러스트는 통합 테스트를 별도의 크레이트로 취급하므로 공개적으로 내보낸 함수 및 구조체에만 액세스할 수 있다.

예제 7.1은 컴퓨터 사이언스 분야에서 널리 알려져 있고 많은 사람들이 선호하는 퀵소트 알고리즘quicksort algorithm[1]을 간단하게 구현한 것이다.

예제 7.1 러스트로 구현한 퀵소트

```
pub fn quicksort<T: std::cmp::PartialOrd + Clone>(slice: &mut [T]) {    ◀─── pub 키워드로 quicksort()
    if slice.len() < 2 {                                                      함수를 공개했다.
        return;
    }
    let (left, right) = partition(slice);
    quicksort(left);
    quicksort(right);
}

fn partition<T: std::cmp::PartialOrd + Clone>(
        slice: &mut [T]
) -> (&mut [T], &mut [T]) {    ◀─── 비공개 함수 partition()은 로컬 범위 외부에서는 접근하지 못한다.
    let pivot_value = slice[slice.len() - 1].clone();
    let mut pivot_index = 0;
    for i in 0..slice.len() {
        if slice[i] <= pivot_value {
            slice.swap(i, pivot_index);
            pivot_index += 1;
        }
    }
    if pivot_index < slice.len() - 1 {
        slice.swap(pivot_index, slice.len() - 1);
```

---

1 https://en.wikipedia.org/wiki/Quicksort

```
    }
    slice.split_at_mut(pivot_index - 1)
}
```

통합 테스트는 소스 트리의 최상위 레벨의 `tests` 디렉터리 안에 위치한다. 카고는 이러한 테스트를 자동으로 찾아낸다. 작은 라이브러리(`src/lib.rs`에 있음)와 단일 통합 테스트를 포함하는 디렉터리 구조는 다음과 같다.

```
$ tree
.
├── Cargo.lock
├── Cargo.toml
├── src
│   └── lib.rs        ◄──── 라이브러리의 소스 코드가 들어 있다.
└── tests             ◄──── 통합 테스트는 tests 디렉터리에 위치한다.
    └── quicksort.rs  ◄──── quicksort.rs에는 통합 테스트 코드가 들어 있다.

2 directories, 4 files
```

테스트 함수는 `#[test]` 속성으로 표시되며, 카고를 통해 자동으로 실행된다. 단위 테스트와 마찬가지로 `libtest`에서 자동으로 제공하는 `main()` 함수를 사용하거나 별도로 만들 수 있다. 카고는 이러한 통합 테스트를 별도의 크레이트로 처리한다. `tests` 디렉터리 내 별도의 디렉터리를 만들어서 각기 고유한 통합 테스트를 가지는 크레이트를 만들 수 있다.

단위 테스트와 마찬가지로 일반적으로 어서션 매크로(`assert!()`, `assert_eq!()`)를 사용하여 결과를 확인한다. 예제 7.2에서 통합 테스트를 어떻게 정의하는지 살펴보자.

예제 7.2 **퀵소트 정렬 통합 테스트 예**

```
use quicksort::quicksort;

#[test]
fn test_quicksort() {
    let mut values = vec![12, 1, 5, 0, 6, 2];
    quicksort(&mut values);
    assert_eq!(values, vec![0, 1, 2, 5, 6, 12]);

    let mut values = vec![1, 13, 5, 10, 6, 2, 0];
    quicksort(&mut values);
    assert_eq!(values, vec![0, 1, 2, 5, 6, 10, 13]);
}
```

단위 테스트와 비슷해 보인다. 위와 같은 예제와 단위 테스트와의 차이점은 거의 전적으로 의미론적인 것에 불과하다. 사실 예제 7.2에는 예제 7.3에 있는 것과 거의 동일한 단위 테스트가 포함되어 있다.

예제 7.3 퀵소트 구현 단위 테스트 예

```
#[cfg(test)]
mod tests {
    use crate::{partition, quicksort};

    #[test]
    fn test_partition() {
        let mut values = vec![0, 1, 2, 3];
        assert_eq!(
            partition(&mut values),
            (vec![0, 1, 2].as_mut_slice(), vec![3].as_mut_slice())
        );

        let mut values = vec![0, 1, 2, 4, 3];
        assert_eq!(
            partition(&mut values),
            (vec![0, 1, 2].as_mut_slice(), vec![3, 4].as_mut_slice())
        );
    }

    #[test]
    fn test_quicksort() {
        let mut values = vec![1, 5, 0, 6, 2];
        quicksort(&mut values);
        assert_eq!(values, vec![0, 1, 2, 5, 6]);

        let mut values = vec![1, 5, 10, 6, 2, 0];
        quicksort(&mut values);
        assert_eq!(values, vec![0, 1, 2, 5, 6, 10]);
    }
}
```

유일한 차이점이라면 단위 테스트에서는 비공개인 `partition()` 함수도 테스트한다는 것이다.

이런 경우라면 통합 테스트를 작성하지 않아도 될까? 그렇지 않다. 왜냐하면 공개 인터페이스를 사용하여 라이브러리를 만들고 있기 때문에 외부에서 사용할 목적으로 라이브러리를 테스트해야 하기 때문이다. 통합 테스트는 테스트 중인 라이브러리(또는 애플리케이션) 외부에 있으므로 공개(및 외부) 인터페이스만 접근할 수 있다. 그러니 라이브러리 또는 애플리케이션을 받아보는 사용자가 소프트웨어를 사용하는 것과 동일한 방식으로 테스트를 작성해야 한다. 통합 테스트는 공개 API 가 외부 사용자의 관점에서 의도한 대로 작동하는지 확인하는 데 도움이 된다.

7.2 통합 테스트 전략

테스트 주도 개발test-driven development, TDD이 대세가 된 것은 최근의 일이다. TDD는 소프트웨어를 작성하기 전에 테스트를 작성한다는 아이디어를 기반으로 한다. TDD의 이론은 테스트를 먼저 작성하는 것이 양질의 코드를 더 빨리 작성하는 데 도움이 된다는 것이다. TDD는 인기가 떨어진 것처럼 보이지만, 몇 가지 통찰을 주는 면이 있는데, 특히 통합 테스트와 관련해서 그렇다.

TDD에서 배울 수 있는 한 가지는 API 설계가 테스트 자체만큼 중요하다는 것이다. 라이브러리, 명령줄 애플리케이션, 웹, 데스크톱, 모바일 앱 어느 종류를 만들든 상관없이 소프트웨어의 인체 공학적인 면이 중요하다. 최종 **사용자 경험**user experience, UX은 통합 테스트를 작성할 때 드러난다. 이러한 테스트를 통해 소프트웨어를 사용하는 사람의 관점에서 소프트웨어가 어떻게 사용되는지 생각할 수 있다.

통합 테스트와 단위 테스트는 상호 배타적이지 않다. 서로를 보완하는 데 적절히 사용해야 한다. 통합 테스트와 단위 테스트는 서로 다른 면을 테스트하기 때문에 같은 방식으로 작성되어서는 안 된다. 통합 테스트 작성에 대해 생각할 때는 알고리즘이나 알고리즘이 구현하는 논리의 정확성 이상을 고려해야 한다.

우리는 통합 테스트를 단순히 코드가 작동하는지 확인하는 데에 그치지 않고, 소프트웨어의 UX 를 테스트하는 방법으로도 생각해야 한다. 좋은 소프트웨어 디자인과 나쁜 소프트웨어 디자인에 대한 다양한 예가 있으며, 자신의 소프트웨어에 대한 통합 테스트를 작성하는 과정에서 자신의 디자인적 취향이 정해져야 한다. 소프트웨어를 작성하다 보면 좁은 부분에 집착하다 큰 그림을 놓치기 쉽다. 통합 테스트는 정의하자면 코드의 전체론적 관점이라 할 수 있다.

개인적으로 이 좁은 시야tunnel vision로 인한 문제를 여러 번 경험했다. 예를 들어 `dryoc` 크레이트를 작성할 때 일부 선택 사항에 몰두하다 보니, 통합 테스트를 작성할 때가 되어서야 당시 인터페이스 설계를 제대로 하지 못했다는 것을 깨달았다. 그래서 결국 라이브러리를 사용하기 쉽게 만들기 위해 디자인을 크게 리팩터링해야 했다.

TDD 관점에서 이 점을 고민해보자. 라이브러리나 애플리케이션을 작성하기 전에 통합 테스트를 반드시 작성해야 할까? 필자가 이 방식을 항상 따르지는 않지만, 그렇다고 해서 나쁜 방법이라고 생각하지도 않는다. 단지 통합 테스트가 당신에게 효과적인지 알아봐야 한다. 하지만 최종 사용자와 공감하기 위해서는 통합 테스트를 작성해야 한다고 생각한다. 테스트를 작성하는 순서는 본인에게 달려 있다. 어쨌든 디자인에는 유연해야 하고 리팩터링할 때는 무자비함이 필요하다.

다작의 건축가이자 발명가의 말을 인용해보자.

> 나는 어떤 작업을 할 때 아름다움에 대해 생각하지 않지만, 작업을 마쳤을 때 설루션이 아름답
> 지 않으면 잘못된 것임을 안다.
>
> – **R. 버크민스터 풀러**Buckminster Fuller[2]

예제 7.3의 퀵소트 구현은 인터페이스를 개선할 수 있는 방법을 알 수 있는 좋은 예이며, 이는 이 라이브러리에 대한 테스트를 작성함으로써 분명해진다. 지금은 슬라이스를 입력으로 받아들이는 독립형 quicksort() 함수만 존재한다. 나쁘지는 않지만 예제 7.4에서처럼 트레이트를 생성하고 구현을 만들어냄으로써 더 러스트하게Rustaceous 만들 수 있다.

예제 7.4 **quicksort 트레이트**

```
pub trait Quicksort {          ◀── 공개 Quicksort 트레이트를 정의한다.
    fn quicksort(&mut self) {}  ◀── Vec과 슬라이스에 원래 있는 sort()와 충돌을 피하기 위해서
}                                   quicksort() 메서드를 대신 사용한다.

impl<T: std::cmp::PartialOrd + Clone> Quicksort for [T] {  ◀── 트레이트에 제네릭 구현을 정의한다.
    fn quicksort(&mut self) {                                   이렇게 하면 PartialOrd와
        quicksort(self);  ◀── 이전에 구현한 퀵소트 구현을               Clone 트레이트를 구현하는 모든
    }                         그대로 사용한다.                        슬라이스 타입에 사용할 수 있다.
}
```

이제 예제 7.5와 같이 테스트를 수정한다.

예제 7.5 **quicksort 트레이트에 대한 통합 테스트**

```
#[test]
fn test_quicksort_trait() {  ◀── Quicksort 트레이트만 가져오면 된다.
```

---

2 올긴이 20세기의 레오나르도 다빈치라 불리는 건축가, 디자이너, 철학자. 20여 개의 미국 특허와 저서, 47개의 명예 박사 학위, 수십 개의 건축 및 디자인상을 수상했다. 지오데식(측지학) 돔이라는 구조물을 고안했다. 우주선 지구호(spaceship earth), 시너지(synergy) 같은 다양한 용어를 처음 고안하기도 했다.

```
    use quicksort::Quicksort;

    let mut values = vec![12, 1, 5, 0, 6, 2];
    values.quicksort();
    assert_eq!(values, vec![0, 1, 2, 5, 6, 12]);

    let mut values = vec![1, 13, 5, 10, 6, 2, 0];
    values.quicksort();
    assert_eq!(values, vec![0, 1, 2, 5, 6, 10, 13]);
}
```

> quicksort(&mut values) 대신
> values.quicksort()로 충분하다.

예제 7.5는 실질적으로 이전과 크게 달라지지는 않았으며 대부분의 경우 약간의 신택틱 슈거를 사용하여 정리했다. `quicksort(&mut arr)` 대신 `arr.quicksort()`를 호출하는 것이 더 좋아 보이며 `&mut`을 사용하여 명시적으로 변경 가능한 대여를 지정할 필요가 없기 때문에 글자도 네 글자 줄였다.

7.3 내장 통합 테스트와 외부 통합 테스트 비교

러스트에 내장된 통합 테스트는 대부분의 사람들에게 도움이 되지만, 만병통치약은 아니다. 때로는 외부 통합 테스트 도구를 활용해야 할 때도 있다. 예를 들어 러스트로 만든 HTTP 서비스를 테스트하는 데에는 curl[3]이나 HTTPie[4]같이 간단한 (플랫폼에 상관없이 사용 가능한) 툴이 가장 잘 맞는다. 이러한 도구는 딱히 러스트와 관련이 없지만, 언어 수준이 아닌 시스템 수준에서 동작하기 때문에 좀 더 일반적인 도구다.

인터넷을 조금만 검색해보면 기존에 존재하는 다양한 소프트웨어 테스트 도구를 찾을 수 있고, 특히 HTTP 서비스에 대해서는 많은 수를 찾을 수 있다. 그러니 독자적인 테스트 프레임워크를 만들 것이 아니라면 바퀴를 재발명하는 것보다 기존 도구를 활용하는 것이 거의 항상 더 좋다.

러스트로 작성된 명령줄 애플리케이션이라고 해도 러스트로 통합 테스트를 작성하는 것이 항상 최선인 것은 아니다. 러스트는 안전과 성능을 위해 설계되었다. 테스트 도구는 일반적으로 안전하거나 빠를 필요 없이 정확하기만 하면 된다. 많은 경우 통합 테스트를 러스트보다 배시Bash, 루비, 파이썬 스크립트로 작성하는 것이 훨씬 쉽다.

---

3 https://curl.se/
4 https://github.com/httpie/

러스트로 모든 작업을 수행하는 것은 멋진 일이지만, 관련된 복잡성을 토대로 러스트로 통합 테스트를 만드는 데 필요한 시간의 가치를 따져볼 필요가 있다. 당신이 러스트 전문가라 할지라도 동적 스크립트 언어를 사용하면 일반적으로 약간의 노력으로 신속한 작업 수행이 가능하여 크게 중요하지 않은 애플리케이션의 경우에 많은 이점이 있다.

통합 테스트 용도로만 러스트를 사용하는 것은 한 가지 큰 이점이 있다. 러스트 툴체인만 가지고도 외부 도구 필요 없이 러스트가 지원하는 모든 플랫폼에서 테스트를 실행할 수 있다는 것이다. 이것은 특히 제한된 환경에서 몇 가지 이점을 가진다. 또한 러스트가 가장 생산적인 언어라면 러스트를 사용하지 않을 이유가 없다.

7.4 통합 테스트 라이브러리와 도구

단위 테스트에 사용되는 대부분의 도구와 라이브러리는 통합 테스트에도 적용된다. 그러나 통합 테스트를 훨씬 쉽게 만들어주는 몇 가지 크레이트가 있는데 이 절에서 살펴보자.

7.4.1 assert_cmd를 사용하여 CLI 애플리케이션 테스트하기

명령줄 애플리케이션을 테스트하기 위해 명령을 쉽게 실행하고 결과를 확인할 수 있는 `assert_cmd`[5] 크레이트를 살펴보겠다. 예제 7.6은 명령줄 매개변수에서 정수를 퀵소트로 정렬하는 명령줄 인터페이스다.

예제 7.6 **퀵소트를 이용한 명령줄 애플리케이션**

```
use std::env;

fn main() {
    use quicksort::Quicksort;

    let mut values: Vec<i64> = env::args()
        .skip(1)  ◀── 항상 프로그램 이름이 첫 번째 인수이므로 이를 제외한 명령줄 매개변수를 읽는다.
        .map(|s| s.parse::<i64>().expect(&format!("{s}: bad input: ")))  ◀── 각 값(문자열)을
        .collect();  ◀── 값을 Vec으로 묶는다.                                    i64로 파싱한다.

    values.quicksort();

    println!("{values:?}");
}
```

---

5 https://crates.io/crates/assert_cmd

`cargo run 5 4 3 2 1`로 실행해보면 [1, 2, 3, 4, 5]가 출력된다.

이제 `assert_cmd`를 사용하는 테스트를 예제 7.7처럼 만들어보자.

예제 7.7 **assert_cmd를 이용한 통합 테스트**

```
use assert_cmd::Command;

#[test]
fn test_no_args() -> Result<(), Box<dyn std::error::Error>> {
    let mut cmd = Command::cargo_bin("quicksort-cli")?;
    cmd.assert().success().stdout("[]\n");

    Ok(())
}

#[test]
fn test_cli_well_known() -> Result<(), Box<dyn std::error::Error>> {
    let mut cmd = Command::cargo_bin("quicksort-cli")?;
    cmd.args(&["14", "52", "1", "-195", "1582"])
        .assert()
        .success()
        .stdout("[-195, 1, 14, 52, 1582]\n");

    Ok(())
}
```

테스트 말미에는 Ok(())를 반환한다. ()는 특별한
유닛 타입으로, 값이 없는 경우의 자리 표시 역할을 한다.
가지고 있는 요소가 없는 튜플과 동일하다고 생각할 수 있다.

테스트 함수는 Result를
반환하므로 ? 연산자를
사용한다.

테스트 말미에는 Ok(())를 반환한다. ()는 특별한
유닛 타입으로, 값이 없는 경우의 자리 표시 역할을 한다.
가지고 있는 요소가 없는 튜플과 동일하다고 생각할 수 있다.

예제 7.7의 테스트는 썩 괜찮지만 잘 알려진 값에 대한 테스트(`test_cli_well_known`)의 경우 조금 더 좋은 방식이 있다. 소스 코드에 하드 코딩하는 대신 간단한 파일 기반 픽스처를 만들어서, 프로그래밍 방식으로 잘 알려진 값에 대해 테스트할 수 있다.

먼저 테스트 픽스처를 저장할 간단한 디렉터리 구조를 만든다. 번호가 매겨진 폴더로 내용은 인수(`args`) 및 예상 결과(`expected`)에 대한 파일을 넣는다.

```
$ tree tests/fixtures
tests/fixtures
├── 1
│   ├── args
│   └── expected
├── 2
│   ├── args
│   └── expected
└── 3
```

```
        ├── args
        └── expected

3 directories, 6 files
```

다음으로 예제 7.8과 같이 트리 내의 각 디렉터리를 순회하면서 인수와 예상 결과를 읽은 다음 테스트를 실행하고 결과를 확인하는 테스트를 만든다.

예제 7.8 **파일 기반 픽스처를 이용한 퀵소트 명령줄 애플리케이션의 통합 테스트**

```
#[test]
fn test_cli_fixtures() -> Result<(), Box<dyn std::error::Error>> {
    use assert_cmd::Command;
    use std::fs;

    let paths = fs::read_dir("tests/fixtures")?; ◀──── 크레이트 내의 tests/fixtures 내에서
                                                        디렉터리의 내용을 가져온다.

    for fixture in paths { ◀──── 디렉터리 내 전체 리스트에 대해 다음을 반복한다.
        let mut path = fixture?.path();
        path.push("args"); ◀──── args를 경로 버퍼에 푸시한다.
        let args: Vec<String> = fs::read_to_string(&path)?    args 파일의 내용을 문자열로 읽고 문자열을
            .trim()                                           Vec으로 파싱한다. trim() 메서드는 args 파일에서
            .split(' ')                                       후행 줄 바꿈을 제거하고, split(' ')은 내용을
            .map(str::to_owned)                               공백으로 분할하고, map(str::to_owned)는
            .collect();                                       &str을 소유된 문자열로 변환하고, 마지막으로
        path.pop(); ◀──── 경로 버퍼에서 args를 뺀다.            collect()는 결과를 Vec으로 모아 반환한다.
        path.push("expected"); ◀──── expected를 경로 버퍼에 푸시한다.
        let expected = fs::read_to_string(&path)?; ◀──── 예상값을 파일에서 읽어 문자열로 저장한다.

        let mut cmd = Command::cargo_bin("quicksort")?;    마지막으로 quicksort 명령줄 프로그램을
        cmd.args(args).assert().success().stdout(expected); 실행하고, 매개변수를 전달한 후에
    }                                                       예상된 결과와 비교한다.

    Ok(())
}
```

7.4.2 통합 테스트에 proptest 사용하기

테스트를 좀 더 견고하게 만들기 위해 proptest 크레이트(이전 장에서 소개)를 퀵소트 구현체에 추가해서 예제 7.9에서처럼 통합 테스트에 적용한다.

```
use proptest::prelude::*;

proptest! {
    #[test]
    fn test_quicksort_proptest(
        vec in prop::collection::vec(prop::num::i64::ANY, 0..1000)  ◄
    ) {
        use quicksort_proptest::Quicksort;

        let mut vec_sorted = vec.clone();
        vec_sorted.sort();  ◄

        let mut vec_quicksorted = vec.clone();
        vec_quicksorted.quicksort();  ◄

        assert_eq!(vec_quicksorted, vec_sorted);
    }
}
```

> prop::collection::vec은 임의의 정수로 이루어진
> Vec을 생성하며, 여기에서는 길이를 1000으로 설정했다.

> 생성된 vec을 복제한 후 내장된 sort 메서드로 정렬하여 대조군으로 삼는다.

> 값을 복제한 후 quicksort 구현체로 정렬한다.

테스트 데이터를 자동으로 생성하는 도구(예: proptest)를 사용한 테스트는 테스트에 네트워크 요청 또는 외부 데이터베이스에 쓰는 것 같은 외부의 부작용이 있으면 의도하지 않은 결과를 초래할수도 있다. 각 테스트 전후에 전체 환경을 설정 및 해제하거나 테스트 실행 전후에 알려진 양호한상태로 돌아가는 다른 메서드를 제공하여 이를 관리하도록 테스트를 설계해야 한다. 임의의 데이터를 사용하면 놀라울 정도로 이상한 에지 케이스를 발견할 수 있다.

NOTE proptest 크레이트는 통합 테스트 시 다음과 같은 경고를 출력한다. proptest: FileFailurePersistence ::SourceParallel set, but failed to find lib.rs or main.rs. 이 경고는 무시해도 된다. 더 자세한 정보는 깃허브 이슈[6]를 참고한다.

7.4.3 다른 통합 테스트 도구

통합 테스트를 강화해줄 수 있는 유용한 크레이트는 다음과 같다.

* rexpect:[7] 상호 대화형 명령줄 애플리케이션에 대한 자동화된 테스트 지원
* assert_fs:[8] 파일을 사용하거나 생성하는 애플리케이션을 위한 파일 시스템 픽스처

---

6 https://github.com/AltSysrq/proptest/issues/233
7 https://crates.io/crates/rexpect
8 https://crates.io/crates/assert_fs

7.5 퍼즈 테스트

퍼즈fuzz 테스트(비정상적인 데이터를 애플리케이션에 전달하여 에러를 유도하는 테스트)는 이 장에서 이미 논의한 속성 테스트(proptest)와 유사하다. 그러나 퍼즈 테스트와 속성 테스트의 차이점은 퍼즈 테스트를 사용하면 **꼭 유효하지만은 않은** 임의로 생성된 데이터로 코드를 테스트한다는 것이다. 속성 테스트를 수행할 때에는 보통 입력 집합을 유효한 것으로 간주되는 값으로 제한한다. 가능한 모든 입력을 테스트하는 것은 속성 테스트에서는 종종 이치에 맞지 않으며, 모든 입력 조합을 테스트할 시간이 없기 때문이다.

반면 퍼즈 테스트는 유효한 것과 유효하지 않은 것의 구분을 없애고 어떤 일이 일어나는지 볼 수 있도록 임의의 바이트를 코드에 입력한다. 퍼즈 테스트는 코드가 오용될 때 어떤 일이 발생하는지 이해해야 하는 보안에 민감한 상황에서 특히 인기 있다.

이에 대한 일반적인 예는 웹 양식같이 외부에서 들어오는 데이터들이다. 웹 양식은 어떤 경로에서든 데이터가 들어올 수 있으므로 파싱, 유효성 검사, 가공이 필요하다. 이러한 양식은 완전한 무법지대에 있어서 누군가 웹 양식을 임의의 데이터로 채우는 것을 막을 수는 없다. 예를 들어 사용자이름과 암호가 있는 로그인 양식을 생각해보자. 누군가(또는 무언가)가 올바른 암호를 추측하여 시스템에 액세스하기 위해 사용자 이름과 암호의 모든 조합 또는 가장 일반적인 조합 목록을 시도할수 있다. 조합하거나 내부 코드 오류를 일으키고 인증 시스템을 우회하는 '매직' 바이트 세트를 주입하기도 한다. 이러한 유형의 취약점은 놀라울 정도로 흔하며, 퍼즈 테스트는 이를 완화하기 위한 한 가지 전략이다.

퍼즈 테스트의 주요 문제점은 가능한 모든 입력 세트를 테스트하는 데 실행할 수 없을 정도로 시간이 걸린다는 점인데, 실제로 퍼즈 테스트를 통해 버그를 찾기 위해서는 모든 입력 비트 조합을 테스트할 필요는 없다. 실제로 당신이 문제없을 거라고 생각했던 코드에서 퍼즈 테스트로 버그를 얼마나 빨리 찾을 수 있는지 알면 매우 놀랄 것이다.

퍼즈 테스트를 하기 위해 LLVM 프로젝트의 일부인 `libFuzzer`[9]라는 라이브러리를 사용할 것이다. FFI를 통해 `libFuzzer`를 직접 사용할 수도 있지만(4장에서 FFI를 살펴보았다) `libFuzzer`용 러스트 API를 제공하고 상용구를 생성해주는 `cargo-fuzz`라는 크레이트를 사용할 것이다.

---

9   https://llvm.org/docs/LibFuzzer.html

예제 코드를 살펴보기 전에 `libFuzzer`가 작동하는 방식에 대해 높은 수준에서 이야기해보겠다. 라이브러리는 함수 인수가 포함된 임의의 데이터로 구조체(사용자가 제공한)를 채우고 코드의 함수를 반복적으로 호출한다. 데이터가 오류를 유발하면 라이브러리에서 이를 감지하고 버그를 유발하기 위한 테스트 케이스가 구성된다.

`cargo install cargo-fuzz`로 `cargo-fuzz` 크레이트를 설치하고 나면 테스트를 작성할 수 있다. 예제 7.10에서는 정상적으로 작동하는 것처럼 보이는 비교적 간단한 함수를 구성했지만, 실제로는 특정 조건에서 발생하는 미묘한 버그가 포함되어 있다.

예제 7.10 **버그가 있는 정수 파싱 함수**

```
pub fn parse_integer(s: &str) -> Option<i32> {    ◄─── 문자열에 오직 정수 숫자만 들어 있는지
    use regex::Regex;                                    정규 표현식을 통해 검사한다.
    let re = Regex::new(r"^-?\d{1,10}$").expect("Parsing regex failed");  ◄──
    if re.is_match(s) {
        Some(s.parse().expect("Parsing failed"))         1-10까지의 숫자와 선택적
    } else {                                             '-'이 앞에 올 수 있다.
        None
    }
}
```

예제 7.10의 함수는 문자열을 입력으로 받아서, 길이가 1-10자리이고 접두사 `-`(빼기) 기호가 있거나 없는 경우 문자열을 `i32` 정수로 파싱한다. 입력이 패턴과 일치하지 않으면 `None`을 반환한다. 이 함수는 유효하지 않은 입력으로 인해 프로그램이 중단되지 않도록 해야 한다. 충분히 문제없어 보이지만 중대한 버그가 있다.

이러한 종류의 버그는 놀라울 정도로 흔하며, 어느 시점에서든 한 번쯤은 경험해보았을 것이다. 그리고 이와 같은 에지 케이스 버그는 정의되지 않은 동작으로 이어져 보안적인 면에서 나쁜 일이 발생할 수 있다.

`cargo-fuzz`를 사용하여 작은 퍼즈 테스트를 만들어보자. 먼저 `cargo fuzz init`를 실행하여 상용구 코드를 초기화해야 한다. 이렇게 하면 프로젝트 내에 다음과 같은 구조가 생성된다.

```
$ tree .
.
├── Cargo.lock
├── Cargo.toml
├── fuzz
```

```
│   ├── Cargo.lock
│   ├── Cargo.toml
│   └── fuzz_targets
│       └── fuzz_target_1.rs
└── src
    └── lib.rs

3 directories, 6 files
```

여기에서 cargo-fuzz가 `fuzz` 하위 디렉터리에 새 프로젝트를 생성하고 `fuzz_target_1`이라는 테스트가 생성되었음을 알 수 있다. `cargo fuzz list`를 실행하면 퍼즈 대상(또는 테스트)을 나열해주며, 여기에서는 `fuzz_target_1`이라고 출력된다.

다음으로 퍼즈 테스트를 작성한다. 함수를 테스트하기 위해 `fuzzing` 라이브러리에서 제공하는 임의의 문자열로 함수를 호출할 것이다. 우리는 필요한 형식의 데이터를 얻기 위해 `Arbitrary`[10] 크레이트를 사용할 것이다. 퍼즈 테스트는 예제 7.11에 나와 있다.

예제 7.11 퍼즈 테스트(fuzz/fuzz_targets/fuzz_target_1.rs)

```
#![no_main]
use arbitrary::Arbitrary;
use libfuzzer_sys::fuzz_target;

#[derive(Arbitrary, Debug)]    ◀── derive를 사용해서 Arbitrary와 Debug 트레이트를 자동으로 생성한다.
struct Input {
    s: String,    ◀── Input 구조체는 하나의 문자열만 포함하고 다른 것은 없다.
}                      이 구조체의 데이터는 fuzzer에 의해 임의로 채워진다.

fuzz_target!(|input: Input| {    ◀── cargo-fuzz에서 제공하는 fuzz_target! 매크로를
    use fuzz_example::parse_integer;    사용하여 퍼즈 테스트의 진입점을 정의한다.

    parse_integer(&input.s);    ◀── fuzzer에서 제공하는 임의의 문자열 데이터로 함수를 호출한다.
});
```

이제 퍼즈 테스트를 실행해서 무슨 일이 일어나는지 알아보자. 아마도 이미 버그가 있다는 것을 알고 있을 것이므로 충돌이 날 것으로 예상할 수 있다. `cargo fuzz run fuzz_target_1`으로 퍼즈 테스트를 실행하면 7.12와 같은 결과가 나온다(많은 로깅 출력을 생성하므로 일부 생략).[11]

---

10 https://crates.io/crates/arbitrary

11 [옮긴이] 퍼즈 테스트는 nightly 채널에서 제대로 동작하므로 안정 채널을 이용 중이라면 `cargo +nightly fuzz run fuzz_target_1`으로 실행한다.

```
$ cargo +nightly fuzz run fuzz_target_1
   Compiling fuzz_example v0.1.0 (/private/tmp/fuzz_example)
   Compiling fuzz_example-fuzz v0.0.0 (/private/tmp/fuzz_example/fuzz)
     Running `fuzz/target/x86_64-apple-darwin/release/fuzz_target_1 -artifact_prefix=/
private/tmp/fuzz_example/fuzz_example/fuzz/artifacts/fuzz_target_1/ /private/tmp/fuzz_
example/fuzz/corpus/fuzz_target_1`
INFO: Running with entropic power schedule (0xFF, 100).
... 생략 ...

Failing input:

        fuzz/artifacts/fuzz_target_1/crash-edfe14be09e54d098d090135e1a79db7518b34eb

Output of `std::fmt::Debug`:

        Input {
            s: "-4029125230",
        }

Reproduce with:

        cargo fuzz run fuzz_target_1 fuzz/artifacts/fuzz_target_1/crash-edfe14be09e54d098d
090135e1a79db7518b34eb

Minimize test case with:

        cargo fuzz tmin fuzz_target_1 fuzz/artifacts/fuzz_target_1/crash-edfe14be09e54d098
d090135e1a79db7518b34eb

────────────────────────────────────────────────────────────────────────────────

Error: Fuzz target exited with exit status: 77
```

NOTE 퍼즈 테스트를 실행하는 데는 빠른 컴퓨터에서도 상당한 시간이 걸릴 수 있다. 이 예제는 상당히 빠르게(대부분의 경우 60초 이내) 실행되겠지만 더 복잡한 테스트는 훨씬 더 오래 걸린다. 무제한 데이터(예: 길이 제한이 없는 문자열)의 경우 퍼즈 테스트에 무한한 시간이 걸릴 것이다.

결과 맨 밑쯤에 충돌을 일으킨 입력을 cargo-fuzz가 알려준다. 추가로 이 버그가 향후에 다시 일어나지 않도록 관련한 테스트 케이스도 만들어준다. 위의 예에서 cargo fuzz tmin fuzz_target_1 fuzz/artifacts/fuzz_target_1/crash-edfe14be09e54d098d090135e1a79db7518b34eb를 실행하면 해당 입력을 재현하는 것이 가능하므로 처음부터 퍼즈 테스트를 다시 실행하지 않고서도 이 버그를 수정했는지 검사할 수 있다. 충돌을 일으킨 테스트 케이스를 찾는 데는 긴 시간이 걸릴 수 있는데, 이 방식은 퍼즈 테스트를 실행하는 데 필요한 시간을 한정할 수 있어 유용하다.

함수가 더 이상 충돌하지 않도록 수정하는 것은 연습으로 남겨두겠다. 이 문제를 해결하는 몇 가지 다른 방법이 있다. 힌트를 주자면 `parse()` 메서드가 이미 `Result`를 반환하는 부분을 참고하면 된다. `cargo-fuzz` 사용에 대한 자세한 내용은 관련 문서[12]를 참조한다.

7.6 요약

- 통합 테스트는 단위 테스트를 보완하지만 한 가지 중요한 차이점이 있다. 통합 테스트는 공개 인터페이스에만 적용된다.
- 통합 테스트를 API 디자인을 테스트하고 최종 사용자에게 적합하고 잘 디자인되었는지 확인하는 방법으로 사용할 수 있다.
- 러스트의 내장 통합 테스트 프레임워크는 최소한의 기능을 제공하지만 대부분의 목적에 적합하다.
- 단위 테스트와 마찬가지로 러스트의 통합 테스트는 `libtest` 라이브러리를 사용한다.
- `proptest`, `assert_cmd`, `assert_fs`, `rexpect`와 같은 크레이트를 사용하여 통합 테스트를 더욱 향상시킬 수 있다.
- `cargo-fuzz` 크레이트는 퍼즈 테스트를 설정하고 실행하기 위한 `libFuzzer` 통합과 카고 명령을 제공한다.

---

12 https://rust-fuzz.github.io/book/

IV

비동기 러스트

작업을 수행하기 위해 동시성 및 병렬화 기술을 활용해야 하는 상황에 직면하지 않고서는 프로그래밍을 많이 해봤다 할 수 없다. 때로는 복잡성을 피할 수 있기 때문에 이를 피하는 것이 최선의 방법일 수도 있지만, 현대 컴퓨터는 고도로 병렬화되어 있으며 충분히 복잡한 시스템에는 어느 정도의 동시성이 필요하다.

종종 병렬성과 결합되는 비동기 프로그래밍은 동시성을 처리하는 데 널리 쓰이는 기술이다. 비동기 프로그래밍은 여러 면에서 머리를 많이 쓰지 않고도 코드를 작성할 수 있게 해주는 신택틱 슈거에 불과하다. 높은 수준의 문제에 대한 사고 능력을 자유롭게 하는 추상화 뒤에 복잡성을 숨김으로써, 결과적으로 가지고 있는 기술을 그대로 활용하게 된다.

시스템 프로그래밍 맥락에서 비동기 러스트를 효과적으로 사용하려면 추상화 아래에서 무슨 일이 일어나고 있는지 이해해야 한다. 하지만 걱정할 필요 없다. 일단 비동기 러스트에서 정립한 정의, 추상화, 전문용어를 배우면 비동기 러스트를 사용하는 것이 즐겁다는 것을 알게 될 것이다.

PART IV

Asynchronous Rust

비동기 러스트

이 장의 주요 내용

- 비동기식으로 생각하기: 비동기 프로그래밍 개요
- 러스트 비동기 런타임 살펴보기
- `Future`로 비동기 작업 결과 처리
- 동기 및 비동기 혼합
- `async`, `.await` 기능 사용하기
- 비동기로 동시성 및 병렬성 관리하기
- 비동기 옵저버 구현하기
- 비동기를 사용하지 않는 경우
- 비동기 코드 추적 및 디버깅
- 테스트할 때 비동기 처리

동시성concurrency은 컴퓨팅에서 중요한 개념이며 컴퓨터의 가장 강력한 성능 증폭기 중 하나다. 동시성을 통해 데이터, 네트워크 연결, 주변 장치에 대한 입력 및 출력을 동시성 없이 수행할 때보다 더 빠르게 처리할 수 있다. 속도뿐만 아니라 대기시간, 오버헤드, 시스템 복잡성도 중요하다. 동시 작업은 상대적으로 가벼운 경향이 있기 때문에 그림 8.1에 표시한 것처럼 수천 또는 수백만 개의 작업을 동시에 실행할 수 있다. 부담이 거의 없이 많은 동시 작업을 생성, 소멸, 관리할 수 있다.

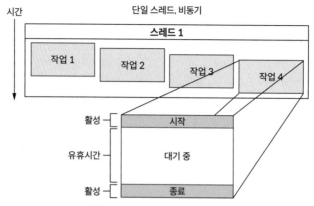

그림 8.1 **동일한 스레드에서 동시에 다수 작업을 수행하기**

비동기 프로그래밍은 동시성을 사용해서 작업 간의 유휴시간을 활용한다. I/O와 같은 일부 작업은 일반 CPU 명령보다 훨씬 느리며, 느린 작업 시작 후 해당 작업을 완료할 때까지 기다리는 동안 다른 작업을 수행하도록 따로 설정할 수 있다.

동시성을 **병렬성**parallelism과 혼동해서는 안 된다(여기서는 병렬성을 여러 작업을 동시에 실행할 수 있는 기능으로 정의하겠다). 동시성은 작업을 병렬로 실행하지 않고 동시에 실행할 수 있다는 점에서 병렬성과 다르다. 그림 8.2에서 이 개념을 설명한다.

그림 8.2 **2개의 스레드 간 동기 작업을 병렬로 수행**

이와 유사한 개념은 인간이 의식적으로 작동하는 방식을 통해 유추해볼 수 있다. 대부분의 작업을 병렬로 수행할 수는 없지만 동시에 많은 작업을 수행할 수 있다. 예를 들어 2명 이상의 사람들과 동시 대화를 시도해보자. 생각보다 훨씬 어려울 것이다. 동시에 많은 사람과 대화하는 것은 가능하지만, 그들 사이에서 문맥 전환을 해야 하고 한 사람에서 다른 사람으로 전환할 때는 잠깐 멈춰야 한다. 인간은 동시성을 합리적으로 잘 수행하지만 병렬성은 형편없다.

이 장에서 우리는 여러분의 필요에 따라 동시성과 병렬성을 모두 제공하는 러스트의 비동기 동시성 시스템에 대해 알아볼 것이다. 비동기 없이 병렬 처리를 구현(스레드 사용)하는 것은 상대적으로 쉽지만, 비동기 없이 동시성을 구현하는 것은 상당히 어렵다. 비동기는 큰 주제이므로 이 장에서는 기본 사항만 다룰 것이다. 그러나 이미 비동기 프로그래밍에 익숙하다면 러스트에서 비동기를 효과적으로 사용하는 데 필요한 모든 것을 찾을 수 있다.

8.1 런타임

러스트의 비동기는 다른 언어에서 잘 작동하는 많은 부분을 빌려온 것 외에도 고유한 기능이 있지만, 다른 언어에서 접할 수 있는 것과 유사하다. 자바스크립트, 파이썬, C++의 `std::async` 같은 비동기 개념에 익숙하다면 러스트의 비동기에 적응하는 데 문제가 없을 것이다. 그러나 러스트는 한 가지 큰 차이점이 있다. 언어 자체는 비동기 런타임 구현을 제공하거나 규정하지 않는다. 러스트는 `Future` 트레이트, `async` 키워드, `.await` 문만 제공한다. 구현 세부 사항은 대부분 서드파티 라이브러리에 일임한다. 이 책 집필 시점에서는 표 8.1에 요약한 세 가지 비동기 런타임 구현을 널리 사용한다.

표 8.1 **비동기 런타임 요약**

이름	다운로드 수※	설명
Tokio	144,128,598	기능이 완전히 갖춰진 비동기 런타임
async-std	18,874,366	러스트 표준 라이브러리로 async로 구현되어 있다.
smol	3,604,871	경량 런타임으로, Tokio와 경쟁할 목적으로 만들어졌다.

※ 개별 크레이트의 다운로드 수는 2023년 12월 26일 기준

`async-std`와 `smol`은 모두 Tokio 런타임과 호환되지만 러스트의 동일한 콘텍스트 내에서 경쟁 비동기 런타임을 섞어 쓸 수는 없다. 따라서 대부분의 경우, 가장 성숙하고 널리 쓰이는 런타임인 Tokio를 사용하는 것이 좋다. 나중에 런타임을 교환하거나 대치하는 것이 더 쉬워질 수 있지만 당분간은 이것을 고민할 가치는 없다.

비동기 기능을 제공하는 크레이트는 이론적으로 모든 런타임을 사용할 수 있지만 실제로는 일반적으로 하나의 특정 런타임에서 가장 잘 작동하므로 범용적이지 않다. 따라서 러스트 비동기 생태계에서 대부분의 크레이트가 Tokio와 함께 작동하도록 설계되어 있으며, 예외적으로 일부가 `smol`과 `async-std`에 맞춰져 있다. 표 8.1에 요약한 내용을 바탕 삼아 이 책은 기본 비동기 런타임으로 Tokio 비동기 런타임에 초점을 맞출 것이다.

8.2 비동기식으로 사고하기

비동기 프로그래밍asynchronous programming에 대해 이야기할 때 일반적으로 태스크가 완료될 때까지 대기하는 작업(종종 I/O)에 대한 제어 흐름을 처리하는 방법을 언급한다. 이에 대한 예로는 파일 시스템 또는 소켓과의 상호작용이나 해시 계산, 타이머가 완료되기를 기다리는 것과 같은 느린 작업일 수도 있다. 대부분의 사람들은 동기식 I/O를 기본으로 (자바스크립트와 같은 특정 언어를 제외하고) I/O를 처리하는 데 익숙하다. 비동기 프로그래밍(동기 프로그래밍과 반대)을 사용하는 주요 이점은 다음과 같다.

- 동시성을 지원하기 위해 스레드 간 콘텍스트 전환을 수행할 필요가 없기 때문에 I/O는 비동기식일 때 매우 빠른 경향이 있다. 종종 동기화 또는 뮤텍스 잠금과 관련된 콘텍스트 전환은 엄청난 양의 오버헤드를 생성할 수 있다.
- 경쟁 조건에 대해 크게 걱정할 필요가 없기 때문에 비동기적으로 작성된 소프트웨어는 보통 쉽게 추론할 수 있다.
- 비동기 작업은 매우 가벼워 수천 또는 수백만 개의 비동기 작업을 동시에 쉽게 처리할 수 있다.

특히 I/O 작업의 경우 작업이 완료될 때까지 기다리는 시간이 결과를 처리하는 데 걸리는 시간보다 훨씬 더 긴 경우가 많다. 이 때문에 모든 작업을 순차적으로 실행하는 대신 작업이 완료되기를 기다리는 동안 다른 작업을 수행할 수 있다. 즉, 비동기 프로그래밍을 사용하면 I/O 작업 완료를 기다리는 데 걸리는 시간으로 인해 생성된 간격 사이에 함수 호출을 효과적으로 분할하고 끼워 넣는다.

그림 8.3에서 차단 I/O 작업과 비차단 I/O 작업의 시간에 대한 차이점을 설명했다. 비동기 I/O는 비차단 방식이지만 동기 I/O는 차단 방식이다. I/O 작업의 결과를 처리하는 시간이 I/O가 완료될 때까지 기다리는 시간보다 훨씬 적다고 가정하면 비동기식 I/O가 더 빠른 경우가 많다. 또한 비동기로 다중 스레드 프로그래밍을 할 수 있지만 종종 단일 스레드를 사용하는 것이 더 빠르다.

그러나 공짜 점심은 없다. (단일 스레드 비동기로 가정할 때) I/O 작업에서 데이터를 처리하는 시간이 I/O가 완료될 때까지 기다리는 시간보다 길어지면 성능이 저하될 것이다. 따라서 비동기가 모든 사용 사례에 반드시 이상적인 것은 아니다. 좋은 소식은 Tokio에서는 사용할 작업자 스레드 수와 같은, 비동기 작업을 실행하는 방법을 선택하는 데 상당한 유연성을 제공한다는 것이다.

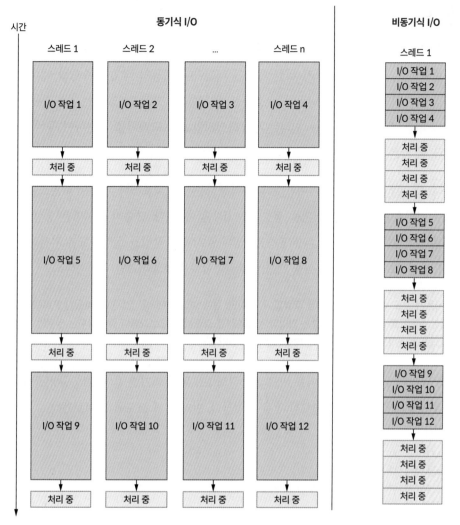

그림 8.3 **동기식과 비동기식 I/O 비교하기**

병렬 처리와 비동기를 혼합할 수도 있으므로 비동기를 동기식 프로그래밍과 직접 비교하는 것이 항상 의미 있는 것은 아니다. 비동기 코드는 여러 스레드에서 동시에 병렬 실행이 가능해 동기식 코드가 실제로 경쟁할 수 없는 성능 증가와 같은 강점을 지닌다.

비동기 프로그래밍에 대해 생각할 때 필요한 정신 모델mental model에 적응하면 동기 프로그래밍, 특히 다중 스레드 동기 프로그래밍과 비교할 때에 비해 훨씬 덜 복잡하다.

8.3 Futures: 비동기 작업 결과 처리하기

대부분의 비동기 라이브러리 및 언어는 **퓨처**future를 기반으로 하는데, 퓨처는 이름 그대로 미래에 결과를 반환하는 작업을 처리하기 위한 디자인 패턴이다. 비동기 작업을 수행할 때 해당 작업의 결과는 작업 자체의 값을 직접 반환하는 것과는 반대로(동기 프로그래밍 또는 일반 함수 호출에서 볼 수 있음) 퓨처를 반환한다. 퓨처는 편리한 추상화이지만 프로그래머를 대신하여 올바르게 처리하려면 조금 더 많은 작업이 필요하다.

퓨처를 더 잘 이해하기 위해 타이머가 어떻게 작동하는지 살펴보겠다. 타이머의 완료를 알리기 위해 퓨처를 반환하는 비동기 타이머를 생성(또는 시작)할 수 있다. 단순히 타이머를 생성하는 것만으로는 충분하지 않다. 실행자executor(비동기 런타임의 일부)에게 작업을 실행하도록 지시해야 한다. 동기식 코드라면 1초 동안 잠들고 싶을 때는 `sleep()` 함수를 호출하기만 하면 한다.

> **NOTE** 비동기 코드 내에서 `sleep()`을 호출할 수 있지만, 절대 이렇게 해서는 안 된다. 비동기 프로그래밍의 중요한 규칙은 메인 스레드를 절대 차단하지 않는 것이다. `sleep()`을 호출해도 프로그램이 중단되지는 않지만, 비동기 프로그래밍의 목적을 효과적으로 무효화하며 반패턴으로 간주해버린다.

비동기식 타이머와 동기식 타이머를 비교하기 위해 1초 동안 대기한 후 'Hello, world!'를 출력하는 작은 프로그램을 작성하는 데 필요한 것을 살펴본다. 먼저 동기 코드를 살펴보겠다.

```
fn main() {
    use std::{thread, time};
    let duration = time::Duration::from_secs(1);
    thread::sleep(duration);
    println!("Hello, world!");
}
```

동기식은 코드가 깔끔하고 미려하다. 그럼 비동기 버전을 살펴보자.

```
fn main() {
    use std::time;

    let duration = time::Duration::from_secs(1);

    tokio::runtime::Builder::new_current_thread()
        .enable_time()    ◄─── 런타임은 시간이나 I/O를 지원하며, 개별적으로 활성화하거나
        .build()               enable_all()로 전체를 활성화할 수 있다.
        .unwrap()
```

```
    .block_on(async {    ◀── tokio::time::sleep()을 반환하고 'Hello, world!'를 출력하는 비동기 블록을 만든다.
        tokio::time::sleep(duration).await;
        println!("Hello, world!");
    });
}
```

이런! 훨씬 더 복잡하다. 이 모든 복잡성이 필요한 이유는 무엇일까? 요점만 말하자면 비동기 프로그래밍에는 대부분 런타임에 의해 관리되는 특별한 제어 흐름이 필요하지만, 이 외에도 다른 스타일의 프로그래밍이 필요하기 때문이다. 런타임의 스케줄러는 무엇을 언제 실행할지 결정하지만 스케줄러가 작업 간 전환할 기회를 허용하려면 먼저 스케줄러에 실행을 양보해야 한다. 런타임은 대부분의 세부 사항을 관리하지만 비동기를 효과적으로 사용하려면 여전히 이 점을 알고 있어야 한다. 스케줄러에 양보하려면 (대부분의 경우) 간단히 `.await`를 사용하기만 하면 된다. 이에 대해서는 다음 절에서 자세히 설명한다.

메인 스레드를 차단한다는 것은 무엇을 의미하는가?

이미 언급했듯이 좋은 비동기 코드를 작성하는 요령은 메인 스레드를 차단하지 않는 것이다. '메인 스레드 차단'이라는 것이 실제로 의미하는 것은 런타임이 오랜 시간 동안 작업을 전환하지 못하도록 막지 않아야 한다는 것이다. 일반적으로 I/O 작업을 완료하는 데 걸리는 시간은 프로그램 콘텍스트 및 제어 범위 너머 다양한 요인에 따라 달라지기 때문에 I/O를 차단 작업으로 간주한다. 그러나 이 외에도 해당 작업을 완료하는 데 시간이 오래 걸린다면 엄격하게 CPU 바인딩된 작업인 차단 작업으로 간주해버릴 수도 있다.

양보 지점(yield point)을 도입하여 메인 스레드가 너무 오랫동안 차단되는 것을 방지할 수 있다. 양보 지점은 제어권을 다시 스케줄러로 전달하는 모든 코드다. 퓨처에 참여하거나 대기하면 체인을 통해 런타임으로 제어를 전달하여 양보 지점이 생성된다.

긴 시간이 걸리는 이유는 대체로 상황에 따라 다르므로 엄격한 지침을 제공할 수 없다. 그러나 CPU 바인딩 및 I/O 바인딩 작업이 일반적으로 얼마나 걸리는지 살펴봄으로써 빠른 작업과 느린 작업을 구성하는 것이 무엇인지 추정할 수 있다. 빠름과 느림의 차이를 측정하기 위해 일반적인 함수 호출(빠른 작업)과 간단한 I/O 작업이 걸리는 시간(느린 작업)을 비교할 수 있다.

일반적인 함수를 처리하는 데 걸리는 시간을 추정해보겠다. CPU 주파수의 역수를 취함으로써 1클록 주기의 시간을 계산할 수 있다(클록 주기당 1개의 명령어를 가정).

예를 들어 2GHz CPU의 경우 명령당 시간은 0.5ns이다. 50개의 명령이 필요한 작업(일반적인 함수 호출과 비슷함)의 경우 실행하는 데 약 25ns를 가정할 수 있다. 이에 비해 파일에서 1024바이트를 읽는 것과 같은 작은 I/O 작업은 훨씬 더 오래 걸릴 수 있다. 노트북에서 간단한 테스트를 실행하여 다음을 시연할 수 있다.

```
$ dd if=/dev/random of=testfile bs=1k count=1    ◀──  1k 랜덤 바이트를 /dev/null에서
1+0 records in                                         testfile로 쓰기
1+0 records out
1024 bytes (1.0 kB, 1.0 KiB) copied, 0.000296943 s, 3.4 MB/s
```

```
$ dd if=testfile of=/dev/null  ◄──── testfile의 내용을 읽어 /dev/null에 쓰기
2+0 records in
2+0 records out
1024 bytes (1.0 kB, 1.0 KiB) copied, 0.000261919 s, 3.9 MB/s
```

위의 테스트에서 작은 파일에서 읽는 데는 262마이크로초 정도 걸리며, 이는 50ns보다 약 5240배 더 길다. 네트워크 작업은 여러 요인에 따라 1~2배 더 느려질 수 있다.

완료하는 데 상대적으로 오랜 시간이 걸릴 수 있다고 여겨지는 비I/O 작업의 경우 `tokio::task::spawn_blocking()`을 사용하여 차단으로 처리하거나 필요에 따라 `.await`를 써서 중단하여, 스케줄러가 다른 작업을 실행할 시간을 주어야 한다. 확실하지 않은 경우 코드를 벤치마킹하여 이러한 최적화의 이점을 얻을 수 있는지 여부를 결정해야 한다.

8.3.1 #[tokio::main]으로 런타임 정의하기

Tokio는 `main()` 함수를 래핑하기 위한 매크로를 제공하므로 원하는 경우, 위의 타이머 코드를 다음과 같이 단순화할 수 있다.

```
#[tokio::main]
async fn main() {
    use std::time;

    let duration = time::Duration::from_secs(1);

    tokio::time::sleep(duration).await;
    println!("Hello, world!");
}
```

일부 신택틱 슈거 덕택에 코드는 이제 동기식 버전처럼 보인다. 우리는 `async` 키워드를 사용하여 `main()`을 비동기 함수로 전환했으며, `#[tokio::main]`은 Tokio 런타임을 시작하고 필요한 비동기 콘텍스트를 생성하는 데 필요한 상용구를 처리한다.

모든 비동기 작업의 결과는 퓨처이지만 실제로 결과가 발생하기 전에 런타임에서 해당 퓨처를 실행해야 한다. 러스트에서 이것은 일반적으로 `.await` 문으로 수행되며, 다음 절에서 논의할 것이다.

8.4 async와 .await: 언제 그리고 어디서 사용하는가

async, .await 키워드는 러스트에서 아주 새로운 것이다. 이것 없이도 퓨처를 직접 사용하는 것이 가능하지만, 가능하면 async 및 .await를 사용하는 편이 더 좋다. 기능을 희생하지 않고 많은 상용구를 처리하기 때문이다. async로 표시된 함수 또는 코드 블록은 퓨처를 반환하고 .await는 런타임에 결과를 기다리고 싶다고 알려준다. async와 .await 구문을 사용하면 동기식 코드처럼 보이는 비동기 코드를 작성할 수 있지만, 퓨처 작업에 수반되는 복잡성은 많지 않다. 함수, 클로저, 코드 블록과 함께 async를 사용할 수 있다. 비동기 블록은 .await를 사용하여 폴링될 때까지 실행되지 않는다.

내부적으로는 퓨처에서 .await를 사용하면 런타임을 사용하여 Future 트레이트의 poll() 메서드를 호출하고 퓨처의 결과를 기다린다. .await를 호출하지 않으면(또는 퓨처를 명시적으로 폴링) 퓨처는 실행되지 않는다.

.await를 사용하려면 비동기 콘텍스트 내에 있어야 한다. async로 표시된 코드 블록을 만들고 비동기 런타임에서 해당 코드를 실행하여 비동기 콘텍스트를 만들 수 있다. async와 .await를 꼭 사용할 필요는 없지만 이 방법을 사용하는 것이 훨씬 쉽고 Tokio 런타임(다른 많은 비동기 크레이트와 함께)은 이 방법을 사용하도록 설계되었다.

예를 들어 tokio::task::spawn()으로 생성되는 실행 후 망각fire-and-forget[1] 비동기 코드 블록을 포함하는 다음 코드를 살펴보자.

```
#[tokio::main]
async fn main() {
    async {
        println!("This line prints first");
    }
    .await;
    let _future = async {
        println!("This line never prints");
    };
    tokio::task::spawn(async {
        println!("This line prints sometimes, depending on how quick it runs")
    });
    println!("This line always prints, but it may or may not be last");
}
```

---

1   (옮긴이) 발사 후 망각. 자동 추적 기술을 일컫는 군사 용어다. https://ko.wikipedia.org/wiki/파이어_앤_포겟

위의 코드를 반복해서 실행하면 (혼란스럽게도) 2줄 또는 3줄이 출력된다. 첫 번째 `println!()`은 첫 번째 퓨처의 결과를 기다리는 `.await` 문 때문에 항상 다른 것보다 먼저 출력된다. 두 번째 `println!()`은 `.await`를 호출하거나 런타임에 생성하여 퓨처를 실행하지 않았기 때문에 출력되지 않는다. 세 번째 `println!()`은 Tokio 런타임에 생성되지만 완료될 때까지 기다리지 않으므로 실행이 보장되지 않으며 항상 출력되는 마지막 `println!()` 이전 또는 이후에 실행될지 알 수 없다.

세 번째 `println!()`이 일관되게 출력되지 않는 이유는 Tokio 런타임의 스케줄러가 코드를 실행할 기회를 얻기 전에 프로그램이 종료될 수 있어서다. 종료하기 전에 코드 실행을 보장하려면 `tokio::task::spawn()`이 반환한 퓨처가 완료될 때까지 기다려야(await) 한다.

`tokio::task::spawn()` 함수에는 또 다른 중요한 기능이 있다. 비동기 콘텍스트 외부에서 비동기 런타임에 대한 비동기 작업을 시작할 수 있다. 또한 다른 객체처럼 전달할 수 있는 퓨처(특히 `tokio::task::JoinHandle`)를 반환한다.

Tokio의 `JoinHandle`을 사용하면 원하는 경우 작업을 중단할 수도 있다. 예제 8.1을 살펴보자.

예제 8.1 **tokio::task::spawn()으로 작업 생성하기**

```
use tokio::task::JoinHandle;

fn not_an_async_function() -> JoinHandle<()> {   ◀── JoinHandle(Future 트레이트를 구현)을 반환하는 일반 함수
    tokio::task::spawn(async {                   ◀── println!() 작업이 런타임에서 생성된다.
        println!("Second print statement");
    })
}

#[tokio::main]
async fn main() {
    println!("First print statement");
    not_an_async_function().await.ok();   ◀── 함수에서 반환되는 퓨처에 .await를 사용하여 실행되기를 기다린다.
}
```

예제 8.1에서 우리는 `JoinHandle`(퓨처의 일종)을 반환하는 일반 함수를 만들었다. `tokio::task::spawn()`은 `JoinHandle`을 반환하여 우리가 작업에 참여할 수 있도록 한다(즉, 코드 블록의 결과를 검색한다. 이 예에서는 유닛이다).

비동기 콘텍스트 외부에서 `.await`를 사용하면 어떻게 될까? 요약하자면 불가능하다. 그러나 `tokio::runtime::Handle::block_on()` 메서드를 사용하여 결과를 기다리도록 퓨처의 결과를 차

단할 수 있다. 이렇게 하려면 런타임에 대한 핸들을 가져와 해당 런타임 핸들을 차단하려는 스레드로 이동해야 한다. 예제 8.2와 같이 핸들을 복제하고 공유하여 비동기 콘텍스트 외부에서 비동기 런타임에 대한 액세스를 제공할 수 있다.

예제 8.2 **작업 생성을 위해 Tokio 핸들 사용하기**

```rust
use tokio::runtime::Handle;

fn not_an_async_function(handle: Handle) {
    handle.block_on(async {  ◄─── 차단 비동기 작업을 사용 중인 런타임 핸들을 사용하여 런타임에 생성한다.
        println!("Second print statement");
    })
}

#[tokio::main]
async fn main() {
    println!("First print statement");

    let handle = Handle::current();  ◄─── 런타임 핸들을 현재 런타임 콘텍스트에 대하여 얻는다.
    std::thread::spawn(move || {  ◄─── 새로운 스레드를 만들고, move로 변수를 잡는다.
        not_an_async_function(handle);  ◄─── 비동기가 아닌 함수를 별도의 스레드로 호출하면서
    });                                      비동기 런타임 핸들을 넘긴다.
}
```

보기는 좋지 않지만 잘 작동한다. 이와 같은 작업을 수행하려는 몇 가지 경우를 다음 절에서 논의하겠지만 가능하면 `async` 및 `.await`를 사용해야 한다.

간단히 말해서 비동기 작업을 수행하거나 퓨처를 반환하려는 경우 코드 블록(함수 및 클로저 포함)을 `async`로 래핑하고 비동기 작업을 기다려야 할 때 `.await`를 사용한다. 비동기 블록을 생성한다고 해서 퓨처가 실행되는 것은 아니다. 런타임에서 실행(또는 `tokio::task::spawn()`으로 생성)해야 한다.

8.5 async로 하는 동시성과 병렬성

이 장의 시작 부분에서 동시성과 병렬성의 차이점에 대해 논의했다. `async`를 사용한다고 해도 동시성이나 병렬성을 공짜로 얻을 수는 없다. 우리는 여전히 이러한 기능을 활용하기 위해 코드를 구성하는 방법에 대해 생각해야 한다.

Tokio에서는 병렬 처리에 대한 명시적인 제어가 없다(항상 별도의 스레드에서 실행되는 `tokio::task::spawn_blocking()`으로 차단 작업을 시작하는 방법은 가능하다). 우리는 동시성을 명시적으로 제어할

수 있지만 개별 작업의 병렬성을 제어할 수는 없다. 이러한 세부 사항은 런타임에 맡겨지기 때문이다. Tokio는 작업자 스레드 수를 구성하도록 허용하지만, 각 작업에 사용할 스레드를 결정하는 것은 런타임이다.

코드에 동시성을 도입하는 방법은 다음 세 가지 중 하나다.

- `tokio::task::spawn()`으로 작업 생성
- `tokio::join!(…)` 또는 `futures::future::join_all()`을 사용하여 여러 퓨처에 참여하기
- `tokio::select! { … }` 매크로를 사용하여 여러 동시성 코드 분기에 대기 가능(유닉스 `select()` 시스템 호출을 모델로 함)

병렬성을 도입하려면 `tokio::task::spawn()`을 사용해야 하지만, **명시적인** 병렬성을 얻을 수는 없다. 대신 작업을 생성할 때 Tokio에게 이 작업이 모든 스레드에서 실행될 수 있다고 알려줄 수 있지만, Tokio는 여전히 사용할 스레드를 결정한다. 예를 들어 작업자 스레드가 하나만 있는 Tokio 런타임을 시작하면, `tokio::task::spawn()`을 사용했더라도 모든 작업이 하나의 스레드에서 실행된다. 이런 동작 방식을 예제 8.3과 같이 코드로 시연해볼 수 있다.

예제 8.3 **async 동시성과 병렬성 시연**

```
async fn sleep_1s_blocking(task: &str) {
    use std::{thread, time::Duration};
    println!("Entering sleep_1s_blocking({task})");
    thread::sleep(Duration::from_secs(1)); ◄── 병렬성을 보여주기 위해 의도적으로 차단하는
    println!("Returning from sleep_1s_blocking({task})");  std::thread::sleep()을 사용한다.
}

                                                        병렬 작업을 실행할 수 있는
#[tokio::main(flavor = "multi_thread", worker_threads = 2)] ◄── 2개의 작업자 스레드로 Tokio를
async fn main() {                                             명시적으로 구성한다.
    println!("Test 1: Run 2 async tasks sequentially");
    sleep_1s_blocking("Task 1").await; ◄── 동시성이나 병렬성 없이 sleep_1s() 함수를 순차적으로 두 번 호출한다.
    sleep_1s_blocking("Task 2").await;

    println!("Test 2: Run 2 async tasks concurrently (same thread)");
    tokio::join!( ◄── 동시성을 도입하는 tokio::join!()을 사용하여 sleep_1s()를 두 번 호출한다.
        sleep_1s_blocking("Task 3"),
        sleep_1s_blocking("Task 4")
    );

    println!("Test 3: Run 2 async tasks in parallel");
    tokio::join!( ◄── sleep_1s()를 생성한 다음 결과에 합류하여 병렬성을 도입한다.
```

```
        tokio::spawn(sleep_1s_blocking("Task 5")),
        tokio::spawn(sleep_1s_blocking("Task 6"))
    );
}
```

예제 8.3을 실행하면 다음과 같은 출력이 나온다.

```
Test 1: Run 2 async tasks sequentially
Entering sleep_1s_blocking(Task 1)
Returning from sleep_1s_blocking(Task 1)
Entering sleep_1s_blocking(Task 2)
Returning from sleep_1s_blocking(Task 2)
Test 2: Run 2 async tasks concurrently (same thread)
Entering sleep_1s_blocking(Task 3)
Returning from sleep_1s_blocking(Task 3)
Entering sleep_1s_blocking(Task 4)
Returning from sleep_1s_blocking(Task 4)
Test 3: Run 2 async tasks in parallel
Entering sleep_1s_blocking(Task 5) ◄──── 세 번째 실행에서, 두 함수 반환 전에
Entering sleep_1s_blocking(Task 6)        함수 실행으로 들어가게 병렬로 실행되었다.
Returning from sleep_1s_blocking(Task 5)
Returning from sleep_1s_blocking(Task 6)
```

위의 출력에서 `tokio::spawn()`(`tokio::task::spawn()`과 동일)으로 각 작업을 시작하는 세 번째 테
스트에서만 코드가 병렬로 실행된다는 것을 알 수 있다. `Returning ...` 문 앞에 `Entering ...` 문
이 모두 표시되기 때문에 병렬로 실행되고 있음을 알 수 있다. 그림 8.4는 일련의 사건을 시각적으
로 표현한 것이다.

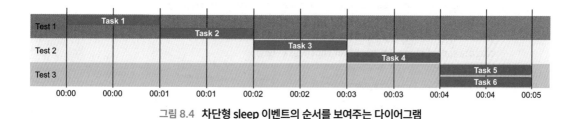

그림 8.4 차단형 sleep 이벤트의 순서를 보여주는 다이어그램

테스트 2가 실제로 동시에 실행되나 예제 8.3에서 차단 `sleep`을 사용했기 때문에 병렬로 실행되
지는 않는다. 순차적으로 작업이 이루어진다. 다음과 같이 비차단 `sleep`을 추가하도록 코드를 업
데이트해본다.

```
async fn sleep_1s_nonblocking(task: &str) {
    use tokio::time::{sleep, Duration};
    println!("Entering sleep_1s_nonblocking({task})");
    sleep(Duration::from_secs(1)).await;
    println!("Returning from sleep_1s_nonblocking({task})");
}
```

테스트 3의 sleep_1s_nonblocking을 실행하도록 main() 함수를 다음과 같이 변경한다.

```
#[tokio::main(flavor = "multi_thread", worker_threads = 2)]
async fn main() {
    println!("Test 1: Run 2 async tasks sequentially");
    sleep_1s_blocking("Task 1").await;
    sleep_1s_blocking("Task 2").await;
    println!("Test 2: Run 2 async tasks concurrently (same thread)");
    tokio::join!(sleep_1s_blocking("Task 3"), sleep_1s_blocking("Task 4"));
    println!("Test 3: Run 2 async tasks in parallel");
    tokio::join!(
        tokio::spawn(sleep_1s_blocking("Task 5")),
        tokio::spawn(sleep_1s_blocking("Task 6"))
    );
    println!("Test 4: Run 2 async tasks sequentially (non-blocking)");
    sleep_1s_nonblocking("Task 7").await;
    sleep_1s_nonblocking("Task 8").await;

    println!("Test 5: Run 2 async tasks concurrently (same thread, non-blocking)");
    tokio::join!(
        sleep_1s_nonblocking("Task 9"),
        sleep_1s_nonblocking("Task 10")
    );

    println!("Test 6: Run 2 async tasks in parallel (non-blocking)");
    tokio::join!(
        tokio::spawn(sleep_1s_nonblocking("Task 11")),
        tokio::spawn(sleep_1s_nonblocking("Task 12"))
    );
}
```

결과는 다음과 같다.

```
Test 1: Run 2 async tasks sequentially
Entering sleep_1s_blocking(Task 1)
Returning from sleep_1s_blocking(Task 1)
Entering sleep_1s_blocking(Task 2)
```

```
Returning from sleep_1s_blocking(Task 2)
Test 2: Run 2 async tasks concurrently (same thread)
Entering sleep_1s_blocking(Task 3)
Returning from sleep_1s_blocking(Task 3)
Entering sleep_1s_blocking(Task 4)
Returning from sleep_1s_blocking(Task 4)
Test 3: Run 2 async tasks in parallel
Entering sleep_1s_blocking(Task 5)
Entering sleep_1s_blocking(Task 6)
Returning from sleep_1s_blocking(Task 6)
Returning from sleep_1s_blocking(Task 5)
Test 4: Run 2 async tasks sequentially (non-blocking)
Entering sleep_1s_nonblocking(Task 7)
Returning from sleep_1s_nonblocking(Task 7)
Entering sleep_1s_nonblocking(Task 8)
Returning from sleep_1s_nonblocking(Task 8)
Test 5: Run 2 async tasks concurrently (same thread, non-blocking)
Entering sleep_1s_nonblocking(Task 9)  ◀─┐ 비차단식으로 바꾼 sleep 함수가 동시에
Entering sleep_1s_nonblocking(Task 10)   │ 시작된다는 것을 알 수 있다.
Returning from sleep_1s_nonblocking(Task 10)
Returning from sleep_1s_nonblocking(Task 9)
Test 6: Run 2 async tasks in parallel (non-blocking)
Entering sleep_1s_nonblocking(Task 11)
Entering sleep_1s_nonblocking(Task 12)
Returning from sleep_1s_nonblocking(Task 12)
Returning from sleep_1s_nonblocking(Task 11)
```

그림 8.5를 보면 테스트 5와 6은 병렬로 실행되었으나, 이 중 테스트 6만 실제로 병렬 모드로 실행되었고, 테스트 5는 동시 모드로 실행되는 것을 알 수 있다. Tokio 설정을 `worker_threads = 1`로 변경한 다음에 테스트를 다시 실행하면 차단 `sleep`에서 모든 작업이 순차적으로 실행되는 것을 볼 수 있지만, 동시 비차단 버전에서는 하나의 스레드에서도 여전히 동시에 실행된다.

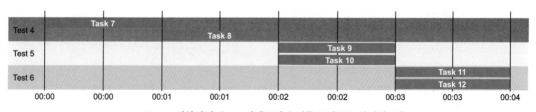

그림 8.5 비차단식 sleep 이벤트의 순서를 보여주는 다이어그램

비동기 러스트에서 동시성 및 병렬성을 이해하는 데에는 시간이 걸린다. 처음에는 좀 어렵게 느껴질 수 있는데 너무 걱정할 필요는 없다. 이러한 과정을 더 잘 이해하려면 이 예제를 직접 실행해보고 다른 매개변수로 실험하는 것이 좋다.

8.6 async 관찰자 구현하기

비동기 러스트에서의 관찰자 패턴 구현에 대해 알아보자. 이 패턴은 비동기 프로그래밍에서도 매우 유용하므로 해당 예제를 다시 살펴보겠지만 이번에는 비동기로 작동하도록 구현할 것이다.

NOTE async 트레이트는 이 책을 쓰는 시점에서는 아직 유효하지는 않지만, 향후 릴리스에 추가될 것이다.

글을 쓰는 시점에서 러스트의 비동기 지원에는 한 가지 큰 제한이 있다. 트레이트에는 비동기 메서드를 사용할 수 없다. 예를 들어 다음 코드는 유효하지 않다.

```
trait MyAsyncTrait {
    async fn do_nothing();
}
```

이로 인해 비동기로 관찰자 패턴을 구현하는 것이 다소 까다로워진다. 이 문제를 해결하는 몇 가지 방법 가운데 러스트가 async fn 신택틱 슈거를 구현하는 방법을 잘 보여주는 한 가지 방식을 살펴보기로 한다.

이 장의 앞부분에서 언급했듯이 async, .await 기능은 퓨처 작업을 위한 편리한 구문일 뿐이다. async 함수 또는 코드 블록을 선언하면 컴파일러는 해당 코드를 퓨처로 래핑한다. 따라서 우리는 여전히 트레이트가 있는 비동기 함수와 동등한 것을 만들 수 있지만, 명시적으로(신택틱 슈거 없이) 수행해야 한다.

Observer 트레이트는 다음과 같다.

```
pub trait Observer {
    type Subject;
    fn observe(&self, subject: &Self::Subject);
}
```

observe() 메서드를 비동기 함수로 변환하기 위한 첫 번째 단계는 Future를 반환하도록 만드는 것이다. 첫 번째 단계는 다음과 같다.

```
pub trait Observer {
    type Subject;
    type Output: Future<Output = ()>;   ◀── ()을 반환하는 Future 트레이트에 바인드된 연관 타입을 정의한다.
```

```
    fn observe(&self, subject: &Self::Subject) -> Self::Output;   ◄── observe() 메서드는
}                                                                     Output 연관 타입을 반환한다.
```

언뜻 제대로 작동하는 것처럼 보이고 코드가 별 탈 없이 컴파일도 된다. 그러나 트레이트를 구현하려고 하면 몇 가지 문제에 부딪히고 만다. 우선 `Future`는 트레이트(구체적인 타입이 아님)일 뿐이므로 `Output`에 어떤 타입을 지정해야 할지 알 수 없다. 따라서 이런 식으로 연관 타입을 사용할 수 없다. 대신 트레이트 객체를 사용해야 한다. 그러기 위해서는 `Box` 안에 우리의 `Future`를 넣어 반환해야 한다. 다음과 같이 트레이트를 업데이트한다.

```
pub trait Observer {
    type Subject;
    type Output;   ◄── 반환하는 타입을 연관 타입으로 유지하되, 약간의 유연성을 더한다.
    fn observe(
            &self,
            subject: &Self::Subject
        ) -> Box<dyn Future<Output = Self::Output>>;   ◄── Box<dyn Future>를 반환한다.
}
```

이제 새로운 비동기 관찰자 `MyObserver`를 구현한다.

```
struct Subject;
struct MyObserver;
impl Observer for MyObserver {
    type Subject = Subject;
    type Output = ();
    fn observe(
        &self,
        _subject: &Self::Subject
    ) -> Box<dyn Future<Output = Self::Output>> {
        Box::new(async {   ◄── 반환하는 퓨처를 Box로 감싸야 한다.
            // 비동기 항목은 여기에서 한다.
            use tokio::time::{sleep, Duration};
            sleep(Duration::from_millis(100)).await;
        })
    }
}
```

지금까지는 괜찮았고 컴파일러도 만족했다. 그럼 이제 테스트를 시도하면 어떻게 될까? 빠르게 테스트를 작성해보자.

```
#[tokio::main]
async fn main() {
    let subject = Subject;
    let observer = MyObserver;
    observer.observe(&subject).await;
}
```

예기치 않은 걸림돌에 부딪친다. 코드를 컴파일하려고 하면 다음과 같은 오류가 생성된다.

```
error[E0277]: `dyn Future<Output = ()>` cannot be unpinned
  --> src/main.rs:27:31
   |
27 |     observer.observe(&subject).await;
   |                               ^^^^^^
   |                               |
   |                               the trait `Unpin` is not implemented for `dyn
Future<Output = ()>>`
   |                               help: remove the `.await`
   |
   = note: consider using `Box::pin`
   = note: required for `Box<dyn Future<Output = ()>>` to implement `Future`
   = note: required for `Box<dyn Future<Output = ()>>` to implement `IntoFuture`

For more information about this error, try `rustc --explain E0277`.
```

여기서 무슨 일이 일어나는 것일까? 이를 이해하려면 러스트 표준 라이브러리의 Future 트레이트를 살펴봐야 한다.

```
pub trait Future {
    type Output;
        fn poll(self: Pin<&mut Self>, cx: &mut Context<'_>) -> Poll<Self::Output>;
}
```

poll() 메서드는 self 매개변수를 Pin<&mut Self> 타입으로 사용한다. 즉, Future를 폴링하기(가져오기) 전에(.await가 하는 일) 이를 **고정**pin**해야 한다**. 고정 포인터는 (고정이 해제될 때까지) 이동할 수 없는 러스트의 특별한 종류의 포인터다. 다행스럽게도 고정된 포인터를 얻는 것은 쉽다. 다음과 같이 Observer 트레이트를 다시 업데이트하면 된다.

```
pub trait Observer {
    type Subject;
    type Output;
    fn observe(
        &self,
        subject: &Self::Subject
    ) -> Pin<Box<dyn Future<Output = Self::Output>>>;  ◀── Box를 Pin에 감싸, 고정된 박스를 얻는다.
}
```

이어서 구현 역시 수정한다.

```
impl Observer for MyObserver {
    type Subject = Subject;
    type Output = ();
    fn observe(
        &self,
        _subject: &Self::Subject
    ) -> Pin<Box<dyn Future<Output = Self::Output>>> {  ◀── Pin<Box<...>>을 반환한다.
        Box::new(async {  ◀── Box::pin()은 편리하게 고정된 박스를 반환한다.
            // 비동기 항목은 여기에서 한다.
            use tokio::time::{sleep, Duration};
            sleep(Duration::from_millis(100)).await;
        })
    }
}
```

이제 코드가 컴파일되고 작동한다. 드디어 위기에서 벗어났다고 생각할 수도 있지만 불행히도 아직은 아니다. Observable 트레이트의 구현은 훨씬 더 복잡하다. Observable 트레이트를 살펴보자.

```
pub trait Observable {
    type Observer;
    fn update(&self);
    fn attach(&mut self, observer: Self::Observer);
    fn detach(&mut self, observer: Self::Observer);
}
```

Observable에서 update() 메서드를 비동기로 만들어야 하지만, update() 내부에서 각 관찰자에게 self를 전달하기 때문에 더 복잡하다. 비동기 메서드 내에서 자체 참조를 전달할 때 해당 참조에 대한 수명을 지정하지 않으면 작동하지 않는다. 또한 바뀌는 것을 동시에 관찰하려면 Observer가 스레드 간 이동이 자유로워야 하므로 각 Observer 인스턴스가 Send와 Sync를 모두 구현해야 한다. 예제 8.4는 `Observer` 트레이트의 최종 형태를 나타낸 것이다.

예제 8.4 비동기 Observer 트레이트를 구현하기

```
pub trait Observer: Send + Sync {          ◄── Send + Sync 슈퍼트레이트를 추가하여 관찰자가
    type Subject;                              여러 스레드에서 동시에 사용할 수 있도록 한다.
    type Output;
    fn observe<'a>(          ◄── 'a 수명은 self와 subject를 참조로 전달할 수 있도록 한다.
        &'a self,          ◄── self 참조에 'a를 적용한다.
        subject: &'a Self::Subject    ◄── subject 참조에 'a를 적용한다.
    ) -> Pin<Box<dyn Future<Output = Self::Output> + 'a + Send>>;    ◄─┐
}
                          스레드 간 이동을 허용하기 위해 트레이트 경계에 'a + Send를 추가하고
                          반환되는 퓨처가 수명 'a로 캡처한 참조보다 오래 지속되지 않도록 한다.
```

예제 8.5는 수정한 `Observable` 트레이트다.

예제 8.5 비동기 Observable 트레이트 구현하기

```
pub trait Observable {
    type Observer;
    fn update<'a>(          ◄── Observer와 같이 참조에 수명을 추가해야 한다.
        &'a self
    ) -> Pin<Box<dyn Future<Output = ()> + 'a + Send>>;
    fn attach(&mut self, observer: Self::Observer);
    fn detach(&mut self, observer: Self::Observer);
}
```

`Subject`에 대한 `Observable`의 구현은 예제 8.6과 같다.

예제 8.6 Subject 트레이트에 대한 비동기 Observable 구현하기

```
pub struct Subject {
    observers: Vec<Weak<dyn Observer<Subject = Self, Output = ()>>>,
    state: String,
}

impl Subject {
    pub fn new(state: &str) -> Self {
        Self {
            observers: vec![],
            state: state.into(),
        }
    }

    pub fn state(&self) -> &str {
```

```
            self.state.as_ref()
    }
}

impl Observable for Subject {                비동기 콘텍스트 외부에 알리기 위해 observers 리스트를
    type Observer                            생성하고 이를 새 Vec에 수집한다.
        = Arc<dyn Observer<Subject = Self, Output = ()>>;
    fn update<'a>(&'a self) -> Pin<Box<dyn Future<Output = ()> + 'a + Send>> {
        let observers: Vec<_> =
            self.observers.iter().flat_map(|o| o.upgrade()).collect();  ◄
                                   ┌── 비동기 블록에서 move를 사용하여 캡처된
        Box::pin(async move {  ◄──┘   observers 리스트를 비동기 블록으로 이동한다.
            futures::future::join_all(  ◄── join_all()을 사용하면 관찰자 간에 동시성이 도입된다.
                observers.iter().map(|o| o.observe(self))   ◄── 각 옵저버의 observe 함수는 동일한
            )                                                   self 참조로 호출된다.
            .await;  ◄── 비동기 블록 내에서 대기한 작업을 .await한다.
        })
    }

    fn attach(&mut self, observer: Self::Observer) {
        self.observers.push(Arc::downgrade(&observer));
    }

    fn detach(&mut self, observer: Self::Observer) {
        self.observers
            .retain(|f| !f.ptr_eq(&Arc::downgrade(&observer)));
    }
}
```

이제 비동기 관찰자 패턴을 테스트하도록 예제 8.7처럼 수정한다.

예제 8.7 **비동기 관찰자 패턴 테스트**

```
#[tokio::main]
async fn main() {
    let mut subject = Subject::new("some subject state");

    let observer1 = MyObserver::new("observer1");
    let observer2 = MyObserver::new("observer2");

    subject.attach(observer1.clone());
    subject.attach(observer2.clone());

        // ... 여기서 다른 작업을 한다 ...

    subject.update().await;
}
```

예제 8.7을 실행하면 다음과 같은 결과가 나온다.

```
observed subject with state="some subject state" in observer1
observed subject with state="some subject state" in observer2
```

8.7 동기식과 비동기식을 혼합하기

러스트 비동기 생태계는 빠르게 성장하고 있으며 많은 라이브러리가 async 및 .await를 지원한다. 그러나 그럼에도 불구하고 동기 코드와 비동기 코드를 함께 처리해야 하는 경우가 있다. 우리는 이미 이전 섹션에서 이러한 두 가지 예를 시연했지만 이에 대해 좀 더 자세히 알아보자.

TIP 일반적으로 동기화와 비동기는 혼합하지 않아야 한다. 경우에 따라 누락된 비동기 지원을 추가하거나 새로운 async 및 .await 구문에서 작동하지 않는 이전 버전의 Tokio를 사용하는 코드를 업그레이드하는 것이 도움이 될 수 있다.

동기화와 비동기를 혼합해야 하는 가장 일반적인 경우는 데이터베이스 드라이버나 네트워킹 라이브러리와 같이 비동기를 지원하지 않는 크레이트를 사용할 때다. 예를 들어 Rocket 크레이트[2]를 비동기로 사용하여 HTTP 서비스를 작성하면서, 아직 비동기를 지원하지 않는 데이터베이스에 읽거나 쓰기 작업을 할 수도 있다. 충분히 복잡한 라이브러리에 비동기 지원을 추가하는 것은 좋은 목적에서 시작하더라도 시간 낭비에 불과할 수 있다.

비동기 콘텍스트 내에서 동기 코드를 호출하려면 함수를 받아서 퓨처를 반환하는 tokio::task::spawn_blocking() 함수를 사용하는 것이 좋다. spawn_blocking()에 대한 호출이 일어나면 Tokio가 관리하는 스레드 큐(설정할 수 있다)에서 제공하는 함수를 실행한다. 그런 다음 일반적인 비동기 코드와 마찬가지로 spawn_blocking()에서 반환된 퓨처에 .await를 사용할 수 있다.

spawn_blocking()의 예로 파일을 비동기적으로 작성한 다음 동기적으로 다시 읽는 코드를 살펴보자.

```
use tokio::io::{self, AsyncWriteExt};

async fn write_file(filename: &str) -> io::Result<()> {   ◀── 'Hello, file!'을 파일에 비동기적으로 쓴다.
```

---

2   https://crates.io/crates/rocket

```
    let mut f = tokio::fs::File::create(filename).await?;
    f.write(b"Hello, file!").await?;
    f.flush().await?;

    Ok(())
}

fn read_file(filename: &str) -> io::Result<String> {    ◄──── 동기식으로 파일의 내용을 문자열로 읽고 반환한다.
    std::fs::read_to_string(filename)
}

#[tokio::main]
async fn main() -> io::Result<()> {
    let filename = "mixed-sync-async.txt";
    write_file(filename).await?;                        spawn_blocking(), read_file()
                                                        모두 Result를 반환하기 때문에
    let contents =                                      이중 ??를 쓰는 것을 유의한다.
        tokio::task::spawn_blocking(|| read_file(filename)).await??;  ◄──

    println!("File contents: {}", contents);

    tokio::fs::remove_file(filename).await?;

    Ok(())
}
```

위의 예제에서는 `spawn_blocking()`이 호출한 함수 내에서 동기 I/O를 수행한다. Tokio가 관리하는 별도의 차단 스레드에서 실제로 실행되고 있다는 점을 제외하면 다른 일반 비동기 블록과 마찬가지로 결과를 기다릴 수 있다. 구현 세부 사항에 대해 걱정할 필요가 없다. 단, Tokio가 할당한 적절한 수의 스레드가 있어야 한다. 위의 예제에서는 기본값을 사용하지만, Tokio 런타임 빌더(매개변수의 전체 목록[3] 참조)를 사용하여 차단 스레드 수를 변경할 수 있다.

비동기 코드 동기화

서로 다른 객체 간에 메시지를 전달하는 것과 같이 비동기 코드를 동기화해야 하는 경우가 있다. 비동기 코드 블록은 별도의 실행 스레드에서 실행될 수 있기 때문에 데이터에 부적절하게 액세스하려고 하면 경합 상태가 발생할 수 있으므로(또한 러스트 언어는 이를 허용하지 않음) 이들 간의 데이터 공유가 까다로울 수 있다. 데이터를 공유하는 간단한 방법은 뮤텍스 뒤에 공유 상태를 사용하는 것이지만, Tokio는 상태를 공유하는 더 나은 방법을 제공한다.

---

3   https://docs.rs/tokio/latest/tokio/runtime/struct.Builder.html

sync 모듈 내에서 Tokio는 비동기 코드를 동기화하기 위한 여러 도구를 제공한다. 그중에서도 `tokio::sync::mpsc` 모듈 내에서 찾을 수 있는 다중 생산자 단일 소비자 채널에 대해 배우고 싶을 것이다. `mpsc` 채널을 사용하면 명시적 잠금(예: 뮤텍스 도입) 없이도 비동기 콘텍스트 내에서 여러 생산자로부터 단일 소비자에게 메시지를 안전하게 전달할 수 있다. Tokio는 `broadcast`, `oneshot`, `watch`를 포함한 다른 채널 타입을 제공한다.

`mpsc` 채널을 사용하면 명시적 잠금 없이 비동기 러스트에서 확장 가능한 동시 메시지 전달 인터페이스를 구축할 수 있다. `mpsc` 채널의 길이는 제한되지 않거나 고정 길이로 제한하여 생산자에 제약을 둘 수 있다.

Tokio의 채널은 다른 액터 또는 이벤트 처리 프레임워크에서 찾을 수 있는 것과 다르지 않다. 단, 상대적으로 수준이 낮고 상당히 범용적이라는 점이 다르다. 상위 레벨 액터 라이브러리에서 찾을 수 있는 것보다는 소켓(socket) 프로그래밍과 더 유사하다.

Tokio의 동기식 도구에 대한 자세한 내용은 해당 문서[4]의 sync 모듈을 참조하도록 한다.

반대의 경우(동기 코드 내에서 비동기 코드를 사용하는 경우) 이전 절에서 살펴본 것처럼 `block_on()`과 함께 런타임 핸들을 사용할 수 있다. 그러나 이것은 일반적인 사용 사례가 아니며 피하는 것이 좋다. 이 주제에 대한 보다 진전된 논의[5]를 찾아보는 것을 추천한다.

8.8 async를 사용하면 안 될 때

비동기 프로그래밍은 네트워크 서비스와 같은 I/O가 많은 응용 프로그램에 적합하다. 이것은 HTTP 서버, 전용 네트워크 서비스, 많은 네트워크 요청을 만드는 프로그램(요청에 대한 응답과 반대)일 수 있다. 비동기는 이 장에서 설명한 이유 때문에 일반적으로 동기식 프로그래밍에서는 걱정할 필요가 없는 약간의 복잡성을 띤다.

일반적으로 항상 비동기를 사용하는 것이 합리적이지만 동시성이 필요한 경우에만 사용한다. 많은 프로그래밍 작업에는 동시성이 필요하지 않으며 동기식 프로그래밍이 가장 적합하다. 예를 들면 파일이나 표준 I/O를 읽거나 쓰는 간단한 CLI 도구 또는 cURL과 같은 몇 가지 순차적인 HTTP 요청을 만드는 간단한 HTTP 클라이언트가 있다. 수천 개의 동시 HTTP 요청을 만들어야 하는 cURL과 같은 도구가 있는 경우 반드시 비동기를 사용하도록 한다.

나중에 비동기를 추가하는 것이 처음부터 비동기식으로 소프트웨어를 빌드하는 것보다 더 어렵다는 점을 유의해야 한다. 그러므로 비동기가 필요하지 않은지 신중하게 생각해야 한다. 기본 성능

---

4   https://docs.rs/tokio/latest/tokio/sync/index.html

5   https://tokio.rs/tokio/topics/bridging

측면에서 간단한 순차 작업과 비동시 작업에 비동기를 사용하든 사용하지 않든 실질적으로는 차이가 없다. 다만 Tokio를 쓰면 약간 부하가 발생하는데, 이 부하를 측정할 수는 있지만 대부분의 경우 그다지 심각하지는 않다.

8.9 비동기 코드의 추적과 디버깅

충분히 복잡한 네트워크 애플리케이션의 경우 성능을 측정하고 문제를 디버깅하기 위해 코드를 계측하는 것이 중요하다. Tokio 프로젝트는 이런 부분을 위해 tracing[6] 크레이트를 제공한다. tracing 크레이트는 널리 사용되는 여러 서드파티 추적 및 원격 측정 도구와 통합할 수 있는 오픈텔레메트리OpenTelemetry[7] 표준을 지원하지만 추적을 로그로 내보낼 수도 있다.

Tokio로 추적을 활성화하면 대부분의 유닉스 시스템에서 익숙한 top과 유사한 CLI 도구인 tokio-console[8]을 지원한다. tokio-console을 사용하면 Tokio 기반 비동기 러스트 코드를 **실시간으로 분석**할 수 있다. tokio-console은 편리하지만 대부분의 환경에서는 기록이 휘발성이고 주로 디버그 도구로 유용하기 때문에 로그 또는 오픈텔레메트리로 추적을 내보낼 것이다. 또한 tokio-console용으로 미리 컴파일되지 않은 프로그램에는 tokio-console을 붙일 수 없다.

추적을 활성화하려면 추적을 내보낼 구독자를 구성해야 한다. 또한 추적을 효과적으로 사용하려면 측정하려는 지점에서 함수를 계측해야 한다. 이것은 #[tracing::instrument] 매크로를 사용하여 쉽게 수행할 수 있다. 추적은 여러 옵션을 사용하여 다양한 수준에서 내보낼 수 있다. 이에 관한 자세한 설명은 추적 문서[9]를 참고한다.

약간의 설정과 상용구를 써서 tokio-console을 사용한 추적을 시연하는 작은 프로그램을 작성해 본다. 프로그램은 3개의 서로 다른 sleep 함수를 가지며, 각각 계측되고 루프에서 무한정 동시 실행이 가능하다.

```
use tokio::time::{sleep, Duration};

#[tracing::instrument]  ◀── tracing 크레이트의 instrument 매크로를 사용하여 3개의 sleep 함수를 측정한다.
```

---

6   https://crates.io/crates/tracing
7   https://opentelemetry.io
8   https://github.com/tokio-rs/console
9   https://docs.rs/tracing/latest/tracing/index.html

```rust
async fn sleep_1s() {
    sleep(Duration::from_secs(1)).await;
}

#[tracing::instrument]
async fn sleep_2s() {
    sleep(Duration::from_secs(2)).await;
}

#[tracing::instrument]
async fn sleep_3s() {
    sleep(Duration::from_secs(3)).await;
}

#[tokio::main]
async fn main() {
    console_subscriber::init();    ◀── 추적을 내보내려면 main 함수에서 콘솔 구독자를 초기화해야 한다.

    loop {
        tokio::spawn(sleep_1s());   ◀── sleep_1s과 sleep_2s를 실행하고 잊어버린 다음 sleep_3s에서 차단한다.
        tokio::spawn(sleep_2s());
        sleep_3s().await;           ◀── 3초가 경과할 때까지 sleep_3s를 차단한 다음 프로세스를 무한 반복한다.
    }
}
```

다음 코드를 종속성에 추가하고 특히 Tokio의 추적 기능을 활성화해야 한다.

```toml
[dependencies]
tokio = { version = "1", features = ["full", "tracing"] }   ◀── Tokio의 추적 기능은
tracing = "0.1"                                                   "full"로 활성화되지 않는다.
console-subscriber = "0.1"                                        반드시 명시적으로 활성화해야 한다.
```

`cargo install tokio-console`을 사용하여 `tokio-console`을 설치한 후 프로그램을 컴파일하고 실행할 수 있다. 그러나 `tokio-console`에 대해 Tokio의 불안정한 추적 기능을 활성화하려면 `RUSTFLAGS="--cfg tokio_unstable"`로 컴파일해야 한다. `RUSTFLAGS="--cfg tokio_unstable" cargo run`을 사용하여 카고에서 직접 프로그램을 실행하면 비로소 `tokio-console`을 실행할 수 있다. 실행 결과는 그림 8.6과 같다.

```
● ● ●   ⌥⌘2                          tokio-console
connection: http://127.0.0.1:6669/ (CONNECTED)
views: t = tasks, r = resources
controls: ↔ or h, l = select column (sort), ↕ or k, j = scroll, ↵ = view details, i = invert sort
(highest/lowest), q = quit gg = scroll to top, G = scroll to bottom
┌Tasks (14) ▶ Running (0) ⏸Idle (2)─────────────────────────────────────────────────────────────
Warn  ID State Name  Total▽        Busy        Idle     Polls  Target          Location       Fields
       5  ☐           2.0039s 497.2910µs   2.0034s   2    tokio::task src/main.rs:24:9 kind=task
       4  ☐           2.0035s 727.5410µs   2.0027s   2    tokio::task src/main.rs:24:9 kind=task
       7  ☐           2.0029s 557.2490µs   2.0023s   2    tokio::task src/main.rs:24:9 kind=task
       9  ☐           2.0024s 425.3740µs   2.0019s   2    tokio::task src/main.rs:24:9 kind=task
      12  ☐           2.0023s 494.2080µs   2.0018s   2    tokio::task src/main.rs:24:9 kind=task
       2  ☐           2.0022s 540.9580µs   2.0017s   2    tokio::task src/main.rs:24:9 kind=task
       1  ☐           1.0051s   1.6637ms   1.0034s   2    tokio::task src/main.rs:23:9 kind=task
       3  ☐           1.0036s   1.2935ms   1.0024s   2    tokio::task src/main.rs:23:9 kind=task
       6  ☐           1.0035s 507.4160µs   1.0030s   2    tokio::task src/main.rs:23:9 kind=task
       8  ☐           1.0027s 270.2910µs   1.0024s   2    tokio::task src/main.rs:23:9 kind=task
      11  ☐           1.0025s 618.1660µs   1.0019s   2    tokio::task src/main.rs:23:9 kind=task
      10  ☐           1.0021s 281.5830µs   1.0019s   2    tokio::task src/main.rs:23:9 kind=task
      13  ⏸        989.1582ms 213.0000µs 988.9452ms  1    tokio::task src/main.rs:23:9 kind=task
      14  ⏸        988.9660ms 123.1250µs 988.8429ms  1    tokio::task src/main.rs:24:9 kind=task
```

그림 8.6 tokio-console에서 실행 작업 확인하기

작업 모니터링에 추가하여 그림 8.7처럼 자원도 모니터링할 수 있다.

```
● ● ●   ⌥⌘2                          tokio-console
connection: http://127.0.0.1:6669/ (CONNECTED)
views: t = tasks, r = resources
controls: ↔ or h, l = select column (sort), ↕ or k, j = scroll, ↵ = view details, i = invert sort
(highest/lowest), q = quit gg = scroll to top, G = scroll to bottom
┌Resources (33)────────────────────────────────────────────────────────────────────────────────
ID▽ Parent  Kind   Total      Target                        Type  Vis  Location         Attributes
 33 n/a     Timer 977.8489ms tokio::time::driver::sleep Sleep  ☑   src/main.rs:15:5 duration=3001ms
 32 n/a     Timer 977.8025ms tokio::time::driver::sleep Sleep  ☑   src/main.rs:10:5 duration=2001ms
 31 n/a     Timer 977.8845ms tokio::time::driver::sleep Sleep  ☑   src/main.rs:5:5  duration=1001ms
 30 n/a     Timer   1.0024s  tokio::time::driver::sleep Sleep  ☑   src/main.rs:5:5  duration=1001ms
 29 n/a     Timer   3.0027s  tokio::time::driver::sleep Sleep  ☑   src/main.rs:15:5 duration=3001ms
 28 n/a     Timer   2.0013s  tokio::time::driver::sleep Sleep  ☑   src/main.rs:10:5 duration=2001ms
 27 n/a     Timer   2.0017s  tokio::time::driver::sleep Sleep  ☑   src/main.rs:10:5 duration=2001ms
 26 n/a     Timer   3.0017s  tokio::time::driver::sleep Sleep  ☑   src/main.rs:15:5 duration=3001ms
 25 n/a     Timer   1.0022s  tokio::time::driver::sleep Sleep  ☑   src/main.rs:5:5  duration=1001ms
 24 n/a     Timer   2.0007s  tokio::time::driver::sleep Sleep  ☑   src/main.rs:10:5 duration=2001ms
 23 n/a     Timer   1.0015s  tokio::time::driver::sleep Sleep  ☑   src/main.rs:5:5  duration=1001ms
 22 n/a     Timer   3.0022s  tokio::time::driver::sleep Sleep  ☑   src/main.rs:15:5 duration=3001ms
 21 n/a     Timer   2.0026s  tokio::time::driver::sleep Sleep  ☑   src/main.rs:10:5 duration=2001ms
 20 n/a     Timer   3.0027s  tokio::time::driver::sleep Sleep  ☑   src/main.rs:15:5 duration=3001ms
 19 n/a     Timer   1.0015s  tokio::time::driver::sleep Sleep  ☑   src/main.rs:5:5  duration=1001ms
 18 n/a     Timer   1.0023s  tokio::time::driver::sleep Sleep  ☑   src/main.rs:5:5  duration=1001ms
 17 n/a     Timer   3.0021s  tokio::time::driver::sleep Sleep  ☑   src/main.rs:15:5 duration=3001ms
 16 n/a     Timer   2.0020s  tokio::time::driver::sleep Sleep  ☑   src/main.rs:10:5 duration=2001ms
 15 n/a     Timer   3.0027s  tokio::time::driver::sleep Sleep  ☑   src/main.rs:15:5 duration=3001ms
 14 n/a     Timer   2.0022s  tokio::time::driver::sleep Sleep  ☑   src/main.rs:10:5 duration=2001ms
 13 n/a     Timer   1.0019s  tokio::time::driver::sleep Sleep  ☑   src/main.rs:5:5  duration=1001ms
```

그림 8.7 tokio-console에서 자원 사용량 확인하기

또한 개별 작업을 상세히 확인할 수 있으며, 그림 8.8과 같이 폴링 시간의 히스토그램도 볼 수 있다.

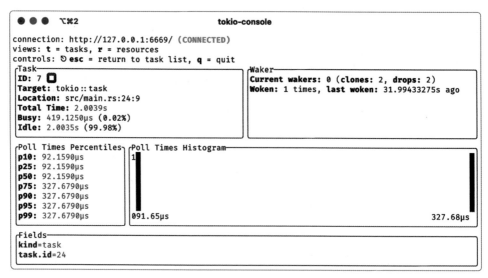

```
●  ●  ●      ⌥⌘2                          tokio-console

connection: http://127.0.0.1:6669/ (CONNECTED)
views: t = tasks, r = resources
controls: ↺ esc = return to task list, q = quit
┌Task─────────────────────────────┐┌Waker──────────────────────────────────
│ ID: 7 ☐                         ││ Current wakers: 0 (clones: 2, drops: 2)
│ Target: tokio::task             ││ Woken: 1 times, last woken: 31.99433275s ago
│ Location: src/main.rs:24:9      ││
│ Total Time: 2.0039s             ││
│ Busy: 419.1250µs (0.02%)        ││
│ Idle: 2.0035s (99.98%)          ││
└─────────────────────────────────┘└──────────────────────────────────────────
┌Poll Times Percentiles┐┌Poll Times Histogram────────────────────────────────
│ p10: 92.1590µs        ││1   █                                              █
│ p25: 92.1590µs        ││    █                                              █
│ p50: 92.1590µs        ││    █                                              █
│ p75: 327.6790µs       ││    █                                              █
│ p90: 327.6790µs       ││    █                                              █
│ p95: 327.6790µs       ││    █                                              █
│ p99: 327.6790µs       ││091.65µs                                   327.68µs
└───────────────────────┘└────────────────────────────────────────────────────
┌Fields───────────────────────────────────────────────────────────────────────
│ kind=task
│ task.id=24
└──────────────────────────────────────────────────────────────────────────────
```

그림 8.8 개별 작업에 대한 폴링 시간 히스토그램

tokio-console을 사용하면 작업 상태, 각 작업과 관련된 다양한 메트릭, 포함할 수 있는 추가 메타데이터 및 소스 파일 위치를 실시간으로 볼 수 있다. tokio-console에서 우리가 구현한 작업과 Tokio 리소스를 별도로 살펴볼 수 있다. 이 모든 데이터는 로그 파일 또는 오픈텔레메트리 수집기와 같은 다른 집합지로 내보낼 수 있다.

8.10 테스트 시 비동기 다루기

이 장에서 마지막으로 논의할 내용은 비동기 코드를 테스트하는 것이다. 비동기 코드에 대한 단위, 통합 테스트를 작성할 때 두 가지 전략이 있다.

- 각각의 개별 테스트에서 비동기 런타임 생성하고 소멸시키기
- 개별 테스트에서 하나 이상의 비동기 런타임을 재사용하기

대부분의 경우 각 테스트에 대해 런타임을 만들고 삭제하는 것이 바람직하지만, 런타임을 재사용하는 것이 더 합리적인 예외도 있다. 특히 많은(즉, 수백 또는 수천) 테스트가 있는 경우 런타임을 재사용하는 것이 합리적이다.

여러 테스트에서 런타임을 재사용하기 위해 6장에서 꽤 세심하게 살펴본 lazy_static 크레이트를 사용할 수 있다. 러스트의 테스트 프레임워크는 여러 스레드에서 테스트를 병렬로 실행한다.

이는 이 장 앞에서 설명한 것처럼 `tokio::runtime::Handle`을 사용하여 올바르게 처리해야 한다.

대부분의 경우 `#[tokio::test]` 매크로를 사용하면 된다. 이 매크로는 비동기 함수용이라는 점을 제외하고는 `#[test]`와 똑같이 작동한다. Tokio 테스트 매크로는 테스트 런타임 설정을 처리하므로 일반적으로 다른 테스트처럼 비동기 단위 또는 통합 테스트를 작성할 수 있다. 다음은 시연을 위해 1초 동안 잠깐 멈추는 함수다.

```
async fn sleep_1s() {
    sleep(Duration::from_secs(1)).await;
}
```

`#[tokio::test]` 매크로를 사용해서 런타임 생성을 처리하여 테스트할 수 있다.

```
#[tokio::test]
async fn sleep_test() {
    let start_time = Instant::now();
    sleep(Duration::from_secs(1)).await;
    let end_time = Instant::now();
    let seconds = end_time
        .checked_duration_since(start_time)
        .unwrap()
        .as_secs();
    assert_eq!(seconds, 1);
}
```

위의 테스트는 비동기 콘텍스트 내에서 실행된다는 점을 제외하면 다른 테스트와 마찬가지로 정상적으로 실행된다. 원하는 경우 확실히 런타임을 직접 관리할 수 있지만, 이미 언급했듯이 러스트의 테스트가 병렬로 실행된다는 사실을 염두에 두어야 한다.

마지막으로 Tokio는 `"test-util"` 기능(`"full"` 기능 플래그로 활성화되지 않음)을 추가하여 활성화할 수 있는 `tokio_test` 크레이트를 제공한다. 여기에는 Tokio와 함께 사용하기 위한 몇 가지 편의 매크로뿐만 아니라 비동기 작업을 모방하기 위한 일부 도우미 도구가 포함된다. `tokio_test`[10] 크레이트를 참조한다.

---

10 https://docs.rs/tokio-test/latest/tokio_test

- 러스트는 여러 비동기 런타임 구현을 제공하지만 Tokio는 대부분의 목적에 적합하다.

- 비동기식 프로그래밍에는 특별한 제어 흐름이 필요하며, 코드는 작업을 전환할 기회를 허용하기 위해 런타임의 스케줄러에 양보해야 한다. `.await`를 사용하거나 `tokio::task::spawn()`으로 직접 퓨처를 생성하여 양보할 수 있다.

- 비동기 코드 블록(예: 함수)은 `async` 키워드로 표시된다. 비동기 코드 블록은 항상 퓨처를 반환한다.

- `.await` 문으로 퓨처를 실행할 수 있지만 비동기 콘텍스트(즉, 비동기 코드 블록) 내에서만 가능하다.

- 비동기 블록은 게으르고 `.await`를 호출하거나 명시적으로 생성될 때까지 실행되지 않는다. 이것은 대부분의 다른 비동기 구현과 다르다.

- `tokio::select! {}`나 `tokio::join!()`을 사용하면 명시적 동시성을 도입할 수 있다.

- `tokio::task::spawn()`으로 작업을 생성하면 동시성과 병렬성을 도입할 수 있다.

- 차단 작업을 수행하려면 `tokio::task::spawn_blocking()`으로 차단 작업을 생성한다.

- `tracing` 크레이트는 로그 또는 오픈텔레메트리 수집기로 원격 분석을 계측하고 내보내는 쉬운 방법을 제공한다.

- 추적과 함께 `tokio-console`을 사용하여 비동기 프로그램을 디버깅할 수 있다.

- Tokio는 필요한 테스트 런타임 환경을 제공하는 단위 및 통합 테스트용 테스트 매크로를 제공한다. Tokio에서 `"test-util"` 기능 플래그로 활성화할 수 있는 `tokio_test` 크레이트는 Tokio와 함께 사용할 모의 및 어서션 도구를 제공한다.

HTTP REST API
서비스 만들기

이 장에서는 비동기 러스트로 웹 서비스를 구축함으로써, 이전 장에서 배운 내용을 실제로 적용해본다. 완성도를 높이기 위해 이 장에 이어 다음 장에서 API 클라이언트도 함께 작성할 것이다.

주로 최종 코드에 초점을 맞추고 구문, 상용구, 다양한 대체 구현에 대한 논의는 비중을 낮출 것이다. 완전한 작업 예제를 통해서 최상의 가치를 얻을 수 있을 것이라고 확신한다. 인터넷(이나 다른 곳)에서 찾을 수 있는 '...하는 방법' 콘텐츠는 전체적인 구현의 세부 사항 상당 부분을 생략한 채 많은 복잡성에 치우쳐 있는 것이 대부분으로, 여기에서는 이러한 예에서 어떤 것이 빠져 있는지와 그다음 어떻게 할지에 대해 설명하는 데 최선을 다하겠다. 배포나 부하 분산, 상태 관리, 클러스터 관리, 고가용성 등의 주제는 이 책의 범주를 벗어나며 러스트 언어와는 직접적인 관련이 없으므로 깊이 다루지는 않는다.

이 장의 끝에서는 상태 관리에 데이터베이스를 사용하여, 거의 존재하는 모든 웹 서비스의 가장 중요한 기능인 데이터베이스 항목의 생성, 읽기, 수정, 삭제, 열람 기능을 구축할 것이다. 교육 목적으로 널리 사용되는 '투두todo(할 일)' CRUD 앱도 설계할 것인데, 나중에 독자들은 이 앱을 개발을 위한 기본 틀로 사용하거나 개선할 시작 프로젝트로 활용할 수 있을 것이다.

9.1 웹 프레임워크 고르기

이 책을 집필하는 동안 러스트의 비동기 환경은 꽤 많이 바뀌었다. 도구와 라이브러리 관련해서는 특히 더 그렇다. 이런 변화는 대체로 긍정적이며, 특히 Tokio와 관련 프로젝트의 진척에 대해서는 깊은 인상을 받았다.

이 책에서는 웹 서비스를 작성하는 데 axum 프레임워크를 추천하며, 해당 프레임워크는 더 큰 Tokio 프로젝트의 일부이기도 하다. axum은 웹 프레임워크에 관한 한 최소한의 구성으로 이루어져 있지만, 유연한 API와 매크로가 거의 없는 구현 덕에 큰 효과를 발휘한다. 다른 라이브러리 및 도구와의 통합이 상대적으로 쉽고, 간단한 API를 통해 빠르고 쉽게 시작할 수 있다. axum은 네트워크 서비스 구축을 위한 추상화를 제공하는 라이브러리 Tower[1]와 HTTP/1, HTTP/2 모두에 대한 HTTP 클라이언트 및 서버 구현을 제공하는 Hyper[2]를 기반으로 한다(HTTP/2의 세부 사항에 대해서는 배리 폴라드Barry Pollard의 저서 《HTTP/2 in Action》(에이콘출판사, 2020)을 참고하기 바란다).

axum의 가장 큰 장점은 패턴이나 관행 측면에서 필요 이상으로 많은 것을 요구하지 않는다는 점이다. 핵심적인 세부 사항을 알고 싶다면 Tower 라이브러리를 배워야 하지만, 간단한 작업의 경우에는 필요치 않다. 웹 서비스를 작성하기 전에 해당 웹 프레임워크를 배우는 데 많은 시간을 필요로 하지 않으므로 기본적인 웹 서비스를 빠르게 구축할 수 있다.

프로덕션 서비스의 경우 axum에는 추적 및 메트릭에 대한 지원이 포함되어 있으며, 이를 활성화하려면 약간의 구성만 추가하면 된다.

---

1 https://github.com/tower-rs/tower
2 https://hyper.rs/

9.2 아키텍처 만들기

여기서 만들 서비스의 경우 부하 분산, 웹 서비스, 상태 저장 서비스(예: 데이터베이스)의 최소 세 가지 이상의 구성 요소로 이루어진 일반적인 웹 계층 아키텍처를 따른다. 부하 분산 서비스를 따로 구현하지 않고(이미 존재하거나 제공된다고 가정함) 데이터베이스에는 SQLite를 사용할 것이지만, 실제로는 PostgreSQL과 같은 본격적인 SQL 데이터베이스를 사용하고 싶을 것이다. 아키텍처는 그림 9.1과 같다.

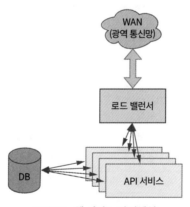

그림 9.1 **웹 서비스 아키텍처**

그림 9.1에서 볼 수 있듯이 API 서비스는 서비스 인스턴스를 더 추가하기만 하면 수평적으로 확장할 수 있다.⁴ API 서비스의 각 인스턴스는 로드 밸런서로부터 요청을 수신하고 상태 저장이나 검색

---

3   울긴이 우리말로 번역하기가 마땅치 않은 표현이다. '장려상', '감투상'쯤의 의미로 받아들이면 될 듯하다.

4   울긴이 'sScale by'라고도 한다.

을 위해 데이터베이스와 독립적으로 통신한다.

구현할 애플리케이션은 동작할 환경에서의 구성 정보를 받아야 하므로 여기에서는 환경 변수를 사용하여 구성 매개변수를 전달한다. 대신해서 명령줄 구문 분석이나 구성 파일을 사용할 수 있지만, 환경 변수는 도커나 쿠버네티스 같은 클러스터 오케스트레이션 시스템에서 배포할 때 매우 편리하다. 우리의 경우에는 몇 가지 구성 매개변수만 사용한다. 하나는 데이터베이스를 지정하고 다른 하나는 로깅을 구성한다. 나중에 이러한 매개변수에 대해 알아보겠다.

API 서비스의 각 인스턴스에 대한 구성은 대부분의 경우 동일하다. 하지만 지역 정보나 바인딩할 IP 주소와 같이 각 서비스 인스턴스에 고유한 매개변수를 지정하는 특별한 상황이 있을 수 있다. 일반적으로 실무에서는 IP 주소를 OS 네트워킹 계층에 위임하는 `0.0.0.0` 주소로 설정한다(필요에 따라 다르게 구성할 수 있음).

9.3 API 설계

우리 서비스에 대해 기본적인 투두 앱을 모델링하겠다. 이전에 투두 앱을 접해봤을 수도 있을 텐데, 앱에 관련해서 할 일에 대한 CRUD(생성, 읽기, 수정, 삭제) 엔드포인트와 목록 엔드포인트만 구현할 것이다. 또한 활성 상태 및 준비 상태 확인 엔드포인트를 추가할 예정이다. 표 9.1에 표시한 대로 API 경로를 `/v1` 경로 아래에 배치한다.

표 9.1 **API 서비스 경로**

경로	HTTP 메서드	동작	요청 본문	응답
`/v1/todos`	`GET`	목록	없음	모든 할 일의 목록
`/v1/todos`	`POST`	생성	새 할 일 객체	새로 생성된 할 일 객체
`/v1/todos/:id`	`GET`	읽기	없음	대상 할 일 객체
`/v1/todos/:id`	`PUT`	수정	수정할 할 일 객체	수정된 할 일 객체
`/v1/todos/:id`	`DELETE`	삭제	없음	없음

읽기, 수정, 삭제 경로에서 경로 매개변수로 각 할 일의 ID를 사용하며, `:id` 토큰으로 경로에 표기했다. 표 9.2는 활성 상태 및 준비 상태 검사 엔드포인트를 추가한 것이다.

표 9.2 **API 서비스의 건강 검사 엔드포인트**

경로	HTTP 메서드	응답
`/alive`	`GET`	성공 시 ok와 함께 200 상태 코드 반환
`/ready`	`GET`	성공 시 ok와 함께 200 상태 코드 반환

API에 대해 설명했으니 API를 구축하는 데 사용할 도구와 라이브러리를 살펴보겠다.

9.4 라이브러리와 도구

서비스에 대한 많은 힘든 작업을 기존 크레이트로 처리할 것이다. 많은 코드를 작성할 필요가 전혀 없으며, 우리가 구현할 작업은 기존 구성 요소를 함께 연결하여 서비스를 구축하는 작업이 대부분이다. 그러나 서로 다른 구성 요소를 결합하는 데에는 세심한 주의를 기울여야 하지만, 운이 좋게도 러스트의 타입 시스템은 컴파일러 오류가 있을 때 이를 간단히 알려준다.

`cargo new api-server`로 새 프로젝트를 초기화하고, `cargo add ...`로 크레이트를 추가할 수 있다. 표 9.3은 필요한 크레이트와 기능을 정리한 것이다.

표 9.3 **API 서비스 의존성**

이름	기능	설명
`axum`	기본	웹 프레임워크
`chrono`	`serde`	날짜/시간 라이브러리로 `serde` 기능을 포함시킴
`serde`	`derive`	직렬화/역직렬화 라이브러리로 `#[derive(...)]` 기능을 포함시킴
`serde_json`	기본	`serde` 크레이트에 대한 JSON 직렬화/역직렬화
`sqlx`	`runtime-tokio-rustls,` `sqlite,chrono,macros`	SQLite, MySQL, PostgreSQL 대응 비동기 SQL 도구 모음
`tokio`	`macros,rt-multi-thread`	비동기 런타임으로 `axum`과 `sqlx`에서 사용됨
`tower-http`	`trace,cors`	`axum`용 HTTP 미들웨어를 제공하며 특히 추적, CORS 관련 기능을 사용
`tracing`	기본	비동기 추적 라이브러리
`tracing-subscriber`	`env-filter`	추적을 사용하는 크레이트에 데이터 추적을 구동하도록 함

NOTE 표 9.3에는 각 의존성에 대한 버전은 빠져 있다. 해당 버전은 이 책의 소스 코드 안의 `Cargo.toml`에서 확인할 수 있다.

의존성에 대한 기능은 `cargo add`에 `--feature` 플래그를 붙여 지정할 수 있다. 예를 들어 기본 기능으로 `axum`을 추가하려면 `cargo add axum`처럼 실행하고, SQLx의 경우 `cargo add --features runtime-tokio-rustls,sqlite,chrono,macros`를 실행한다. 간단히 이 프로젝트에 대한 책의 소스 코드에서 `Cargo.toml`을 복사할 수도 있다.

`sqlx-cli`[5]를 사용하기 원한다면 `cargo install sqlx-cli`로 설치할 수 있다. 이 도구는 데이터베이스 생성, 마이그레이션 실행, 데이터베이스 삭제 등을 수행한다. 설치 후 `sqlx --help`로 더 상세한 정보를 얻을 수 있다. 코드를 실행하는 데 해당 도구가 꼭 필요치는 않으나, SQLx로 더 많은 것을 하고 싶다면 상당히 유용할 것이다.

아래의 명령을 실행하면 표 9.3에 있는 모든 의존성을 설치할 수 있다.

```
cargo add axum
cargo add chrono --features serde
cargo add serde --features derive
cargo add serde_json
cargo add sqlx --features runtime-tokio-rustls,sqlite,chrono,macros
cargo add tokio --features macros,rt-multi-thread
cargo add tower-http --features trace,cors
cargo add tracing
cargo add tracing-subscriber --features env-filter
cargo install sqlx-cli
```

위의 명령을 수행했다면 `Cargo.toml`은 예제 9.1과 비슷할 것이다.

예제 9.1 **Cargo.toml**

```
[package]
name = "api-service" version = "0.1.0" edition = "2021"

# See more keys and their definitions at https://doc.rust-lang.org/cargo/reference/manifest.html
[dependencies]
axum = "0.6.18"
chrono = { version = "0.4.26", features = ["serde"] }
serde = { version = "1.0.164", features = ["derive"] }
serde_json = "1.0.99"
sqlx = { version = "0.6.3", features = ["runtime-tokio-rustls", "sqlite", "chrono", "macros"]}
tokio = { version = "1.28.2", features = ["macros", "rt-multi-thread"] }
```

---

5   https://crates.io/crates/sqlx-cli

```
tower-http = { version = "0.4.1", features = ["trace", "cors"] }
tracing = "0.1.37"
tracing-subscriber = { version = "0.3.17", features = ["env-filter"] }
```

의존성 설정을 마쳤으니, 코드 작성을 진행하자.

[NOTE] 실제로는 진행하면서 의존성을 추가하고 변경할 가능성이 높으므로, 예제 9.1처럼 모든 의존성을 미리 설정해야 한다는 것으로 받아들이지는 말기 바란다. 여기서 말하고 싶은 바는 소프트웨어는 유연(soft)하기 때문에 자신의 취향에 맞게 수정하는 것을 두려워하지 않아야 한다는 것이다(책에 제공하는 예제 포함).

9.5 애플리케이션 기본 틀 작성

구현한 애플리케이션의 진입점 main.rs는 약간의 상용구와 애플리케이션에 필요한 설정을 포함하고 있다. 이제 다음과 같은 작업을 진행할 것이다.

- 주요 진입점 선언
- 추적 및 로깅 초기화
- 데이터베이스 연결 생성 및 초기화
- 필요한 데이터베이스 마이그레이션 실행
- API에 대한 경로 정의
- 서비스 자체 시작

9.5.1 main()

예제 9.2에 나와 있는 main()을 살펴보는 것으로 시작하자.

예제 9.2 **src/main.rs의 main() 함수**

```
#[tokio::main]
async fn main() {
    init_tracing();  ◀──── 서비스와 해당 종속성에 대한 추적 및 로깅을 초기화한다.

    let dbpool = init_dbpool().await
        .expect("couldn't initialize DB pool");  ◀──── DB 풀을 초기화한다.

    let router = create_router(dbpool).wait;  ◀──── 핵심 애플리케이션 서비스와 해당 경로를 만든다.
```

```
    let bind_addr = std::env::var("BIND_ADDR")
        .unwrap_or_else(|_| "127.0.0.1:3000".to_string());  ◀── 환경 변수 BIND_ADDR에서
                                                                  바인딩 주소를 가져오거나 기본값
                                                                  127.0.0.1:3000을 사용한다.
    axum::Server::bind(&bind_addr.parse().unwrap())  ◀── 바인딩 주소를 소켓 주소로 파싱한다.
        .serve(router.into_make_service())  ◀── 서비스를 생성하고 HTTP 서버를 시작한다.
        .await
        .expect("unable to start server")
}
```

main()은 많은 내용을 포함하고 있지 않으므로 무슨 일이 일어나고 있는지 이해하려면 더 깊이
파고들어야 한다. 그 전에 Tokio의 `tokio::main` 매크로를 사용하여 Tokio 런타임을 초기화하고
있는데, 이는 작업자 스레드 수 설정과 같은 약간 복잡한 작업을 숨겨준다.

TIP Tokio는 `TOKIO_WORKER_THREADS` 환경 변수를 읽고, 제공된 경우 작업자 스레드 수를 정의된 값으로 설정한다.

보다 복잡한 시나리오라면 Tokio 런타임을 수동으로 인스턴스화하고 `tokio::runtime::Builder`
를 사용하여 적절하게 구성할 수 있다.

9.5.2 init_tracing()

계속해서 예제 9.3에 있는 `init_tracing()`에서 추적을 초기화하는 부분을 살펴보자.

예제 9.3 **src/main.rs의 init_tracing() 함수**

```
fn init_tracing() {
    use tracing_subscriber::{
        filter::LevelFilter, fmt, prelude::*, EnvFilter
    };

    let rust_log = std::env::var(EnvFilter::DEFAULT_ENV)  ◀── RUST_LOG 환경 변수를 가져오며,
                                                               정의되지 않은 경우 기본값을 제공한다.
        .unwrap_or_else(|_| "sqlx=info,tower_http=debug,info".to_string());

    tracing_subscriber::registry()  ◀── 기본 전역 저장소를 반환한다.
        .with(fmt::layer())  ◀── 사람이 읽을 수 있는 추적 형식을 제공하는 형식 지정 레이어를 추가한다.
        .with(
            EnvFilter::builder()  ◀── 기본 로그 수준을 info로 설정하고, 그렇지 않으면
                                       RUST_LOG에서 제공하는 값을 사용하여 환경 필터를 구성한다.
                .with_default_directive(LevelFilter::INFO.into())
                .parse_lossy(rust_log),
        )
        .init();
}
```

유용한 로그 메시지를 보려면 추적을 초기화하는 것이 중요하다. 아마도 모든 추적 메시지를 켜는 것이 아니라 유용한 추적만 켜기를 원할 것이므로 `tower_http::*`에 대한 디버그 수준 메시지와 `sqlx::*`에 대한 정보 수준 메시지를 명시적으로 활성화한다. 별도의 추적 기능을 추가할 수 있지만, 현재 사용 중인 크레이트에 포함된 것만으로도 요구 사항을 충족시킬 수 있다.

어떤 추적을 활성화할지 파악하는 것이 조금 까다롭다면, `RUST_LOG=trace`를 써서 모든 추적을 활성화할 수도 있다. 하지만 이렇게 하면 많은 로깅 출력이 생성될 수 있으므로 꼭 필요한 경우가 아니라면 프로덕션 환경에서는 시도하지 않도록 한다. `EnvFilter`는 다른 많은 러스트 크레이트에서 사용되는 `env_logger`와 호환되므로 러스트 생태계에 익숙하다면 호환성과 친숙함을 느낄 수 있을 것이다.

9.5.3 init_dbpool()

상태 관리를 위해 연결 풀을 사용하여 DB에 대한 연결을 얻는다. 연결 풀을 사용하면 각 요청에 대해 새로운 연결을 생성할 필요 없이 데이터베이스에 대한 기존의 연결을 얻어 재사용할 수 있으므로 약간의 최적화가 가능하다. 연결 풀 설정은 데이터베이스별로 다르며 필요에 따라 구성할 수 있지만, 이 예에서는 기본 매개변수를 그대로 사용한다. 또한 풀링pooling은 네트워크로 연결되는 MySQL이나 PostgreSQL과 달리, 우리가 사용할 SQLite는 SQLite 라이브러리로 관리되는 백그라운드 스레드 위의 동일한 프로세스에서 처리되기 때문에 훌륭하지만 꼭 필요한 것은 아니다. 예제 9.4의 `init_dbpool()`을 살펴보자.

예제 9.4 **src/main.rs의 init_dbpool() 함수**

```
async fn init_dbpool() -> Result<sqlx::Pool<sqlx::Sqlite>, sqlx::Error> {
    use sqlx::sqlite::{SqliteConnectOptions, SqlitePoolOptions};
    use std::str::FromStr;
                                              DATABASE_URL 환경 변수를 읽으려고 시도하고,
                                              정의되지 않은 경우 기본값 sqlite:db.sqlite을 사용한다
    let db_connection_str =                   (현재 작업 디렉터리 안의 db.sqlite라는 파일이 열린다).
        std::env::var("DATABASE_URL").unwrap_or_else(|_| "sqlite:db.sqlite".to_string()); ◀

    let dbpool = SqlitePoolOptions::new().connect_with(
        SqliteConnectOptions::from_str(&db_connection_str)?
            .create_if_missing(true))  ◀───  데이터베이스에 연결할 때 데이터베이스가 아직 존재하지 않는 경우
            .await                           드라이버에게 데이터베이스를 생성하도록 요청한다.
            .expect("can't connect to database");

    sqlx::migrate!()  ◀───  DB에 연결한 후 필요한 마이그레이션을 실행한다.
        .run(&dbpool)  ◀───  새로 생성된 DB 풀을 SQLx에 직접 전달하면 풀에서 연결을 얻을 수 있다.
```

```
        .await
        .expect("database migration failed");

    Ok(dbpool)
}
```

데이터베이스는 복잡한 주제이고 이 책의 범위를 훨씬 벗어나지만 예제 9.4에서 일어나는 일을 요약하면 다음과 같다.

- 연결 문자열은 `DATABASE_URL` 환경 변수에서 가져온다. 기본값은 `sqlite:db.sqlite`이며, 이는 현재 작업 디렉터리에서 `db.sqlite` 파일을 연다. (이론적으로) 다수의 데이터베이스 드라이버를 지원할 수 있지만, `DATABASE_URL`에 지정된 드라이버에 따라 SQL 문을 신중하게 조정해야 한다. 실제로는 하나의 데이터베이스를 선택하고 코드가 해당 데이터베이스와 작동하는지 확인해야 한다. 기술적으로 동일한 SQL 언어를 사용하더라도 각 데이터베이스마다 고유한 특징과 차이점이 있기 때문이다.

- `SqliteConnectOptions`에 `create_if_missing(true)`을 설정하여 SQLite 드라이버가 연결 시 데이터베이스를 생성하도록 했다. SQLx는 필요한 `CREATE DATABASE IF NOT EXISTS ...` 같은 구문을 생성해주므로 데이터베이스 생성에 대해 별다른 고민을 할 필요가 없다. 이는 편의를 위해 제공해주는 것이므로 상대적으로 무해해야 하지만, 상황에 따라서는 이 작업을 수행하고 싶지 않을 수도 있다.

- SQLx는 마이그레이션 API를 제공하는데, 이에 대해 너무 자세히 설명하지는 않겠지만, 다른 웹 프레임워크를 사용해보았다면 비슷한 것을 본 적이 있을 것이다. 마이그레이션을 작성하는 것은 여러분의 책임이지만 적용은 SQLx가 대신 할 수 있다. 정방향 및 역방향 마이그레이션을 활성화하려면 올바른지, 멱등성이 있는지 확인하고 (선택적으로) up(생성) 및 down(삭제) 마이그레이션을 모두 제공해야 한다

- 데이터베이스 생성 및 마이그레이션을 실행하는 것은 상태를 저장하고 파괴하는 작업이다. 데이터베이스 변경 시 실수나 오타가 있는 경우 마법 같은 실행 취소 버튼은 (직접 손수 만들지 않는 한) 존재하지 않는다. 이는 단순한 경고가 아니며 꼭 주의해야 할 사항이다. 왜냐하면 의도하지 않은 데이터베이스에 실수로 마이그레이션을 적용하는 것을 결코 원하지 않을 것이기 때문이다(예: 프로덕션 준비가 되기 전에 코드가 프로덕션 데이터베이스에 대한 마이그레이션을 테스트해버린 상황). 다음 절에서는 데이터 모델과 데이터베이스와 상호작용하는 법에 대해 알아본다.

9.6 데이터 모델링

한 종류의 데이터, 즉 할 일 항목만 모델링하여 이 서비스를 단순하게 유지할 것이다. 할 일에는 2개의 필드만 필요하다. 하나는 텍스트 문자열인 본문(예: 할 일 항목)이고 다른 하나는 항목이 완료되었는지 여부를 표시하는 불Boolean 필드이다. 단순히 완료된 할 일을 삭제할 수도 있지만, 이전(완료된) 할 일을 되돌아보고 싶다면 완료된 할 일을 보관해두는 것도 좋다. 생성 날짜와 할 일을 마지막으로 업데이트한 시간을 기록하기 위한 타임스탬프도 포함된다. 세 번째 타임스탬프로 완료된 시간을 넣을 수도 있지만, 이 예에서는 포함하지 않고 간단하게 유지하겠다.

9.6.1 SQL 스키마

할 일todo 테이블용으로 예제 9.5와 같이 SQL 문을 작성해본다.

예제 9.5 **migrations/202307012642_todos.sql**

```
CREATE TABLE IF NOT EXISTS todos (
    id INTEGER PRIMARY KEY AUTOINCREMENT NOT NULL,
    body TEXT NOT NULL,
    completed BOOLEAN NOT NULL DEFAULT FALSE,
    created_at TIMESTAMP NOT NULL DEFAULT CURRENT_TIMESTAMP,
    updated_at TIMESTAMP NOT NULL DEFAULT CURRENT_TIMESTAMP
);
```

SQL 자체만으로도 설명이 충분하므로 너무 자세히 들어가지는 않겠다. 다만 몇 가지 세세한 부분을 언급하고자 한다.

- 기본 키를 만들고 새 레코드가 생성될 때 ID를 재사용하지 않게끔 자동으로 ID를 증가시키는 데 SQLite 기능을 사용한다. 대안으로 UUIDuniversally unique identifier(범용 고유 식별자)와 같은 것을 사용할 수 있다. 그렇게 하면 생성한 UUID가 실제로 고유한지 확인하기 위해 또 다른 복잡성 계층을 추가해야 한다. PostgreSQL은 최신 버전에서 UUID 기본 키를 지원하며 일부 MySQL 호환 DB 버전도 이를 지원한다.
- 어떤 필드도 null이거나 지정되지 않은 값을 가질 수 없다.
- 할 일의 텍스트 본문을 제외한 모든 열에 기본값을 제공한다. 이는 단 하나의 데이터, 즉 할 일의 텍스트 본문만으로 새로운 할 일을 생성할 수 있음을 의미한다.
- `update_at` 열은 SQL 트리거(또는 다른 방법)를 사용하는 대신 러스트 코드에 의해 업데이트된다. 여기에서 트리거를 사용하는 것이 더 좋을 수 있는데, 이 부분은 독자를 위한 연습으로 남

겨두겠다. 트리거를 사용하는 주요한 이점은 항상 일반 SQL 쿼리를 실행할 수 있고 이에 따라 `update_at` 열이 업데이트된다는 것이다.

`CREATE TABLE ...` 문이 마이그레이션으로 추가되므로 데이터베이스가 처음 초기화될 때 마이그레이션이 실행되면서 테이블이 생성된다. 다음과 같이 SQLx CLI를 사용하여 마이그레이션 스크립트를 생성해보자.

```
$ sqlx migrate add todos
# ...
```

제시된 명령을 내리면 `migrations/20230701202642_todos.sql` 파일이 생성되며, 여기에 예제 9.5의 코드를 넣는다.

9.6.2 데이터와 인터페이싱하기

이제 러스트 코드를 작성하여 러스트로 할 일을 모델링하고 데이터베이스와 상호작용할 준비가 되었다. 생성, 읽기, 수정, 삭제, 나열의 다섯 가지 작업을 지원할 것이다. 이는 일반적으로 즉시 사용할 수 있는 기본 테이블 고정 CRUD 작업이며, 웹 프레임워크 작업에 많은 시간을 소비한다면 여러 번 보게 될 것이다.

예제 9.6의 `Todo` 구조체를 살펴보자.

예제 9.6 **src/todo.rs의 Todo 구조체**

```
#[derive(Serialize, Clone, sqlx::FromRow)]    ◄──  serde 크레이트에서의 Serialize 트레이트와, SQLx 쿼리에서
pub struct Todo {                                   Todo를 가져올 수 있는 sqlx::FromRow 트레이트를 파생한다.
    id: i64,
    body: String,
    completed: bool,
    created_at: NaiveDateTime,   ◄──  SQL 타임스탬프를 러스트 객체에 매핑하기 위해
    updated_at: NaiveDateTime,        chrono::NaiveDateTime 타입을 사용한다.
}
```

`Todo` 구조체 자체에는 유의미하게 살펴볼 것이 많지 않으므로 더 흥미로운 `impl` 블록으로 넘어가겠다. 먼저 예제 9.7에 표시된 목록 및 읽기 코드를 살펴보자.

```
impl Todo {
    pub async fn list(dbpool: SqlitePool) -> Result<Vec<Todo>, Error> {
        query_as("select * from todos")    ◄──── todos 테이블로부터 모든 todo를 가져온다.
            .fetch_all(&dbpool)
            .await
            .map_err(Into::into)
    }

    pub async fn read(dbpool: SqlitePool, id: i64) -> Result<Todo, Error> {
        query_as("select * from todos where id = ?")  ◄───┐ todos 테이블에서 id 필드가 일치되는
            .bind(id)                                       │ 하나의 todo를 가져온다.
            .fetch_one(&dbpool)
            .await
            .map_err(Into::into)
    }
}
```

예제 9.7에는 `list()`와 `read()`라는 두 메서드가 있다. 각 메서드는 데이터베이스에 쿼리를 실행하여 값을 기대expect하는 작업을 적용한다. `list()`와 `read()`의 유일한 실제 차이점은 반환되는 레코드 수와 단일 레코드를 읽을 때 ID로 선택해야 한다는 것뿐이다. 이제 값을 쓰는 `impl` 블록을 보여주는 예제 9.8을 살펴보자.

예제 9.8 src/todo.rs의 Todo 구조체의 impl 블록(write)

```
impl Todo {
    pub async fn create(
        dbpool: SqlitePool,
        new_todo: CreateTodo,  ◄───┐ 아직 정의하지 않은 CreateTodo라는 새로운 타입을 추가했다.
    ) -> Result<Todo, Error> {      │ 여기에는 할 일을 생성하는 데 필요한 할 일 본문이 포함되어 있다.
        query_as("insert into todos (body) values (?) returning *")  ◄───┐ 레코드 삽입 후 즉시
            .bind(new_todo.body())                                        │ 레코드를 검색하기 위해
            .fetch_one(&dbpool)  ◄───┐ 여기서 하나의 행을 반환할 것으로 예상하기 때문에  │ returning * SQL 절을
            .await                    │ fetch_one()을 사용하여 쿼리를 실행한다.         │ 사용한다.
            .map_err(Into::into)
    }

    pub async fn update(
        dbpool: SqlitePool,
        id: i64,
        updated_todo: UpdateTodo,  ◄───┐ 업데이트가 허용된 2개의 필드를 포함하는 UpdateTodo라는
    ) -> Result<Todo, Error> {          │ 또 다른 새로운 타입을 추가했다.
```

```
    query_as(
        "update todos set body = ?, completed = ?, \
        updated_at = datetime('now') where id = ? returning *",   ◀
    )
    .bind(updated_todo.body())  ◀────────            각 값은 값을 바인딩하는 토큰인 ?를 사용하여
    .bind(updated_todo.completed())                  SQL 문 내에서 선언 순서대로 바인딩된다.
    .bind(id)                                        이 구문은 SQL 구현체에 따라 다르다.
    .fetch_one(&dbpool)  ◀───── 이 쿼리가 실행되면 하나의 행이 반환될 것으로 기대한다.
    .await
    .map_err(Into::into)                       다시 한번 returning * SQL 절을 사용하여
}                                          업데이트된 레코드를 바로 반환한다. update_at 필드를
                                           현재 날짜와 시간으로 설정하는 방법에 주목하자.

pub async fn delete(dbpool: SqlitePool, id: i64) -> Result<(), Error> {
    query("delete from todos where id = ?")  ◀───   삭제는 파괴적이다. 성공하면 반환할 것이
        .bind(id)                                    아무것도 남지 않는다.
        .execute(&dbpool)  ◀───── 레코드를 반환하지 않는 쿼리에 사용되는 쿼리를 실행하기 위해 execute()를 사용한다.
        .await?;
    Ok(())  ◀───── 성공하면 유닛을 반환한다(즉, 이곳까지 오는 동안 오류가 없음을 의미).
    }
}
```

각 작업의 코드는 매우 유사하므로 몇 가지 공유되는 동작에 대해 논의해보자.

- 쿼리 실행에 의해 일어나는 모든 오류는 `sqlx::Error`로 반환될 것이라고 가정한다. 이는 실제로 `.map_err(Into::into)`로 적용되는 `From` 트레이트를 통해 자체적으로 정의한 오류 타입으로 매핑된다. `From`, `Into` 트레이트는 상호적이므로 `map_err()`를 사용하여 오류가 발생한 경우에만 `Into::into` 트레이트 함수를 호출할 수 있다.

- 삭제 작업을 제외한 모든 쿼리는 하나 이상의 레코드를 반환하고 `Todo`는 `sqlx::FromRow`를 파생했기 때문에(이전에 언급한 대로) SQLx가 해당 타입을 매핑하도록 할 수 있다.

- 각 작업을 실행하려면 데이터베이스 풀에 핸들을 전달해야 한다(연결을 직접 전달할 수도 있음).

- `bind()`를 사용하여 값을 SQL 문에 바인딩할 때에는 값이 지정된 순서대로 바인딩되므로 순서에 주의해야 한다. 일부 SQL 드라이버에서는 식별자를 사용하여 값을 바인딩할 수 있지만, SQLite는 그렇지 않다.

예제 9.8에서 소개한 `CreateTodo`, `UpdateTodo` 구조체를 간단히 살펴보자. 먼저 예제 9.9에서 `CreateTodo`를 살펴본다.

```rust
#[derive(Deserialize)]
pub struct CreateTodo {
    body: String,
}

impl CreateTodo {
    pub fn body(&self) -> &str {
        self.body.as_ref()
    }
}
```

여기에서 제공하는 유일한 메서드는 `body` 필드에 대한 접근자라는 점에 유의한다. 그 이유는 우리가 최상위에서 파생된 구조체를 생성하기 위해 `Deserialize`에 의존하고 있기 때문이다. `CreateTodo`의 인스턴스를 직접 생성할 필요는 없으며, API 호출에서 `CreateTodo`를 수신할 때 역 직렬화하기만 하면 된다.

이어서 예제 9.10을 통해 `UpdateTodo`를 살펴보자.

예제 9.10 src/todo.rs의 UpdateTodo 구조체

```rust
#[derive(Deserialize)]
pub struct UpdateTodo {
    body: String,
    completed: bool,
}

impl UpdateTodo {
    pub fn body(&self) -> &str {
        self.body.as_ref()
    }

    pub fn completed(&self) -> bool {
        self.completed
    }
}
```

`UptadeTodo`는 `CreateTodo`와 거의 동일하지만 2개의 필드(`body`, `completed`)가 있다. 위에서와 마찬가지로 우리는 `serde` 라이브러리를 통해 객체를 생성한다.

지금까지 데이터 모델에 대해 살펴보았다. 이제 다음 절로 넘어가 API 경로 정의를 알아보자.

9.7 API 경로 선언하기

이미 API를 설계했으므로 남은 일은 axum의 Router를 사용하여 경로를 선언하는 것뿐이다. 다른 웹 프레임워크를 사용해본 적이 있다면 동일한 구성 요소로 이루어진 이 코드가 꽤 익숙해 보일 것이다. 구성 요소는 요청 경로(선택적 매개변수 포함), 요청 메서드, 요청 핸들러, 핸들러에 필요한 상태와 서비스에 대한 추가적인 레이어를 의미한다.

예제 9.11에서 서비스와 해당 라우터를 정의하는 router.rs를 살펴보자.

예제 9.11 src/router.rs의 라우터 정보

```
pub async fn create_router(dbpool: sqlx::Pool<sqlx::Sqlite>,  ← 데이터베이스 풀은 소유권을 갖는
) -> axum::Router {                                             라우터로 전달된다.
    use crate::api::{ping, todo_create, todo_delete, todo_list, todo_read, todo_update};
    use axum::{routing::get, Router};
    use tower_http::cors::{Any, CorsLayer};
    use tower_http::trace::TraceLayer;

    Router::new()
        .route("/alive", get(|| async { "ok" }))  ← 생존 상태 검사는 단순히 body에 ok 값을
                                                      가지며 상태 200을 반환한다.
        .route("/ready", get(ping))  ← 준비 상태 확인은 ping() 핸들러를 사용하여 GET 요청을 수행한다.
        .nest(
            "/v1",  ← API 경로는 /v1 경로 아래에 중첩된다.
            Router::new()
                .route("/todos", get(todo_list).post(todo_create))
                .route(
                    "/todos/:id",
                    get(todo_read).put(todo_update).delete(todo_delete),
                ),  ← 작업하려는 작업의 ID에 매핑되는 경로 매개변수 :id를 도입했다. todo_read(), todo_update(),
                      todo_delete() 핸들러에 각각 대응되는 /v1/todos/:id의 GET, PUT, DELETE를 각기 적용하였다.
        )
        .with_state(dbpool)  ← 데이터베이스 연결 풀을 라우터에 넘겨 핸들러에 상태로 전달한다.
        .layer(CorsLayer::new().allow_methods(Any).allow_origin(Any))  ← CORS 헤더를 적용하는
        .layer(TraceLayer::new_for_http())  ← 요청 추적을 얻으려면 tower_http의   방법을 보여주기 위해
}                                              HTTP 추적 레이어를 추가해야 한다.    CORS 레이어를 추가했다.
```

/v1/todos 경로에 대해 todo_list(), todo_create() 핸들러를 각각 호출하는 GET, POST 두 가지 메서드에 대응한다.
메서드를 한 번에 변경할 때 이런 인터페이스는 사용하기 편리하고 매끄럽다.

axum::Router는 axum 웹 프레임워크의 핵심적인 추상화다. 이를 통해 경로와 핸들러를 선언하고 tower_http와 같은 다른 서비스의 레이어를 혼합할 수 있다. 이 예제는 매우 기본적이지만 여기서 설명한 내용을 바탕으로 다양한 사용 사례의 상당 부분에 해당하는 광범위한 구축을 할 수 있다.

실제적인 목적을 위해서는 axum[6]을 참조하여 프레임워크와 해당 기능에 대해 더 자세히 알아봐야 한다. 이제 API 경로 처리기 구현으로 넘어가겠다.

9.8 API 경로 구현

마지막 남은 퍼즐 조각은 API 경로 처리기로, 이제부터 살펴볼 것이다. 준비 상태를 검사하는 ping() 핸들러부터 시작한다. 예제 9.12에서 가장 간단한 핸들러 코드를 소개한다.

예제 9.12 **src/api.rs의 ping 처리기**

```
pub async fn ping(State(dbpool): State<SqlitePool>,    ◀── State 추출기는 axum 상태에서
) -> Result<String, Error> {                                데이터베이스 연결 풀을 제공한다.
    use sqlx::Connection;

    let mut conn = dbpool.acquire().await?;   ◀── 먼저 데이터베이스 풀에서 연결을 얻어야 한다.
    conn.ping()  ◀── ping() 메서드는 데이터베이스 연결이 괜찮은지 확인한다.
        .await        SQLite의 경우 SQLite 백그라운드 스레드가 활성 상태인지 확인한다.
        .map(|_| "ok".to_string())  ◀──── 성공하면 ping()은 유닛을 반환하므로
        .map_err(Into::into)  ◀── From 트레이트를   이를 대신하여 ok 문자열을 응답으로 매핑한다.
}                               사용하여 sqlx::Error를
                                자체 오류 타입에 매핑한다.
```

ping()에서 **추출기**extractor라는 axum 프레임워크의 새로운 개념이 나왔다. 간단히 말해서 추출기는 axum::extract::FromRequest나 axum::extract::FromRequestParts 트레이트를 구현하는 모든 것이지만 axum에서 다음 추출기 중 하나를 사용할 수 있다.

- axum::extract::State: .with_state()를 사용하여 라우터에 사용되는 전역 애플리케이션 스테이트로부터 추출한다. 예제 9.11에서 데이터베이스 풀을 가져올 때 사용했다.
- axum::extract::Path: 경로에 포함된 id와 같은 경로 매개변수를 추출한다.
- axum::extract::Json: 요청 본문을 JSON 개체로 추출하고 serde 크레이트를 사용하여 역직렬화한다.

axum은 다양한 추출기를 제공하며 extractor 트레이트를 구현하여 자신만의 추출기를 만들 수도 있다.

---

6 https://docs.rs/axum/

계속해서 가장 중요한 부분인 예제 9.13에 표시된 todo API 경로 처리기에 대해 살펴보자.

예제 9.13 **src/api.rs의 todo 처리기**

```rust
pub async fn todo_list(
    State(dbpool): State<SqlitePool>
) -> Result<Json<Vec<Todo>>, Error> {
    Todo::list(dbpool).await.map(Json::from)
}
```
← Vec<Todo>의 JSON 객체를 반환하거나 오류가 발생하는 경우에 대처하는 방법에 유의한다.

← Todo::list() 메서드는 일반 Vec<Todo>를 반환하므로 Todo에서 파생된 Serialize 트레이트에 의존하는 Json::from을 사용하여 이를 Json 개체에 매핑한다.

```rust
pub async fn todo_read(
    State(dbpool): State<SqlitePool>,
    Path(id): Path<i64>,
) -> Result<Json<Todo>, Error> {
    Todo::read(dbpool, id).await.map(Json::from)
}
```
← Path 추출기를 사용하여 액세스하는 경로 매개변수를 가져온다. axum은 타입에 안전한 방식으로 /v1/todos/:id 라우터 경로의 ID를 명명된 매개변수로 매핑한다.

```rust
pub async fn todo_create(
    State(dbpool): State<SqlitePool>,
    Json(new_todo): Json<CreateTodo>,
) -> Result<Json<Todo>, Error> {
    Todo::create(dbpool, new_todo).await.map(Json::from)
}
```
← serde 크레이트로 파생된 Deserialize 구현을 사용하는 Json 추출기를 통해 요청 본문에서 CreateTodo 구조체를 가져온다.

```rust
pub async fn todo_update(
    State(dbpool): State<SqlitePool>,
    Path(id): Path<i64>,
    Json(updated_todo): Json<UpdateTodo>,
) -> Result<Json<Todo>, Error> {
    Todo::update(dbpool, id, updated_todo).await.map(Json::from)
}
```
← serde 크레이트로 파생된 Deserialize 구현을 사용하는 Json 추출기를 통해 요청 본문에서 UpdateTodo 구조체를 가져온다.

```rust
pub async fn todo_delete(
    State(dbpool): State<SqlitePool>,
    Path(id): Path<i64>,
) -> Result<(), Error> {
    Todo::delete(dbpool, id).await
}
```

API 처리기의 코드는 매우 짧다. 이미 대부분의 어려운 작업을 수행했기 때문에 이 시점에서는 각 처리기에 대한 입력, 출력을 정의하는 것뿐이다. axum은 주어진 요청 경로 및 메서드에 대해 유효한 추출기가 있는 처리기에 대해서만 요청을 일치시키며, 타입이 안전한 방식으로 이를 수행하므로 일단 코드 컴파일에 성공하면 핸들러가 작동할지 여부에 대해 너무 열심히 생각할 필요가 없다. 이것이 러스트와 타입 안전성의 아름다움이다.

원점으로 돌아가서 이 API가 매우 엄격한 방식으로 설계되었다는 점에 유의해야 한다. 예를 들어 어떤 엔드포인트에서도 선택적 필드를 허용하지 않는다. 필요한 필드만 정확하게 제공할 수 있으며, 그렇지 않으면 서비스에서 오류를 반환한다. 대부분의 경우 이는 괜찮지만 독자를 위한 연습으로 PUT, 즉 수정 요청에서 completed 필드를 선택 사항으로 만드는 것을 시도해보는 것도 좋다. PUT에서 하나의 특정 필드만 수정해야 하는 경우 API가 지정된 필드만 정상적으로 처리하는 것이 합리적으로 보인다. 그렇지 않은가?

이제 기본 CRUD 엔드포인트를 완성했으니 완벽하게 작동하는 API 서비스가 생겼다. 오류 처리라는 주제를 하나 더 논의한 다음 몇 가지 테스트를 실행하여 우리가 만든 서비스가 어떻게 작동하는지 확인해본다.

오류 처리를 시작하기 전에 axum에서 응답이 어떻게 처리되는지 빠르게 알아보고 넘어가자. 즉시 사용 가능한 axum은 기본 타입(유닛, 문자열, Json, axum::http::StatusCode)을 HTTP 응답으로 변환하는 작업을 처리한다. 가장 일반적인 응답 타입에 대해서는 axum::response::IntoResponse 트레이트의 구현을 제공하여 이를 수행한다. 자신의 타입을 응답으로 변환해야 하는 경우 이를 IntoResponse를 구현하는 것으로 변환하거나 IntoResponse를 직접 구현해야 한다. 이에 대해서는 다음 9.9절에서 설명하겠다.

9.9 오류 처리

오류 처리는 아주 간단하게 유지했다. 예제 9.14의 error.rs에 Error라는 열거형을 정의한다.

예제 9.14 **src/error.rs의 Error 열거형**

```
#[derive(Debug)]
pub enum Error {
    Sqlx(StatusCode, String),  ◀── sqlx::Error에서 오는 오류를 HTTP 상태 코드와 메시지로 변환한다.
    NotFound,  ◀── Error::NotFound는 HTTP 404 응답을 편리하게 매핑하려고 사용한다.
}
```

NOTE 404(찾지 못함)를 오류로 대하고 있지만, 404 상태 코드는 일반적인 HTTP 응답으로 오류로 지정할 필요는 없다. 우리의 경우에서는 200 상태 코드가 아닌 모든 것을 편의상 오류로 처리한다.

오류 타입 관련해서는 그리 많은 것이 보이지는 않는다. 예제 9.15와 같이 sqlx::Error에 대한 From 트레이트를 정의하여 SQLx 오류를 우리의 오류 타입으로 전환해야 할 필요가 있다.

```
impl From<sqlx::Error> for Error {
    fn from(err: sqlx::Error) -> Error {
        match err {
            sqlx::Error::RowNotFound => Error::NotFound,   ◀── 일치하는 값을 찾지 못했다면
            _ => Error::Sqlx(                                    HTTP 404를 반환한다.
                StatusCode::INTERNAL_SERVER_ERROR,   ◀── 다른 SQLx 오류는 HTTP 500을 반환한다.
                err.to_string(),   ◀── 반환된 SQLx 에러 문자열을 500 오류의 응답 본문에 포함시킨다.
            ),
        }
    }
}
```

Error에 대한 From<sqlx::Error> 구현은 매우 간단하다. 즉, RowNotFound 한 가지 사례만 특별하게 처리한다. 이를 위해 일반적인 500 오류를 반환하는 것보다 더 유용한 HTTP 404에 매핑한다.

다음으로 axum이 우리가 만든 오류 타입을 응답으로 사용할 수 있도록 해야 하며, 이를 위해 예제 9.16에 나온 대로 Error에 대해 IntoResponse를 구현한다.

예제 9.16 src/error.rs의 Error에 대한 IntoResponse 구현

```
impl IntoResponse for Error {              우리가 해야 할 일은 상태 코드와 응답 본문을 꺼내는 것뿐이다.
    fn into_response(self) -> Response {     그런 다음 axum이 IntoResponse 구현을 제공하기 때문에
        match self {                      (StatusCode, String) 튜플에서 into_response()를 호출하면 된다.
            Error::Sqlx(code, body) => (code, body).into_response(),   ◀──┘
            Error::NotFound => StatusCode::NOT_FOUND.into_response(),   ◀──┐
        }                                                                 │
    }                              StatusCode::NOT_FOUND에 대해                │
}                         into_response()를 호출하여 빈 HTTP 404 응답을 제공한다.  ┘
```

예제 9.16에서 IntoResponse에서 요구하는 대로 응답을 생성하는 데 신경을 쓰지 않는다는 것을 알 수 있다. axum이 제공하는 구현 덕분에 IntoResponse의 기존 구현을 사용하여 응답 구성을 axum에 위임하기만 하면 된다. 이것은 최소한의 노력만 필요한 깔끔한 트릭이다. 이 작업을 원하지 않는 유일한 경우는 기본 구현에 비용이 많이 드는 변환이 포함되어 있고 이를 더 잘 최적화할 수 있는 충분한 정보가 있을 때다.

9.10 서비스 실행

서비스를 실행하고 의도한 대로 동작하는지 확인해보자. `cargo run`으로 실행하면 그림 9.2와 비슷한 결과가 나온다.

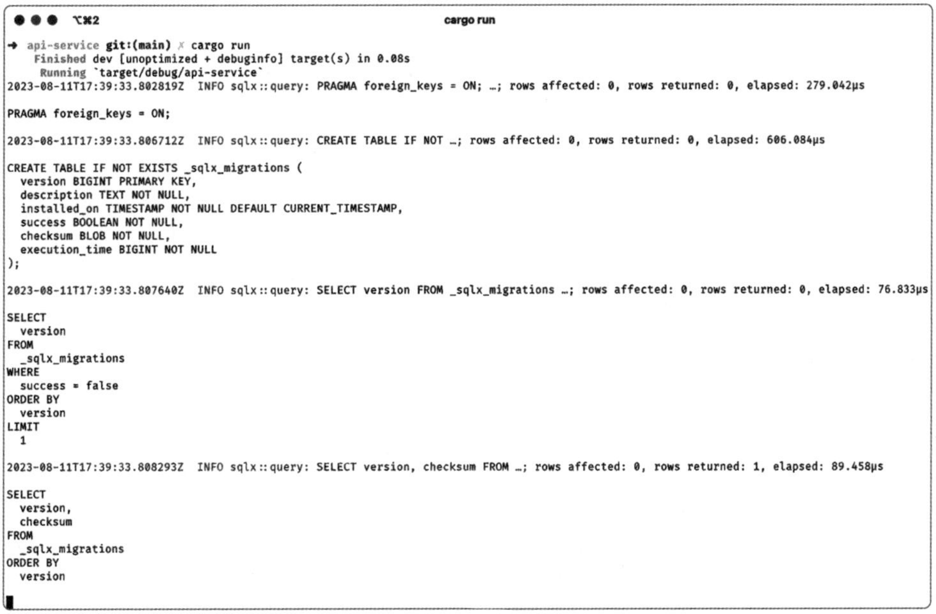

```
●●●  ⌥⌘2                                   cargo run
→ api-service git:(main) ✗ cargo run
    Finished dev [unoptimized + debuginfo] target(s) in 0.08s
    Running `target/debug/api-service`
2023-08-11T17:39:33.802819Z  INFO sqlx::query: PRAGMA foreign_keys = ON; …; rows affected: 0, rows returned: 0, elapsed: 279.042µs

PRAGMA foreign_keys = ON;

2023-08-11T17:39:33.806712Z  INFO sqlx::query: CREATE TABLE IF NOT …; rows affected: 0, rows returned: 0, elapsed: 606.084µs

CREATE TABLE IF NOT EXISTS _sqlx_migrations (
  version BIGINT PRIMARY KEY,
  description TEXT NOT NULL,
  installed_on TIMESTAMP NOT NULL DEFAULT CURRENT_TIMESTAMP,
  success BOOLEAN NOT NULL,
  checksum BLOB NOT NULL,
  execution_time BIGINT NOT NULL
);

2023-08-11T17:39:33.807640Z  INFO sqlx::query: SELECT version FROM _sqlx_migrations …; rows affected: 0, rows returned: 0, elapsed: 76.833µs

SELECT
  version
FROM
  _sqlx_migrations
WHERE
  success = false
ORDER BY
  version
LIMIT
  1

2023-08-11T17:39:33.808293Z  INFO sqlx::query: SELECT version, checksum FROM …; rows affected: 0, rows returned: 1, elapsed: 89.458µs

SELECT
  version,
  checksum
FROM
  _sqlx_migrations
ORDER BY
  version
▌
```

그림 9.2 **API 서비스 실행**

그림 9.2에서 볼 수 있는 로깅 출력은 마이그레이션 실행을 포함하여 시작 시 SQLx의 쿼리를 보여준다. 마이그레이션을 자동으로 실행할 필요는 없지만 테스트할 때 편리하다. 프로덕션 서비스에서는 마이그레이션을 자동으로 실행하지 않을 가능성이 높다.

API를 테스트해야 하지만 먼저 상태 확인 엔드포인트가 예상대로 작동하는지부터 확인한다. 이 테스트를 위해 **HTTPie**[7] 도구를 사용하지만 cURL이나 다른 CLI HTTP 클라이언트로 쉽게 사용할 수도 있다.

`http 127.0.0.1:3000/alive` 다음에 `http 127.0.0.1:3000/ready`를 실행하면 각 엔드포인트에 대해 HTTP `GET` 요청이 생성되며 결과는 그림 9.3과 같다.

---

7 https://httpie.io/

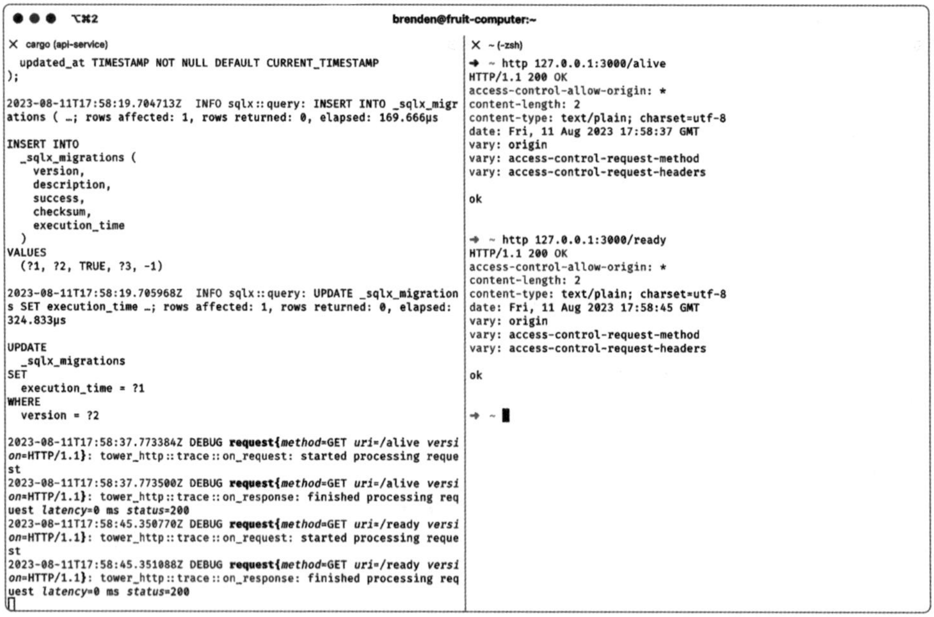

그림 9.3 **서비스의 헬스 검사**

그림 9.3을 보면 왼쪽에는 서비스의 로깅 출력이, 오른쪽에는 HTTPie의 출력이 표시된다. 지금까지는 모든 것이 좋아 보인다. 각 요청에 대해 HTTP 상태 코드가 200이고 요청 본문이 정상이며 CORS 헤더가 예상대로 존재하는 것을 볼 수 있다.

이제 할 일을 만들 차례다. 이를 위해 그림 9.4에 표시된 것처럼 `http post 127.0.0.1:3000/v1/todos body='wash the dishes'`를 사용하여 HTTP POST 요청을 만든다.[8]

---

8 〔옮긴이〕 `curl`을 사용하는 경우 다음과 같이 작성한다.

```
curl --request POST "127.0.0.1:3000/v1/todos" \
    --header "Content-Type: application/json" \
    --data-raw '{"body": "wash the dishes"}'
```

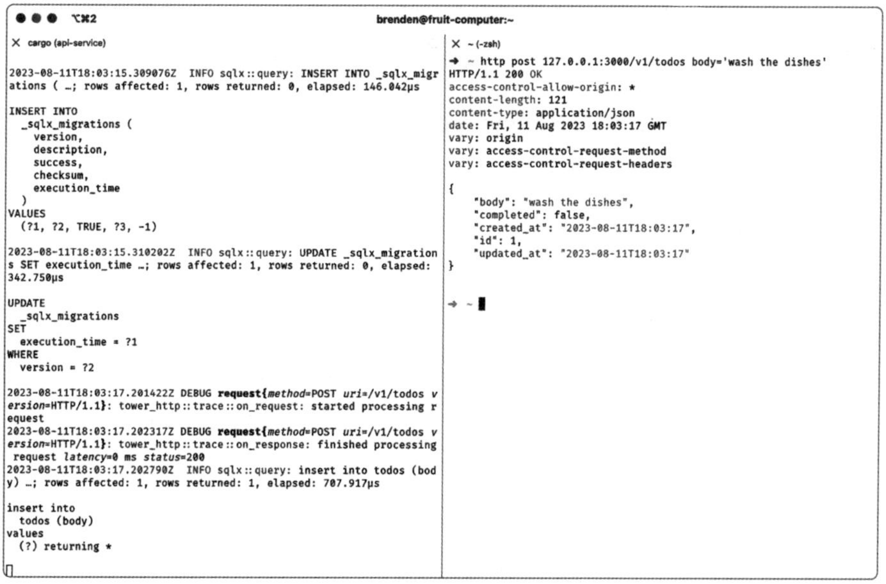

그림 9.4 **POST로 할 일 만들기**

이제 그림 9.5와 같이 `http 127.0.0.1:3000/v1/todos/1`(읽기) 및 `http 127.0.0.1:3000/v1/todos`(목록)를 사용하여 읽기 및 목록 엔드포인트에 대한 HTTP `GET` 메서드를 테스트해보자.[9]

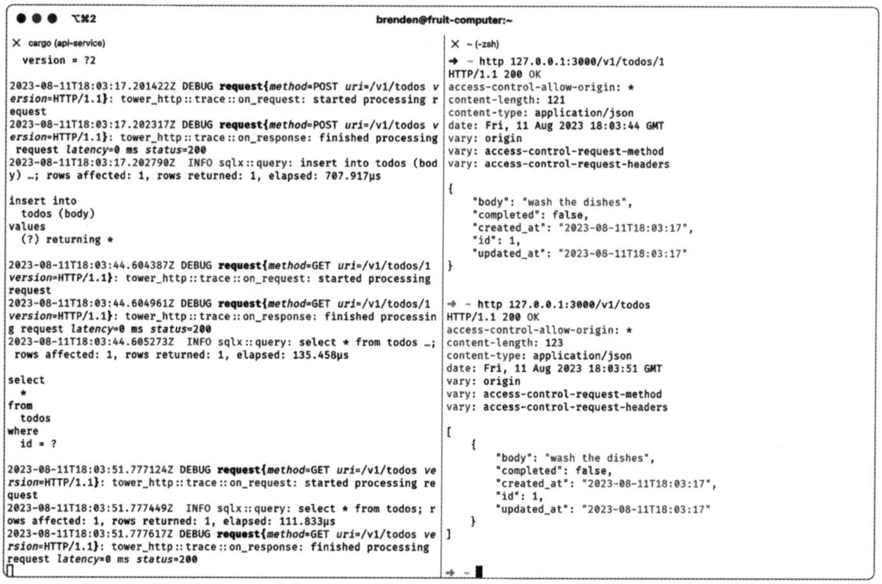

그림 9.5 **GET으로 할 일 읽기**

---

9   옮긴이 `curl`을 사용하는 경우 다음과 같이 작성한다.

```
curl "127.0.0.1:3000/v1/todos/1"
curl "127.0.0.1:3000/v1/todos"
```

(특정 리소스에 대한) 첫 번째 요청이 대상 todo 객체만 반환하고 두 번째 요청(모든 리소스 나열)이 객체 목록을 반환하는 방식에 유의한다. 여태까지는 그런대로 잘됐다. 다음으로, 그림 9.6과 같이 `http put 127.0.0.1:3000/v1/todos/1 body='wash the dishes' complete:=true`로 할 일을 완료로 수정하는 `PUT` 메서드를 테스트해본다.[10]

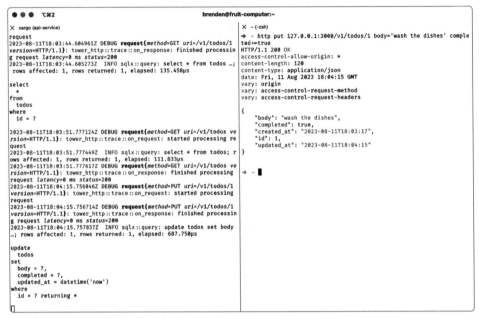

그림 9.6 **PUT으로 할 일 수정하기**

`body`와 `completed` 필드를 **모두** 지정해야 한다는 것에 주목하자. 이는 약간 번거로운 일이다. 레코드를 업데이트할 때 필수 필드만 우아하게 처리하면 좋겠지만 독자들의 연습 문제로 남겨두겠다.

마지막으로 그림 9.7과 같이 `http delete 127.0.0.1:3000/v1/todos/1`을 사용하여 할 일을 삭제할 수 있는지 확인해보자.[11]

---

10 옮긴이 `curl`을 사용하는 경우 다음과 같이 작성한다.

```
curl --request PUT "127.0.0.1:3000/v1/todos/1" \
    --header "Content-Type: application/json" \
    --data-raw '{"body": "wash the dishes", "completed": true}'\
```

11 옮긴이 `curl`을 사용하는 경우 다음과 같이 작성한다.

```
curl --request DELETE "127.0.0.1:3000/v1/todos/1"
```

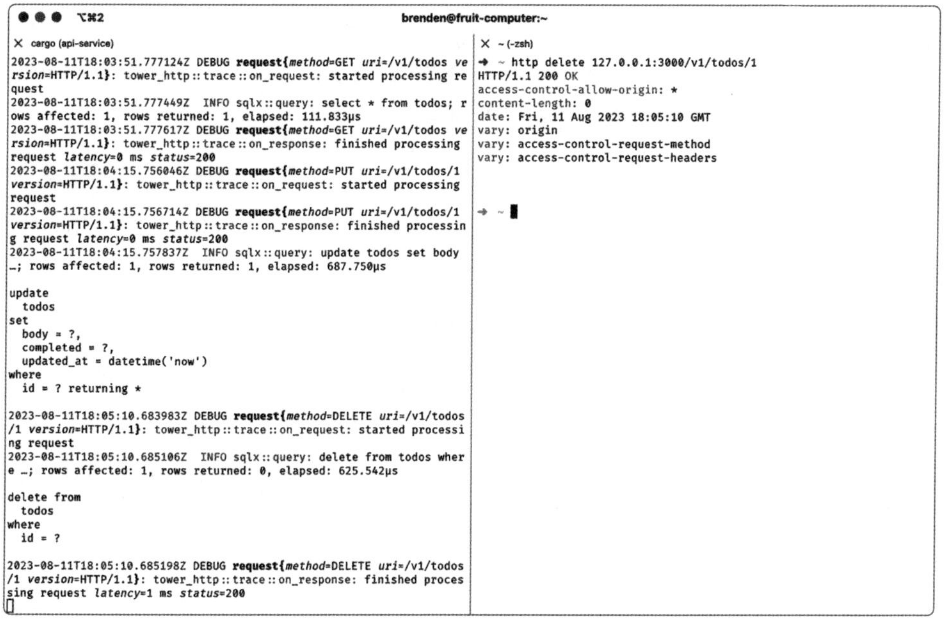

그림 9.7 **DELETE로 할 일 삭제하기**

성공이다! 모든 것이 잘 작동하는 것 같다. 독자들에게 연습으로 다음과 같이 몇 가지를 테스트해 보고 실험해보기를 제안한다.

- 여러 게시물을 추가한다.
- 여러 게시물을 나열한다.
- 선택적 필드 허용(이미 제안한 대로)
- 다른 기본 키 타입(예: UUID)을 시도한다.
- RESTful API에서 때때로 사용되는 패턴인 리소스 URL 또는 3xx 리디렉션을 포함하도록 POST에 대한 응답을 변경한다.

9.11 요약

- axum은 Tokio 비동기 런타임을 사용하여 러스트에서 웹 서비스 API를 구축하는 데 필요한 모든 것을 제공하는 웹 프레임워크다. 다른 러스트 웹 프레임워크도 있지만 axum은 매크로 없이도 타입이 안전한 API를 제공한다.

- `axum`은 여러 다른 크레이트와 함께 사용하여 웹 프레임워크에 필요한 모든 것을 제공할 수 있지만 `axum` 크레이트 자체는 매우 작으며, 라우터, 추출기, 응답, 오류 처리, `tower`와 `tower-http` 크레이트 통합과 같은 몇 가지 주요 추상화만 제공한다.

- `axum`은 `hyper` 크레이트를 통해 HTTP/1 및 HTTP/2를 지원하고, `rustls`로 TLS 종료를 처리할 수 있으며, `async/await` 구문에 대한 안정적인 러스트 지원을 받는 Tokio의 엄청나게 빠른 비동기 런타임을 기반으로 구축되었다.

- API 서비스 구축 작업의 대부분에는 데이터 모델 설계, 상태 관리 결정, 추적 및 로깅 추가, 클라이언트 측 데이터(HTML, JSON 등) 렌더링 방법 결정, 요구 사항에 맞는 아키텍처 선택 등이 포함된다.

- 표준 웹 계층 아키텍처는 상당 부분의 애플리케이션 요구 사항에 적합하며, 상대적으로 강력하고 확장성이 뛰어나며 이해하기 쉽고 HTTP와 같이 잘 알려진 표준의 지원을 받는다.

10

HTTP REST API
명령행 도구 만들기

. . . .

이 장의 주요 내용

- **사용할 도구와 라이브러리 결정**
- **CLI 설계**
- **명령 선언**
- **명령 구현**
- **요청 구현**
- **오류를 적절하게 처리하기**
- **CLI 테스트하기**

. . . .

9장에서 구현했던 작업에 이어 API 서비스에 대한 CLI 도구를 작성한다. 기존에 작성한 별도의 서비스로 HTTP 요청을 함으로써 러스트에서 비동기적으로 상호작용하는 또 다른 방법을 보여줄 것이다. CLI 도구는 투두 앱 백엔드(API 서비스)와 편리하게 상호작용한다. 클라이언트-서버 관계의 클라이언트 측에서 비동기 러스트를 작성하는 기본 방법을 러스트의 비동기 기능을 사용해 보여줄 것이다.

CLI 도구를 작성하는 것은 소프트웨어를 활용하여 문제를 해결하는 한 가지 방법이며, 도구를 구축하는 것은 컴퓨터에 더 적합한 작업을 수행하는 데 있어 반복, 실수, 시간 낭비를 방지하는 방법이다. 대부분의 유닉스 철학 버전(여러 가지 변형 있음)에는 '한 가지 일을 잘 수행'하는 원칙이 포함되어 있으며, 이를 CLI 도구에 적용할 것이다. 또한 CLI의 출력을 다른 도구로 쉽게 파이프(유닉스 철학의 또 다른 요점)하여 명령을 함께 묶는 것이 가능하도록 할 것이다.

10.1 사용할 도구와 라이브러리 결정

Tokio 런타임으로 계속 작업할 것이며 HTTP 요청을 만들기 위해 (서버와 클라이언트 모두에 대해) HTTP 구현을 제공하는 hyper 라이브러리를 다시 한번 사용할 것이다. 또한 구조화되고 타입이 안전한 명령줄 구문 분석을 제공하는 clap[1]이라는 새로운 크레이트를 소개할 것이다.

더 높은 수준의 HTTP 클라이언트 라이브러리인 reqwest가 존재한다.[2] 이는 파이썬의 requests 라이브러리와 유사한 러스트용 라이브러리다. 그러나 더 낮은 수준에서의 개발을 진행할 것이므로 hyper를 계속 사용한다. hyper 라이브러리를 래핑하는 reqwest 대신 hyper를 직접 사용함으로써 작동 방식을 익히다 보면 좀 더 많은 것을 배울 수 있을 것이다. 물론 현실적으로는 더 편리하고 사용자 친화적인 API를 제공하는 reqwest를 사용하는 것이 더 나을 것이다.

표 10.1 **API 서비스 의존성**

이름	기능	설명
clap	derive	명령줄 프레임워크
colored_json	기본	JSON 데이터를 보기 좋게 출력
hyper	client,http1,tcp,stream	HTTP 클라이언트/서버 AP
serde	기본	직렬화/역직렬화 라이브러리
serde_json	기본	serde 크레이트를 위한 JSON 직렬화/역직렬화 라이브러리
tokio	macros,rt-multi-thread,io-util,io-std	비동기 런타임, hyper와 사용
yansi	기본	ANSI 컬러 출력

다음 명령을 실행하면 표 10.1에 나열된 모든 의존성을 설치할 수 있다.

```
cargo add clap --features derive
cargo add colored_json
cargo add hyper --features client,http1,tcp,stream
cargo add serde
```

---

1 https://crates.io/crates/clap
2 https://crates.io/crates/reqwest

```
cargo add serde_json
cargo add tokio --features macros,rt-multi-thread,io-util,io-std
cargo add yansi
```

위의 명령을 실행하면 `Cargo.toml`이 예제 10.1과 같이 나타난다.

예제 10.1 **API 클라이언트의 Cargo.toml**

```
[package]
name = "api-client"
version = "0.1.0"
edition = "2021"

# See more keys and their definitions at https://doc.rust-lang.org/cargo/reference/manifest.html

[dependencies]
clap = { version = "4.3.10", features = ["derive"] }
colored_json = "3.2.0"
hyper = { version = "0.14.27", features = ["client", "http1", "tcp", "stream"] }
serde = "1.0.166"
serde_json = "1.0.100"
tokio = { version = "1.29.1", features = ["macros", "rt-multi-thread", "io-util", "io-std"] }
yansi = "0.5.1"
```

의존성을 모두 지정했으니, 명령줄 인터페이스의 설계에 대해 알아보자.

10.2 CLI 설계하기

만들 CLI는 매우 간단하다. 5개의 CRUD와 목록 명령을 CLI 명령에 매핑한다. 이 명령은 표 10.2
에 나타낸 것처럼 정확히 예상한 대로 수행된다.

표 10.2 **CLI 명령**

명령	행동	메서드	경로
`create`	할 일 만들기	`POST`	`/v1/todos`
`read`	ID로 할 일 읽기	`GET`	`/v1/todos/:id`
`update`	ID로 할 일 수정	`PUT`	`/v1/todos/:id`
`delete`	ID로 할 일 삭제	`DELETE`	`/v1/todos/:id`
`list`	모든 할 일 나열	`GET`	`/v1/todos`

API로부터의 응답은 직접 표준 출력으로 인쇄하며, JSON 응답의 경우 가독성을 위해 보기 좋게 인쇄한다. 이렇게 하면 명령을 다른 도구(예: `jq`)로 파이프하는 동시에 출력을 사람이 읽을 수 있게 만들 수 있다.

`clap` 라이브러리를 사용하면 위치 매개변수 또는 선택적 매개변수를 사용하여 명령 기반 CLI를 구축할 수 있다. `clap`은 도움말(`help` 명령으로 얻을 수 있음)을 자동으로 생성하며 최상위 명령이나 하위 명령 중 하나에 적용되는 매개변수를 가질 수 있다. `clap`은 타입을 올바르게 정의한 경우 부정확하거나 유효하지 않은 인수의 경우 인수 구문 분석 및 오류를 처리한다. `clap`의 구문 분석이 완료되면 명령줄 인수에서 구문 분석된 모든 값을 포함하는 구조체(우리가 정의함)가 남는다. 이제 `clap`을 사용하여 인터페이스를 정의하는 방법을 코드를 통해 살펴보자.

10.3 명령 선언하기

`clap`의 API는 일부 절차적 매크로 외에 `derive` 매크로를 사용하여 인터페이스를 선언한다. 예제 10.2처럼 CLI를 정의하는 `#[command]` 매크로를 사용하여 `clap`으로 활성화할 수 있는 명령 기반 인터페이스를 사용하고자 한다.

예제 10.2 **src/main.rs의 clap 대응 최상위 CLI 정의**

```
#[derive(Parser)]  ◀── CLI용 clap::Parser를 파생시켰는데, 이를 통해 Cli 구조체를 사용하여 명령줄에서 인수를 파싱할 수 있다.
struct Cli {
    /// Base URL of API service  ◀── 삼중 슬래시 ///는 clap이 인수(API 서비스 URL)에 대한 도움말 문자열로 파싱한다.
    url: hyper::Uri,      첫 번째 인수의 경우 hyper::Uri 구조체로 직접 파싱하며,
                          해당 구조체는 clap이 활용하는 FromStr을 구현한다.
    #[command(subcommand)]  ◀── 두 번째 인수는 #[command()] 매크로로 표시되는 하위 명령이다.
    command: Commands,      ◀── 여기에는 다음에 정의할 하위 명령(두 번째 인수)을 포함한다.
}
```

최상위 CLI의 경우 API 서비스의 기본 URL과 하위 명령(`create`, `read`, `update`, `delete`, `list` 중 하나)이라는 두 가지 위치 인수를 정의했다. 예제 10.3은 아직 정의되지 않았던 명령을 정의한 것이다.

예제 10.3 **src/main.rs의 하위 명령어 정의**

```
#[derive(Subcommand, Debug)]  ◀── clap::Subcommand를 파생시켜 이 열거형을 하위 명령으로 사용한다.
enum Commands {  ◀── 한 번에 하나의 명령만 선택할 수 있으므로 열거형을 사용한다.
    /// List all todos
    List,
    /// Create a new todo
```

```
    Create {
        /// The todo body
        body: String,
    },
    /// Read a todo
    Read {
        /// The todo ID
        id: i64,
    },
    /// Update a todo
    Update {
        /// The todo ID
        id: i64,
        /// The todo body
        body: String,
        /// Mark todo as completed
        #[arg(short, long)]  ◀── 이 불(Boolean) 인수의 경우 위치 인수 대신
        completed: bool,          인수 스위치를 사용하여 선택적으로 만들 것이다.
    },
    /// Delete a todo
    Delete {
        /// The todo ID
        id: i64,
    },
}
```

명령에 대한 인수를 어떻게 정의하는지 주목하자. 예제 10.3의 변형 중에서 `List` 변형에는 인수가
필요하지 않다. 이제 `cargo run --help`를 사용하여 CLI를 실행할 수 있다. 이렇게 하면 다음과 같
은 도움말 메시지가 인쇄된다(`cargo run`을 사용할 때 인수는 이중 대시(`--`) 뒤에 와야 한다).

```
Usage: api-client <URL> <COMMAND>

Commands:
  list    List all todos
  create  Create a new todo
  read    Read a todo
  update  Update a todo
  delete  Delete a todo
  help    Print this message or the help of the given subcommand(s)

Arguments:
  <URL>  Base URL of API service

Options:
  -h, --help  Print help
```

각 하위 명령어는 마찬가지로 도움말을 표시할 수 있다. 예를 들어 `cargo run -- help create`나 `cargo run -- create --help`라고 실행해보면 다음과 같이 출력된다.

```
Create a new todo

Usage: api-client <URL> create <BODY>

Arguments:
  <BODY>  The todo body

Options:
  -h, --help  Print help
```

훌륭하다! 이제 명령을 구현해보도록 하자.

10.4 명령 구현하기

`clap`이 제공하는 타입 안전 API를 사용하면 각 명령과 인수를 쉽게 처리할 수 있다. `Commands` 열거형의 각 변형에 맞춰 명령을 처리할 수 있다. 각 명령을 처리하기 전에 예제 10.4처럼 CLI 인수와 기본 URL을 파싱하는 코드를 사용한다.[3]

예제 10.4 **src/main.rs의 CLI 인수 파싱 코드**

```
#[tokio::main]
async fn main() -> Result<(), Box<dyn std::error::Error + Send + Sync>> {
    let cli = Cli::parse();  ◄── main() 의 CLI 인수를 Cli 구조체로 파싱하려면 Cli::parse()를 호출해야 한다.
                                   기본 URL을 URL 구성 부분으로 파싱하고
    let mut uri_builder = Uri::builder();  ◄──┘이를 새로운 hyper::Uri 빌더에 추가해야 한다.
    if let Some(scheme) = cli.url.scheme() {  ◄── 기본 URL 스키마(예: http, https)를 추출한다.
        uri_builder = uri_builder.scheme(scheme.clone());
    }

    if let Some(authority) = cli.url.authority() {  ◄── 기본 URL 권한(예: localhost, 127.0.0.1)을 추출한다.
        uri_builder = uri_builder.authority(authority.clone());
    }
}
```

---

3 (옮긴이) URL 용어(스키마, 권한)의 해석 참조. https://developer.mozilla.org/ko/docs/Learn/Common_questions/Web_mechanics/What_is_a_URL

예제 10.4에서는 기본 URL을 여러 부분으로 나누었지만, 이 중에서 기본 경로를 무시하기로 했다. 접두사 기반 지정을 허용하고 각 요청 URL을 접두사에 추가할 수 있지만, 이 예에서는 경로를 무시한다. 이제 예제 10.5의 각 명령을 처리하는 코드를 살펴보자.

예제 10.5 **src/main.rs의 CLI 명령어 처리**

```rust
match cli.command {
    Commands::List => {
        request(
            uri_builder.path_and_query("/v1/todos").build()?,
            Method::GET,
            None,
        )
        .await
    }
    Commands::Delete { id } => {
        request(
            uri_builder
                .path_and_query(foramt!("/v1/todos/{}", id))
                .build()?,
            Method::DELETE,
            None,
        )
        .await
    }
    Commands::Read { id } => {
        request(
            uri_builder
                .path_and_query(format!("/v1/todos/{}", id))
                .build()?,
            Method::GET,
            None,
        )
        .await
    }
    Commands::Create { body } => {
        request(
            uri_builder.path_and_query("/v1/todos").build()?,
            Method::POST,
            Some(json!({"body": body}).to_string()),
        )
        .await
    }
    Commands::Update {
        id,
        body,
```

```
            completed,
    } => {
        request(
            uri_builder
                .path_and_query(format!("/v1/todos/{}", id))
                .build()?,
            Method::PUT,
            Some(json!({"body": body, "completed": completed}).to_string()),
        )
        .await
    }
}
```

각 명령에 대해 (아직 정의하지 않은) `request()` 함수를 호출하여 요청 URI, HTTP 메서드, 선택적 JSON 요청 본문을 전달한다. URI를 구축하기 위해서는 예제 10.4에 정의된 `uri_builder`를 사용한다.

러스트는 항상 열거형의 각 변형을 처리하는 데 엄격하기 때문에 (명령 열거형에 모두 올바르게 정의했다면) 모든 명령 케이스와 해당 매개변수를 처리했다고 자신 있게 말할 수 있다. 이제 HTTP 요청을 구현할 수 있다.

10.5 요청의 구현

명령과 인수를 정의하는 데 많은 노력을 기울인 덕에 이제 API에 대한 실제 요청을 실행하는 것이 매우 쉬워졌다. 필요한 모든 부분(URI, HTTP 메서드, 선택적 요청 본문)이 있으므로 실제 요청을 실행하기만 하면 된다. 예제 10.6처럼 하나의 단일 함수로 이 작업을 수행할 수 있다.

예제 10.6 **src/main.rs의 CLI 요청 실행**

```
async fn request(
    url: hyper::Uri,
    method: Method,
    body: Option<String>,
) -> Result<(), Box<dyn std::error::Error + Send + Sync>> {
    let client = Client::new();

    let mut res = client
        .request(
            Request::builder()
                .uri(url)
```

```
                .method(method)
                .header("Content-Type", "application/json") ◀─── 요청 본문이 있는 경우 항상
                .body(body.map(|s| Body::from(s))                JSON이라고 가정한다.
                .unwrap_or_else(|| Body::empty()))?, ◀─── 요청 본문이 제공된 경우 이를 포함한다.
        )                                                  그렇지 않다면 빈 요청을 보낸다.
        .await?;

    let mut buf = Vec::new(); ◀─── Vec을 버퍼로 사용하여 들어오는 응답 덩어리를 처리한다.
    while let Some(next) = res.data().await { ◀─── 한 번에 한 덩어리의 응답을 읽고
        let chunk = next?;                          각각을 버퍼에 추가한다.
        buf.extend_from_slice(&chunk); ◀─── 새로운 덩어리가 들어올 때마다 해당 덩어리를 버퍼에 추가한다.
    }

    let s = String::from_utf8(buf)?; ◀─── 모든 응답을 읽은 후에는 buf에서 UTF-8 문자열을
                                           생성하여 복사본 없이 이를 사용한다.
    eprintln!("Status: {}", Paint::green(res.status())); ◀─── 표준 오류에 응답 상태를 인쇄하되 yansi
    if res.headers().contains_key(CONTENT_TYPE) {              크레이트를 사용하여 ANSI 색상으로 인쇄한다.
        let content_type = res.headers()[CONTENT_TYPE].to_str()?; ◀─── 응답에 Content-Type
        eprintln!("Content-Type: {}", Paint::green(content_type)); ◀─── 헤더가 있으면 이를
        if content_type.starts_with("application/json") {            표준 출력으로 인쇄한다.
            println!("{}", &s.to_colored_json_auto()?); ◀─── 콘텐츠 유형이 JSON인 경우,
        } else {                                           colors_json 크레이트를 사용하여
            println!("{}", &s); ◀─── 콘텐츠 유형이 JSON이 아닌 경우 출력을 표준 출력에 일반 문자열로 인쇄한다.
        }                                               JSON을 표준 출력으로 인쇄한다.
    } else {
        println!("{}", &s); ◀─── 응답에 Content-Type 헤더가 없으면 출력을 표준 출력에 일반 문자열로 인쇄한다.
    }

    Ok(()) ◀─── 이 지점에 도달하면 요청이 성공한 것이므로 유닛을 반환한다.
}
```

요청이 항상 응답 본문을 표준 출력으로 인쇄하지만 요청 상태와 콘텐츠 유형 헤더를 표준 오류로
인쇄하는 방법을 주의 깊게 보자. 응답 본문과 메타데이터를 분리하면 명령 출력을 다른 도구로
파이프할 수 있다.

10.6 오류를 적절히 처리하기

예제 10.6에서는 `Result`를 반환하고 `?` 연산자를 많이 사용했다. 또한 오류 반환 유형으로 `Box<dyn
std::error::Error + Send + Sync>`를 사용하여 동적 트레이트를 사용하고 있다. 이는 편리하지만
오류를 처리하는 다소 게으른 방법이다. 이번과 같은 특별한 경우에는 단순하게 유지하는 것이 합
리적이다(예: KISS 원칙). 그러나 더 복잡한 오류 처리 논리를 원하거나 오류 로깅 또는 오류 메시지

처리를 사용자 정의 하고자 한다면, 아마도 전용의 오류 타입을 만들고 `From` 트레이트를 사용하여 오류를 변환해야 할 것이다.

또한 예제 10.4의 `main()` 함수는 동일한 `Result<(), Box<dyn std::error::Error + Send + Sync>>` 타입을 반환하므로 전체 프로그램에서 `?` 연산자를 실행하면 오류를 올바르게 잡아낼 수 있다.

10.7 CLI 검사하기

마지막으로 9장의 API 서비스에 CLI를 실행하여 테스트해보자. 아래 예에서는 왼쪽에 API 서비스가 있는 분할 터미널을 열었다. 오른쪽에서는 각 명령을 보여주기 위해 방금 작성한 CLI를 실행했다.

먼저 그림 10.1에 표시된 것처럼 `cargo run -- http://localhost:3000 create "finish writing Chapter 10"`으로 새로운 할 일을 생성한다.

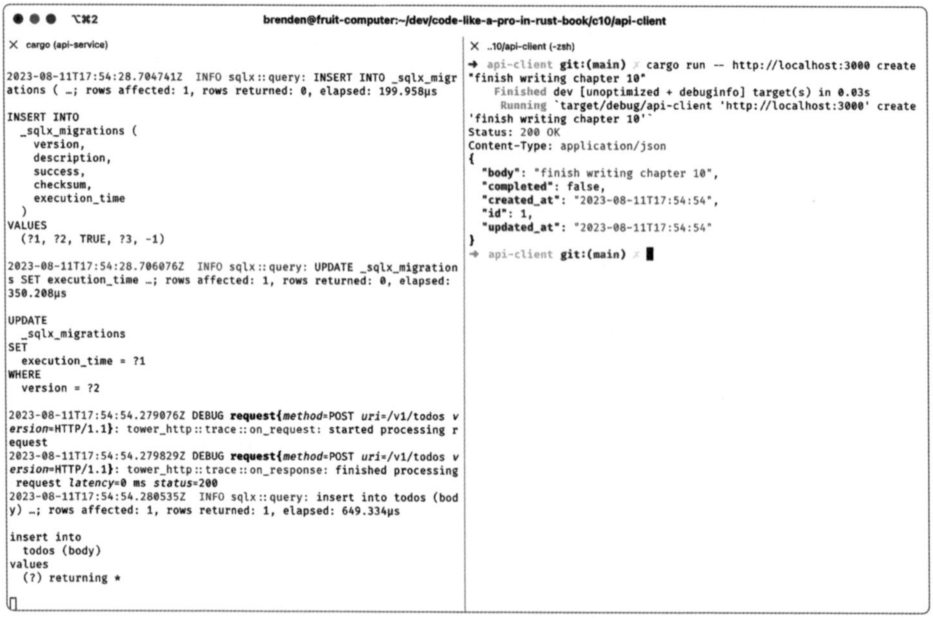

그림 10.1 CLI로 할 일 생성하기

멋지다! 색상이 포함된 멋진 형식의 출력을 확인할 수 있다. 그림 10.2와 같이 `cargo run -- http://localhost list`를 시작으로 다른 네 가지 명령을 실행해본다.

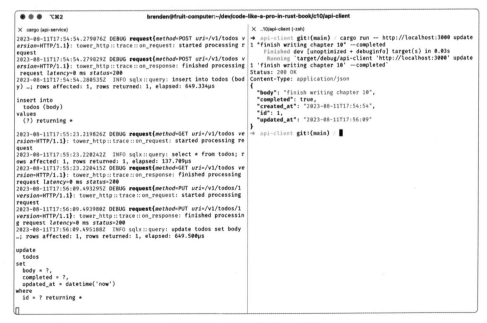

```
● ● ● ⌥⌘2          brenden@fruit-computer:~/dev/code-like-a-pro-in-rust-book/c10/api-client
✕ cargo (api-service)                                    ✕ ...10/api-client (-zsh)
    success,                                             → api-client git:(main) ✗ cargo run -- http://localhost:3000 list
    checksum,                                                Finished dev [unoptimized + debuginfo] target(s) in 0.03s
    execution_time                                           Running `target/debug/api-client 'http://localhost:3000' list`
  )                                                      Status: 200 OK
VALUES                                                   Content-Type: application/json
  (?1, ?2, TRUE, ?3, -1)                                 [
                                                           {
2023-08-11T17:54:28.706076Z INFO sqlx::query: UPDATE _sqlx_migration    "body": "finish writing chapter 10",
s SET execution_time _; rows affected: 1, rows returned: 0, elapsed:     "completed": false,
350.208µs                                                    "created_at": "2023-08-11T17:54:54",
                                                             "id": 1,
UPDATE                                                       "updated_at": "2023-08-11T17:54:54"
  _sqlx_migrations                                          }
SET                                                      ]
  execution_time = ?1                                    → api-client git:(main) ✗ ▌
WHERE
  version = ?2

2023-08-11T17:54:54.279076Z DEBUG request{method=POST uri=/v1/todos v
ersion=HTTP/1.1}: tower_http::trace::on_request: started processing r
equest
2023-08-11T17:54:54.279829Z DEBUG request{method=POST uri=/v1/todos v
ersion=HTTP/1.1}: tower_http::trace::on_response: finished processing
request latency=0 ms status=200
2023-08-11T17:54:54.280535Z INFO sqlx::query: insert into todos (bod
y) _; rows affected: 1, rows returned: 1, elapsed: 649.334µs

insert into
  todos (body)
values
  (?) returning *

2023-08-11T17:55:23.219826Z DEBUG request{method=GET uri=/v1/todos ve
rsion=HTTP/1.1}: tower_http::trace::on_request: started processing re
quest
2023-08-11T17:55:23.220242Z INFO sqlx::query: select * from todos; r
ows affected: 1, rows returned: 1, elapsed: 137.709µs
2023-08-11T17:55:23.220415Z DEBUG request{method=GET uri=/v1/todos ve
rsion=HTTP/1.1}: tower_http::trace::on_response: finished processing
request latency=0 ms status=200
▌
```

그림 10.2 CLI에서 할 일 목록 보기

다음으로 본문과 완료 여부를 바꾸어 할 일을 수정해보자. 실행 명령은 `cargo run -- http://localhost:3000 update 1 "finish writing chapter 10" --completed`다.

```
● ● ● ⌥⌘2          brenden@fruit-computer:~/dev/code-like-a-pro-in-rust-book/c10/api-client
✕ cargo (api-service)                                    ✕ ...10/api-client (-zsh)
2023-08-11T17:54:54.279076Z DEBUG request{method=POST uri=/v1/todos v  → api-client git:(main) ✗ cargo run -- http://localhost:3000 update
ersion=HTTP/1.1}: tower_http::trace::on_request: started processing r  1 "finish writing chapter 10" --completed
equest                                                       Finished dev [unoptimized + debuginfo] target(s) in 0.03s
2023-08-11T17:54:54.279829Z DEBUG request{method=POST uri=/v1/todos v     Running `target/debug/api-client 'http://localhost:3000' update
ersion=HTTP/1.1}: tower_http::trace::on_response: finished processing  1 'finish writing chapter 10' --completed`
request latency=0 ms status=200                          Status: 200 OK
2023-08-11T17:54:54.280535Z INFO sqlx::query: insert into todos (bod  Content-Type: application/json
y) _; rows affected: 1, rows returned: 1, elapsed: 649.334µs           {
                                                           "body": "finish writing chapter 10",
insert into                                                "completed": true,
  todos (body)                                             "created_at": "2023-08-11T17:54:54",
values                                                     "id": 1,
  (?) returning *                                          "updated_at": "2023-08-11T17:56:09"
                                                         }
2023-08-11T17:55:23.219826Z DEBUG request{method=GET uri=/v1/todos ve  → api-client git:(main) ✗ ▌
rsion=HTTP/1.1}: tower_http::trace::on_request: started processing re
quest
2023-08-11T17:55:23.220242Z INFO sqlx::query: select * from todos; r
ows affected: 1, rows returned: 1, elapsed: 137.709µs
2023-08-11T17:55:23.220415Z DEBUG request{method=GET uri=/v1/todos ve
rsion=HTTP/1.1}: tower_http::trace::on_response: finished processing
request latency=0 ms status=200
2023-08-11T17:56:09.493295Z DEBUG request{method=PUT uri=/v1/todos/1
version=HTTP/1.1}: tower_http::trace::on_request: started processing
request
2023-08-11T17:56:09.493980Z DEBUG request{method=PUT uri=/v1/todos/1
version=HTTP/1.1}: tower_http::trace::on_response: finished processin
g request latency=0 ms status=200
2023-08-11T17:56:09.495188Z INFO sqlx::query: update todos set body
_; rows affected: 1, rows returned: 1, elapsed: 649.500µs

update
  todos
set
  body = ?,
  completed = ?,
  updated_at = datetime('now')
where
  id = ? returning *
▌
```

그림 10.3 CLI에서 할 일 수정하기

수정된 할 일을 `cargo run -- http://localhost:3000 read 1`로 확인하자. 그림 10.4에서 볼 수 있다.

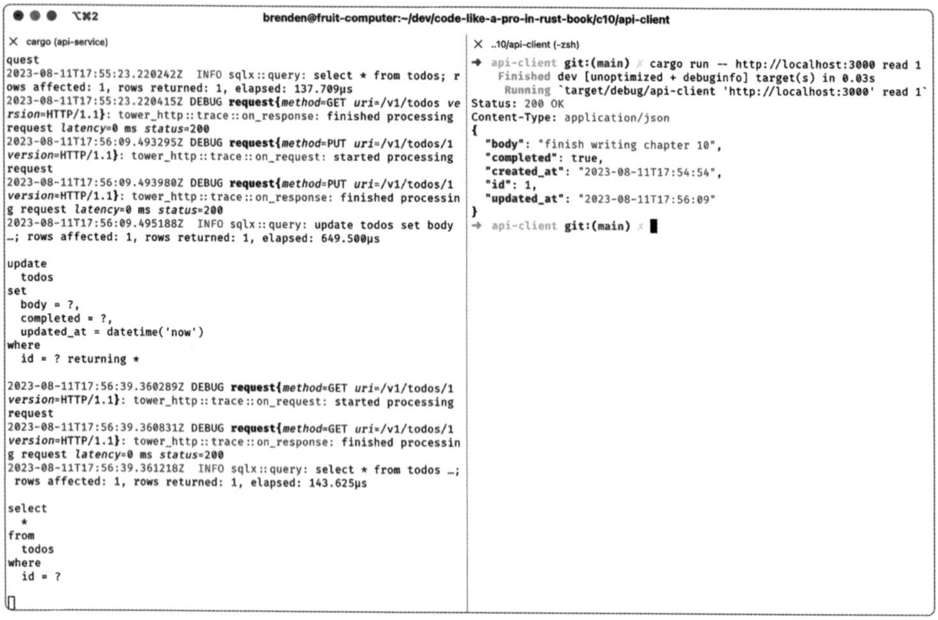

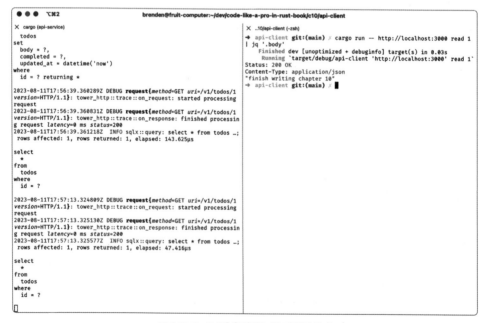

그림 10.4 **CLI에서 할 일 읽기**

CLI 출력을 `jq` 같은 다른 명령으로 파이프할 수 있다. `cargo run -- http://localhost:3000 read 1 | jq '.body'`를 통해 JSON 출력에서 `body` 필드를 골라낼 수 있다. 그림 10.5를 참고하자.

그림 10.5 **CLI의 출력을 jq로 파이핑하기**

Cargo가 (표준 출력 대신) 표준 오류로 편하게 출력해준 덕에 `cargo run -- ...`로 파이프를 사용할 수 있는 점에 주목하자. 마지막으로 `cargo run -- http://localhost:3000 delete 1`로 할 일을 지워보자. 그림 10.6을 참고한다.

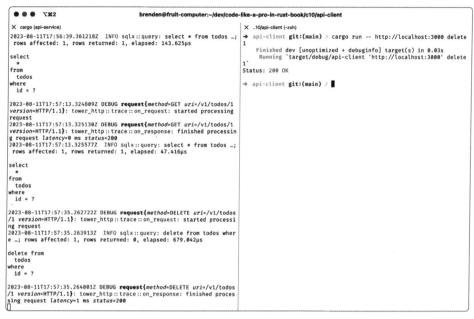

그림 10.6 CLI에서 할 일을 삭제하기

이것으로 API에 대한 CLI 데모를 마무리한다. 이 코드를 향후 프로젝트의 템플릿이나 시작점으로 사용할 수 있다. 하지만 연습 차원에서 `hyper` 크레이트를 `reqwest`로 교체하는 것이 좋다.

10.8 요약

- 러스트에서 강력한 CLI 도구를 작성하는 것은 매우 간단하다. CLI 인수를 파싱하기 위해 타입 안전이 보장되는 API(예: `clap`)를 사용하면 훌륭한 도구를 놀랍도록 빠르게 만드는 것이 기가 막히게 쉽다.

- 러스트의 풍부한 크레이트 생태계 덕분에 별도의 많은 작업 없이도 사람이 읽을 수 있는 올바른 형식의 출력과 같은 풍부한 기능을 추가할 수 있다. `yansi`, `coloured_json` 크레이트를 사용하면 이 중 많은 부분을 공짜로 누릴 수 있다.

- `hyper` 라이브러리는 클라이언트와 서버 API를 모두 제공하는 러스트의 저수준 HTTP 구현이다. 그러나 실제로는 HTTP용으로 더 높은 수준의 API(HTTP 서버용 `axum`, HTTP 클라이언트용 `reqwest`)를 사용하는 것이 낫다.

- 오류 처리에 대해 걱정하고 싶지 않다면 `Box<dyn std::error::Error + Send + Sync>`를 오류 타입으로 사용하여 동적 트레이트를 활용할 수 있다. 이는 `std::error::Error`를 구현하는 모든 오류 타입에 동작한다.

올바른 데이터 구조를 사용하고 올바른 알고리즘을 적용하여 단순히 좋은 설계를 통해 달성할 수 있는 것 이상으로 소프트웨어 성능을 개선해야 할 때가 올 수 있다. 최신 운영체제, CPU 및 컴파일러는 이 작업의 대부분을 처리하는 데 매우 뛰어나지만 때때로 더 깊이 들어가야 한다.

이 주제는 그 자체로 한 권의 책으로 엮을 가치가 충분하지만, 좋은 출발점을 제공하기 위해 핵심 요점만 짚어 정리했다. 러스트의 안전성, 동시성, 병렬성, 비동기성, SIMD 기능은 러스트를 매우 매력적인 프로그래밍 언어로 만들어주며, 이 모든 것이 순수한 오픈 소스 소프트웨어로 패키지되어 있다.

PART V

Optimizations

## CHAPTER 11

최적화

- -

이 장의 주요 내용

- 러스트의 무비용 추상화 이해하기
- 벡터를 효과적으로 사용하기
- 러스트에서 SIMD로 프로그래밍하기
- 레이온을 사용해서 병렬로 처리하기
- 러스트를 사용하여 다른 언어 가속화하기

- -

이 장에서는 러스트를 사용한 최적화 전략에 대해 논의할 것이다. 러스트의 무비용 추상화 덕분에 성능에 대해 너무 많이 고민하지 않고도 자신 있게 코드를 작성할 수 있다. 러스트는 기계 코드를 생성하는 데 있어 성숙하고 견고하며 널리 사용되고 잘 테스트된 코드 최적화를 제공하는 LLVM 에 많은 부분을 의존한다. 러스트로 작성된 코드는 손으로 세밀하게 조정할 필요 없이 빠르고 잘 최적화된다.

그러나 특정한 경우 더 깊이 파고들 필요가 있는데, 이 장에서는 그러한 경우와 필요한 도구에 대해 논의할 것이다. 또한 러스트를 사용하여 다른 언어의 코드를 가속화하는 방법에 대해서도 살펴본다. 이는 기존 코드를 완전히 다시 작성하지 않고도 코드베이스에 러스트를 도입하는 흥미로운 방법이다.

259

11.1 무비용 추상화

러스트의 중요한 특징 중 하나는 **무비용 추상화**zero cost abstraction다. 요컨대 러스트의 추상화를 통해서 추가적인 실행 부하 없는, 최적화된 기계 코드를 생성하는 높은 수준의 코드를 작성할 수 있다. 러스트의 컴파일러는 추가 부하 없이 최적의 방법으로 높은 수준의 러스트 코드를 낮은 수준의 기계 코드로 변경하는 방법을 알아낸다. 성능 함정performance trap[1]에 대해 걱정할 필요 없이 러스트의 추상화를 안전하게 사용할 수 있다.

러스트에서 무비용 추상화로 인한 반대 급부는 당신이 기대하는 고급 언어에서의 일부 기능이 존재하지 않을뿐더러 아마 앞으로도 없을 것이라는 점이다. 가상 메서드, 리플렉션, 함수 오버로딩, 선택적 함수 인수 같은 기능이 여기에 해당한다. 이들에 대한 대안이나 행동을 모사하는 방법이 러스트 생태계에 있지만, 언어에서 직접 지원하지는 않는다. 이런 부담을 가져오길 원한다면 가상 메서드처럼 동적 디스패치 용도로 트레이트 객체를 쓰는 것과 같은 작업을 직접 해야 한다(물론 이렇게 하는 편이 추론하는 면에서는 훨씬 쉽다).

예를 들어 러스트의 추상화를 런타임 오버헤드가 있는 C++의 추상화와 비교할 수 있다. C++의 경우 핵심 클래스를 추상화하는 데에는 런타임 조회 테이블(vtables라고 함)이 필요한 가상 메서드가 포함될 수 있다. 이 오버헤드는 일반적으로 중요하지 않지만 많은 요소에 대해 긴밀한 루프에서 가상 메서드를 호출하는 것과 같은 특정 경우에는 중요할 수도 있다.

[NOTE] 러스트의 트레이트 객체는 메서드 호출을 위해 vtable을 사용한다. 트레이트 객체는 dyn trait 구문으로 활성화되는 기능이다. 예를 들어 Box<dyn MyTrait>와 함께 트레이트 객체를 저장할 수 있다. 여기서 Box의 항목은 MyTrait를 구현해야 하며 MyTrait의 메서드는 vtable 조회를 사용하여 호출할 수 있다.

리플렉션reflection은 함수 호출을 디스패치하거나 런타임에 다른 작업을 수행하기 위해 일부 언어에서 광범위하게 사용되는 또 다른 불투명한 추상화다. 예를 들어 리플렉션은 자바에서 다양한 문제를 처리하기 위해 자주 쓰이지만 디버깅하기 어려운 런타임 오류를 상당히 많이 생성하는 경향이 있다. 리플렉션은 더 취약한 코드를 생성하는 대신 프로그래머에게 약간의 편의성을 제공한다.

러스트의 무비용 추상화는 컴파일 시간 최적화를 기반으로 한다. 컴파일 시간 최적화라는 틀 안에서 러스트는 필요에 따라 사용하지 않는 코드나 값을 최적화할 수 있다. 러스트의 추상화는 깊

---

1 [옮긴이] 지나치게 효율을 중시한 나머지 오히려 실질적인 효율이 하락하는 모순되는 상황을 일컫는다.

이 중첩될 수 있으며 컴파일러는 (대부분의 경우) 추상화 체인 아래까지 최적화를 수행할 수 있다. 러스트에서 '무비용 추상화'에 대해 이야기할 때 실제로 의미하는 것은 '모든 최적화 수행 후 비용이 전혀 들지 않는 추상화'다.

기본 컴파일 모드가 디버그이므로 프로덕션용 바이너리를 빌드하거나 코드에 대한 벤치마크 테스트를 하려면 `cargo`에 `--release` 플래그를 활성화하여 릴리스release 모드로 코드를 컴파일하여 최적화를 활성화해야 한다. 릴리스 모드를 활성화하는 것을 잊은 경우 예상치 못한 성능 저하가 발생할 수 있으며 그중 하나는 다음 절에서 설명한다.

11.2 벡터

벡터vector는 러스트에서 핵심적인 컬렉션에 대한 추상화다. 이 책 전체에서 언급했듯이 요소를 하나의 모음으로 모으는 것이 필요한 대부분의 경우 `Vec`을 사용해야 한다. 러스트에서는 `Vec`을 매우 자주 사용하므로 구현에 대한 몇 가지 세부 사항과 `Vec`이 코드의 성능에 어떤 영향을 미칠 수 있는지 이해하는 것이 중요하다. 또한 `Vec` 이외의 것을 사용하는 것이 합리적인 경우를 알고 있어야 한다.

`Vec`에 대해 이해해야 할 첫 번째 사항은 메모리 할당 방법이다. 이미 4장과 5장에서 살펴봤지만 여기에서 좀 더 자세히 알아보자. `Vec`은 연속되는 블록에 메모리를 할당하며 용량에 따라 할당 크기를 구성할 수 있다. 필요할 때까지는 할당을 지연시켜 메모리에 느리게 할당하며 항상 연속 블록에 할당한다.

11.2.1 벡터 메모리 할당

`Vec`의 메모리 할당에서 가장 먼저 이해해야 할 것은 용량 크기를 결정하는 방식이다. 기본적으로 빈 `Vec`의 용량은 0이므로 메모리가 할당되지 않는다. 데이터가 추가되기 전에는 메모리 할당이 일어나지 않는다. 용량 제한에 도달하면 `Vec`은 용량을 2배로 늘린다(즉, 용량이 기하급수적으로 증가함).

`Vec`이 어떻게 용량을 추가하는지 간단한 테스트를 통해 확인할 수 있다.

```
let mut empty_vec = Vec::<i32>::new();

(0..10).for_each(|v| {
    println!(
```

```
            "empty_vec has {} elements with capacity {}",
            empty_vec.len(),
            empty_vec.capacity()
        );
        empty_vec.push(v);
    })
}
```

용량은 바이트 수가 아닌 요소 수로 측정되는 것에 유의한다. 벡터에 필요한 바이트 수는 용량에
각 요소의 크기를 곱한 값이다. 위 예제의 실행 결과는 다음과 같다.

```
empty_vec has 0 elements with capacity 0
empty_vec has 1 elements with capacity 4    ◀──── 용량이 0에서 4로 증가했다.
empty_vec has 2 elements with capacity 4
empty_vec has 3 elements with capacity 4
empty_vec has 4 elements with capacity 4
empty_vec has 5 elements with capacity 8    ◀──── 용량이 4에서 8로 증가했다.
empty_vec has 6 elements with capacity 8
empty_vec has 7 elements with capacity 8
empty_vec has 8 elements with capacity 8
empty_vec has 9 elements with capacity 16   ◀──── 용량이 8에서 16으로 증가했다.
```

러스트 표준 라이브러리의 소스 코드를 살펴보면 예제 11.1처럼 Vec이 사용하는 내부 데이터 구조
인 RawVec의 알고리즘을 일부 볼 수 있다.

예제 11.1 러스트 표준 라이브러리 Vec::grow_amortized()의 코드[2]

```
    // This method is usually instantiated many times. So we want it to be as
    // small as possible, to improve compile times. But we also want as much of
    // its contents to be statically computable as possible, to make the
    // generated code run faster. Therefore, this method is carefully written
    // so that all of the code that depends on `T` is within it, while as much
    // of the code that doesn't depend on `T` as possible is in functions that
    // are non-generic over `T`.
    fn grow_amortized(&mut self, len: usize, additional: usize) -> Result<(),
TryReserveError> {
        // This is ensured by the calling contexts.
        debug_assert!(additional > 0);

        if T::IS_ZST {
            // Since we return a capacity of `usize::MAX` when `elem_size` is
```

---

2 https://doc.rust-lang.org/src/alloc/raw_vec.rs.html#405-437

```
        // 0, getting to here necessarily means the `RawVec` is overfull.
        return Err(CapacityOverflow.into());
    }

    // Nothing we can really do about these checks, sadly.
    let required_cap = len.checked_add(additional).ok_or(CapacityOverflow)?;

    // This guarantees exponential growth. The doubling cannot overflow
    // because `cap <= isize::MAX` and the type of `cap` is `usize`.
    let cap = cmp::max(self.cap * 2, required_cap);      ◀── 용량(self.cap)이 2배가 된다.
    let cap = cmp::max(Self::MIN_NON_ZERO_CAP, cap);     ◀── Self::MIN_NON_ZERO_CAP은 요소의
                                                             크기에 따라 달라지지만 8, 4, 1 중 하나다.
    let new_layout = Layout::array::<T>(cap);

    // `finish_grow` is non-generic over `T`.
    let ptr = finish_grow(new_layout, self.current_memory(), &mut self.alloc)?;
    self.set_ptr_and_cap(ptr, cap);
    Ok(())
}
```

이를 통해 다음과 같이 두 가지를 알 수 있다.

- 많은 요소를 추가할 때 한 번에 조금씩 추가하는 경우 Vec의 지연 할당은 비효율적일 수 있다.
- 큰 벡터의 경우 용량은 배열 요소 수의 최대 2배가 될 수 있다.

첫 번째 문제(지연 할당)는 새 벡터를 자주 생성하고 여기에 데이터를 푸시하는 경우 문제가 될 수 있다. 재할당은 메모리 셔플링shuffling[3] 작업이 있을 수 있기 때문에 비용이 많이 든다. 적은 수의 요소를 사용한 재할당은 시스템이 작은 연속 영역을 넣을 수 있는 메모리 공간이 많기 때문에 비용이 많이 들지 않지만, 구조가 커질수록 사용 가능한 연속 영역을 찾기가 점점 더 어려워질 수 있다(따라서 더 많은 메모리 셔플링이 필요함).

큰 벡터의 두 번째 문제는 다른 구조(예: 링크 리스트)를 사용하거나 Vec::shrink_to_fit() 메서드로 용량을 줄임으로써 완화시킬 수 있다. 벡터는 두 가지 다른 차원에서 커질 수 있다는 점도 주목할 가치가 있다. 많은 수의 작은 요소를 가지거나 적은 수의 큰 요소를 가지는 경우다. 후자의 경우(적은 수의 큰 요소) 링크 리스트나 Box 내에 요소를 저장하면 메모리에 대한 부담을 줄일 수 있다.

---

3 [옮긴이] 메모리의 연속된 공간을 마련하기 위해 할당된 영역을 옮기며 정리하는 것을 말한다.

11.2.2 벡터 반복자

Vec 성능을 논의할 때 고려해야 할 또 다른 중요한 사항은 요소를 반복하는 것이다. Vec을 반복하는 데에는 iter(), into_iter()를 이용하는 두 가지 방법이 있다. iter() 반복자를 사용하면 참조가 있는 요소를 반복할 수 있는 반면 into_iter()는 self를 쓴다. 예제 11.2를 통해 Vec 반복자를 분석해보자.

예제 11.2 **Vec 반복자의 성능 시연**

```
use std::time::Instant;

let big_vec = vec![0; 10_000_000];
let now = Instant::now();
for i in big_vec {
    if i < 0 {
        println!("this never prints");
    }
}

println!("First loop took {}s", now.elapsed().as_secs_f32());

let big_vec = vec![0; 10_000_000];
let now = Instant::now();
big_vec.iter().for_each(|i| {
    if *i < 0 {
        println!("this never prints");
    }
});
println!("Second loop took {}s", now.elapsed().as_secs_f32());
```

예제 11.2에는 컴파일러가 최적화하지 못하도록 no-op(동작은 하지 않지만 메모리 공간만 차지하는 불용 코드) 코드 블록으로 반복할 큰 벡터가 있다. 모든 컴파일러 최적화를 활성화해서 실행하도록 cargo run --release로 코드를 테스트한다. 예제 11.2의 실행 결과는 다음과 같다.

```
First loop took 0.007614s
Second loop took 0.00410025s
```

와! 무슨 일이 일어난 것일까? for 루프가 거의 2배나 느리게 실행되는 이유는 무엇일까?

대답을 하려면 신택틱 슈거에 대한 설명도 일부 필요하다. for 루프 표현식은 대략적으로 into_iter() 메서드를 사용하여 반복자를 얻고 끝까지 반복자를 반복하는 형태로 변환된다(전체 표현식 문서[4] 참조). `into_iter()`는 기본적으로 `self`를 가져온다. 즉, 원래의 벡터를 소비하고 (경우에 따라) 완전히 새로운 구조를 할당해야 할 수도 있다.

그러나 러스트의 코어 라이브러리 `iterator` 트레이트에서 제공하는 `for_loop()` 메서드는 이러한 목적에 맞게 고도로 최적화되어 약간의 성능 향상을 얻을 수 있다. 또한 `iter()`는 `&self`를 사용하여 벡터의 요소에 대한 참조를 반복하는데, 이는 컴파일러에서 추가로 최적화할 수 있다. 이를 확인하기 위해 `iter()` 대신 `into_iter()`를 사용하도록 코드를 업데이트할 수 있다. 세 번째 루프를 추가해보자.

```
let big_vec = vec![0; 10_000_000];
let now = Instant::now();
big_vec.into_iter().for_each(|i| {
    if i < 0 {
        println!("this never prints");
    }
});
println!("Third loop took {}s", now.elapsed().as_secs_f32());
```

이제 릴리스 모드로 코드를 실행하면 다음과 같은 출력이 나온다.

```
First loop took 0.011229166s
Second loop took 0.005076166s
Third loop took 0.008608s
```

세 번째 루프의 값이 첫 번째 루프의 결과에 훨씬 더 가까워졌지만, `for` 루프 표현식 대신 반복자를 직접 사용하는 것이 훨씬 더 빠른 것 같다. 디버그 모드에서 동일한 테스트를 실행하면 어떻게 될까? 어떤 결과가 나오는지 확인해보도록 하자.

```
First loop took 0.074964s
Second loop took 0.14158678s
Third loop took 0.07878621s
```

결과가 크게 달라졌다! 특히 흥미로운 점은 디버그 모드에서 `for` 루프가 약간 더 빠르다는 점이다. 이는 디버깅 기호를 활성화하고 컴파일러 최적화를 비활성화함으로써 추가 오버헤드가 발생하기

4　https://doc.rust-lang.org/reference/expressions/loop-expr.html#iterator-loops

때문일 수 있다. 여기서 얻을 수 있는 교훈은 디버그 모드에서 성능을 벤치마킹하면 이상한 결과가 나온다는 것이다.

벡터는 기본으로 몇 가지 최적화를 제공하지만 일반적으로 관심을 가져야 하는 것은 메모리 할당 및 반복자다. `Vec::with_capacity()`로 메모리를 사전 할당하면 필요한 메모리 할당량을 줄일 수 있으며, `for` 루프 표현식 대신 반복자를 직접 사용하여 혼란스러운 성능 문제를 피할 수 있다.

11.2.3 Vec과 슬라이스를 이용한 빠른 복사

메모리 복사를 통한 벡터의 또 다른 최적화 방법에 대해 알아보자. 러스트에는 특정 상황에서 `Vec` 내의 모든 항목을 더 빠르게 복사할 수 있는 벡터와 슬라이스에 대한 빠른 경로 최적화가 있다. 최적화의 핵심 기능은 `Vec::copy_from_slice()` 메서드 내부에 존재하며, 예제 11.3은 이 구현의 주요 부분이다.

예제 11.3 **러스트 표준 라이브러리 copy_from_slice()의 코드 일부분**[5]

```
pub fn copy_from_slice(&mut self, src: &[T])
where
    T: Copy,
{
    // ... 중략 ...
    unsafe {
        ptr::copy_nonoverlapping(src.as_ptr(), self.as_mut_ptr(), self.len());
    }
}
```

예제 11.3에서 두 가지 중요한 사항을 알 수 있다. 바로 트레이트 바인딩된 `Copy`와 `ptr::copy_nonoverlapping`에 대한 안전하지 않은 호출이다. 즉, `Vec`을 사용하고 두 벡터 간에 항목을 복사하려는 경우 해당 항목이 `Copy`를 구현하면 빠른 경로를 사용할 수 있다. 예제 11.4에서 이 차이점을 확인할 수 있다.

예제 11.4 **ptr::copy_nonoverlapping() 벤치마크**

```
let big_vec_source = vec![0; 10_000_000];
let mut big_vec_target = Vec::<i32>::with_capacity(10_000_000);   ◀── 대상 Vec을 정확한 크기로
let now = Instant::now();                                              미리 할당된 메모리로
big_vec_source                                                        초기화한다.
```

---

5 https://doc.rust-lang.org/src/core/slice/mod.rs.html#3648-3674

```
    .into_iter()
    .for_each(|i| big_vec_target.push(i));
println!("Naive copy took {}s", now.elapsed().as_secs_f32());

let big_vec_source = vec![0; 10_000_000];
let mut big_vec_target = vec![0; 10_000_000];
let now = Instant::now();
big_vec_target.copy_from_slice(&big_vec_source);
println!("Fast copy took {}s", now.elapsed().as_secs_f32());
```

예제 11.4를 릴리스 모드로 실행하면 다음과 같은 결과가 나온다.

```
Naive copy took 0.024926165s
Fast copy took 0.003599458s
```

즉, `Vec::copy_from_slice()`를 사용하면 한 벡터에서 다른 벡터로 데이터를 직접 복사하는 속도가 약 8배 빨라진다.[6] 이 최적화는 슬라이스(`&mut [T]`) 및 배열(`mut [T]`) 타입에도 존재한다.

11.3 SIMD

개발자로서 **SIMD**single instruction, multiple data(단일 명령, 다중 데이터)를 사용해야 할 시점이 올 수 있다. SIMD는 단일 명령으로 데이터 집합에 대한 동시 작업을 수행할 수 있는 많은 최신 마이크로프로세서의 하드웨어 기능이다. 이와 관련한 가장 일반적인 사용 사례는 특정 프로세서의 코드를 최적화하거나 일관된 작업 타이밍을 보장하는 것이다(예: 암호화 응용 프로그램에서의 타이밍 공격 방지).

SIMD는 플랫폼에 따라 다르다. CPU마다 사용할 수 있는 SIMD 기능이 다르지만 거의 모든 최신 CPU에는 일부 SIMD 기능이 있다. 가장 일반적으로 쓰이는 SIMD 명령어 세트는 인텔 MMX MultiMedia eXtension, SSEStreaming SIMD Extensions, AVXAdvanced Vector Extensions와 ARM의 Neon이다.[7]

과거 SIMD를 사용해야 하는 경우 인라인 어셈블리를 직접 작성해야 했다. 고맙게도 오늘날 최신 컴파일러는 어셈블리를 직접 작성할 필요 없이 SIMD를 사용하기 위한 인터페이스를 제공한다. 그 덕분에 서로 다른 SIMD 구현 간 일부 공유되는 동작을 어느 정도 이식 가능한 방식으로 표준화

---

6   (옮긴이) 물론 사용 환경에 따라 다르다. 옮긴이의 경우는 1.8배 정도 빨랐다.
7   (옮긴이) AMD의 경우에는 3DNow!

할 수 있다. 이식 가능한 SIMD를 사용하면 모든 플랫폼에 대한 명령어 세트 세부 정보에 대해 고민할 필요가 없다는 장점이 있지만, 공통된 기능에만 액세스할 수 있다는 단점을 함께 가진다. 원한다면 여전히 인라인 어셈블리를 작성할 수 있지만, 여기서는 이식 가능한 SIMD에 초점을 맞춰 진행한다. 이식 가능한 SIMD의 편리한 기능 중 하나는 컴파일러가 하드웨어 수준에서 기능을 사용할 수 없는 경우 대체되는 비SIMD 코드를 자동으로 생성할 수 있다는 점이다.

러스트 표준 라이브러리는 현재 nightly 전용 실험 API인 `std::simd` 모듈이 있다. 이식 가능한 SIMD API에 대한 문서[8]를 참조한다.

예제 11.5는 SIMD가 있는 경우와 없는 경우 64개 요소 배열에서 일부 수학 연산의 속도를 비교하는 벤치마크다.

예제 11.5 벡터의 곱을 각각 SIMD와 반복자를 이용하여 구현한 예

```
#![feature(portable_simd, array_zip)]  ◀── 이 크레이트에서 실험적 기능을 활성화한다.

fn initialize() -> ([u64; 64], [u64; 64]) {
    let mut a = [0u64; 64];
    let mut b = [0u64; 64];
    (0..64).for_each(|n| {
        a[n] = u64::try_from(n).unwrap();
        b[n] = u64::try_from(n + 1).unwrap();
    });
    (a, b)
}

fn main() {
    use std::simd::Simd;
    use std::time::Instant;

    let (mut a, b) = initialize();  ◀── 64개의 배열을 초기화한다.

    let now = Instant::now();
    for _ in 0..100_000 {
        let c = a.zip(b).map(|(l, r)| l * r);
        let d = a.zip(c).map(|(l, r)| l + r);
        let e = c.zip(d).map(|(l, r)| l * r);
        a = e.zip(d).map(|(l, r)| l ^ r);  ◀── 결과를 a에 저장한다.
    }
    println!("Without SIMD took {}s", now.elapsed().as_secs_f32());
```

---

8 https://doc.rust-lang.org/std/simd/struct.Simd.html

```
    let (a_vec, b_vec) = initialize();  ◀─── 동일한 값으로 다시 초기화한다.

    let mut a_vec = Simd::from(a_vec);  ◀─── 배열을 SIMD 벡터로 전환한다.
    let b_vec = Simd::from(b_vec);

    let now = Instant::now();
    for _ in 0..100_000 {
        let c_vec = a_vec * b_vec;
        let d_vec = a_vec + c_vec;
        let e_vec = c_vec * d_vec;
        a_vec = e_vec ^ d_vec;  ◀─── 결과를 a_vec에 저장한다.
    }
    println!("With SIMD took {}s", now.elapsed().as_secs_f32());

    assert_eq!(&a, a_vec.as_array());  ◀─── a와 a_vec이 동일한 결과인지 비교한다.
}
```

예제 11.5의 실행 결과는 다음과 같다.[9]

```
Without SIMD took 0.07886646s
With SIMD took 0.002505291s
```

SIMD를 사용하니 40배 정도 속도 향상이 이루어졌다. 또한 SIMD 코드는 일관된 타이밍을 제공하며 이는 암호화와 같이 타이밍에 의존하는 애플리케이션에 중요하다.

11.4 Rayon을 통한 병렬화

스레드를 사용한 병렬 프로그래밍같이 병렬화를 사용하여 성능을 개선할 수 있는 문제의 경우 Rayon 크레이트로 시작하는 것이 가장 좋다. 러스트 언어는 분명히 코어 라이브러리의 일부로 스레딩 기능을 제공하지만, 이러한 기능은 다소 원시적이어서 대부분의 경우 상위 수준 API를 기반으로 코드를 작성하는 것이 낫다.

Rayon은 병렬로 데이터와 상호작용하는 두 가지 방법, 즉 병렬 반복자 구현과 스레드를 기반으로 간단한 작업을 생성하기 위한 일부 도우미를 제공한다. Rayon의 반복자가 라이브러리에서 가장 유용한 부분이기 때문에 우리는 주로 이에 초점을 맞출 것이다.

---

9 (옮긴이) nightly 릴리스 모드, 즉 `cargo +nightly run --release`로 실행한다. 디버그 모드로 실행하는 경우 오버플로로 인한 패닉이 발생할 수 있다.

보통 상대적으로 오랫동안 실행되거나 컴퓨팅 집약적인 작업이 상당히 많이 있을 때 Rayon을 사용하는 좋다. 작업 수가 적거나 그다지 컴퓨팅 집약적이지 않은 경우 병렬화를 도입하면 오히려 성능이 저하될 수 있다. 일반적으로 스레드 간 데이터 이동 시 발생할 수 있는 동기화 및 데이터 고갈 문제(그림 11.1 참조)로 인해 스레드 수가 증가함에 따라 병렬화의 결과가 감소한다.

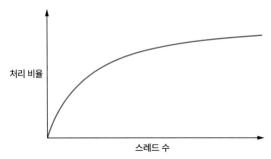

그림 11.1 **병렬화를 증가시켰을 때 성능의 수확 체감**

Rayon 반복자의 편리한 기능 중 하나는 코어 라이브러리의 `Iterator` 트레이트와 대부분 호환되어 병렬화 여부에 관계없이 코드를 빠르고 쉽게 벤치마킹할 수 있다는 점이다. 두 가지 다른 테스트를 통해 시연해보자. 하나는 Rayon을 사용할 때 더 느리고 다른 하나는 사용 시 더 빠르다.

먼저 Rayon을 쓰지 않을 때 더 빠른 테스트부터 작성한다.

```
let start = Instant::now();
let sum = data
    .iter()
    .map(|n| n.wrapping_mul(*n))
    .reduce(|a: i64, b: i64| a.wrapping_add(b));   ◀  오버플로를 처리하지 않고 덧셈을 하고자
let finish = Instant::now() - start;                    sum() 대신 reduce()를 사용했다.
println!(
    "Summing squares without rayon took {}s",
    finish.as_secs_f64()
);

let start = Instant::now();
let sum = data
    .par_iter()
    .map(|n| n.wrapping_mul(*n))                        병렬화를 적용하기 위해서 Rayon의
    .reduce(|| 0, |a: i64, b: i64| a.wrapping_add(b));  ◀ reduce() 시그너처에는 식별값이 추가로
let finish = Instant::now() - start;                     들어가는 등 조금 다른 점을 주의하자.
println!("Summing squares with rayon took {}s", finish.as_secs_f64());
```

위의 코드에서 임의의 정숫값으로 채워진 배열을 생성했다. 다음으로 각 값을 제곱한 다음 전체 세트의 합계를 계산한다. 이는 전형적인 맵/리듀스 예제다. 위의 코드를 실행하면 다음과 같은 결과가 나온다.

```
Summing squares without rayon took 0.000028875s
Summing squares with rayon took 0.000688583s
```

Rayon을 쓸 때가 그렇지 않은 경우보다 시간이 23배 더 걸린다. 분명히 병렬화를 적용하는 좋은 예는 아니다.

정규식을 사용하여 긴 문자열에서 단어를 검색하는 또 다른 테스트를 구성해보자. 검색을 실행하기 전에 매우 큰 문자열을 임의로 생성한다. 코드는 다음과 같다.

```
let re = Regex::new(r"catdog").unwrap();   ◄──  Regex는 Send와 Sync 트레이트를 구현하므로
                                                Rayon에서 병렬 필터에서 쓸 수 있다.
let start = Instant::now();
let matches: Vec<_> = data.iter().filter(|s| re.is_match(s)).collect();
let finish = Instant::now() - start;
println!("Regex took {}s", finish.as_secs_f64());

let start = Instant::now();
let matches: Vec<_> = data.par_iter().filter(|s| re.is_match(s)).collect();
let finish = Instant::now() - start;
println!("Regex with rayon took {}s", finish.as_secs_f64());
```

위 코드의 실행 결과는 다음과 같다.

```
Regex took 0.043573333s
Regex with rayon took 0.006173s
```

이 경우 Rayon을 통한 병렬화를 사용했더니 속도가 7배 빨라졌다. 충분히 큰 데이터 세트에서 문자열 스캔은 큰 성능 향상을 기대할 수 있는 한 가지 사례다.

Rayon의 다른 주목할 만한 기능으로는 슬라이스를 병렬로 정렬할 수 있는 병렬 정렬 구현이 있다. 더 큰 데이터 세트의 경우 상당한 성능 향상을 기대할 수 있다. Rayon의 `join()`은 유휴 작업자 스레드를 사용할 수 있을 때 작업을 병렬로 실행하는 작업 도용work-stealing 구현도 제공하지만,

가급적 병렬 반복자를 사용해야 한다. Rayon에 대한 자세한 내용은 설명서[10]를 참조한다.

11.5 러스트를 사용하여 다른 언어 가속화하기

이 장에서 마지막으로 논의할 것은 러스트의 가장 멋진 응용 분야 중 하나로서, 다른 언어에서 러스트 코드를 호출하여 안전이 중요하거나 컴퓨팅 집약적인 작업을 수행하는 것이다. 이는 C 및 C++에서도 공통적으로 볼 수 있는 패턴이다. 많은 언어 런타임은 성능에 중요한 기능을 C 또는 C++로 구현한다. 그러나 러스트를 사용하면 러스트의 안전 기능을 추가로 얻을 수 있다. 사실 이것은 여러 조직에서 러스트를 채택한 주요 동기 중 하나로, 파이어폭스Firefox 브라우저의 보안과 성능을 향상시키려는 모질라Mozilla와 같은 사례가 대표적이다.

예를 들자면 웹 서버와 같이 신뢰할 수 없는 데이터를 외부 소스에서 받는 애플리케이션에서 데이터를 파싱하거나 유효성을 검사할 때 러스트를 사용할 수 있다. 임의의 데이터를 공개 인터페이스를 통해 입력하고 어떤 일이 발생하는지 확인함으로써 많은 보안 취약점을 발견할 수 있으며, 코드에는 종종 러스트에서는 일어날 수 없는 실수(예: 버퍼 끝을 지나 읽는 등)가 포함되기도 한다.

대부분의 프로그래밍 언어와 런타임은 4장에서 설명했던 FFI 바인딩 형식을 제공한다. 그러나 많은 대중적인 언어의 경우 FFI를 다루는 것보다 러스트 통합을 훨씬 더 쉽게 만들 수 있는 더 높은 수준의 바인딩과 도구를 사용할 수 있다. 그리고 그중 일부는 바이너리 패키징에도 도움이 된다.

표 11.1 **다른 언어와 러스트를 통합하는 러스트 바인딩과 도구**

언어	이름	설명	URL	깃허브 별 수[※]
파이썬	PyO3	러스트로 네이티브 파이썬 패키지를 만들기 위한 도구를 포함하고 있는 파이썬용 러스트 바인딩	https://pyo3.rs	10,090
파이썬	Milksnake	러스트를 포함하여 파이썬 패키지에 바이너리를 포함하기 위한 셋업 툴 확장	https://github.com/getsentry/milksnake	783
루비	ruru	러스트로 네이티브 루비 확장 기능을 구축하기 위한 라이브러리	https://github.com/d-unsed/ruru	822
루비	rutie	러스트와 루비 또는 루비와 러스트를 통합할 수 있는 루비와 러스트 간의 바인딩	https://github.com/danielpclark/rutie	812

---

10 https://docs.rs/rayon/latest/rayon/index.html

표 11.1 다른 언어와 러스트를 통합하는 러스트 바인딩과 도구(계속)

언어	이름	설명	URL	깃허브 별 수※
엘릭서와 얼랭	rustler	엘릭서 및 얼랭(Erlang)용 러스트에 안전한 바인딩을 만들기 위한 라이브러리	https://github.com/rusterlium/rustler	3999
nodejs에서 자바스크립트, 타입스크립트	Neon	러스트로 네이티브 Node.js 모듈을 만들기 위한 러스트 바인딩	https://neon-bindings.com	7622
자바	`jni-rs`	자바에 대한 네이티브 러스트 바인딩	https://github.com/jni-rs/jni-rs	1018
러스트	`bindgen`	기본 러스트에서 러스트 FFI 바인딩 생성	https://github.com/rust-lang/rust-bindgen	3843

※ 2023년 12월 30일 기준

11.6 이제부터 나아가야 할 길

이 책을 끝까지 마친 것을 축하한다. 지금까지 살펴본 내용과 앞으로 더 많은 것을 배우기 위해 어떻게 해야 할지 생각해보자. 1장부터 3장까지 툴 사용법, 프로젝트 구조, 러스트로 효과적으로 작업하는 데 필요한 기본 기술에 중점을 두고 알아보았다. 4장과 5장에서는 데이터 구조와 메모리 모델을 다루었다. 6장과 7장은 러스트의 테스트 기능과 이를 최대한 활용하는 방법에 중점을 두었다. 8장, 9장, 10장에서는 비동기 러스트에 대해, 그리고 11장에서는 코드의 최적화에 초점을 맞추고 살펴보았다.

책을 덮기 전에 앞부분을 되짚어보자. 특히 내용이 매우 촘촘하거나 파악하기 어려운 경우에는 더욱 그렇다. 머리를 식히고 새로운 정보를 소화할 수 있는 여유가 생기면 문제로 돌아가는 것이 좋다. 러스트에 대한 자세한 내용은 매닝 출판Manning Publications에서 출간한 팀 맥나마라Tim McNamara의 《한 줄 한 줄 짜면서 익히는 러스트 프로그래밍》과 필자의 후속작 《Rust Design Patterns》을 참고하자.

러스트와 그 생태계는 미래 지향적이며 항상 진화하고 있다. 러스트 언어는 이미 상당히 성숙했지만 적극적으로 개발되고 있으며 지속적으로 발전하고 있다. 따라서 새로운 기능, 변경 사항, 제안, 커뮤니티에 더 많이 참여하는 방법에 대해 배우기 위해 앞으로 어디로 가야 하는지에 대한 몇 가지 리소스를 마지막으로 이 책의 대미를 장식하고자 한다.

대부분의 러스트 언어 및 도구 개발은 https://github.com/rust-lang의 rust-lang 프로젝트 아래 깃허브에서 호스팅된다. 또한 다음은 러스트 언어에 대해 자세히 알아볼 수 있는 좋은 장소들이다.

- https://github.com/rust-lang/rust/blob/master/RELEASES.md: 각 러스트 버전의 릴리스 정보
- https://rust-lang.github.io/rfcs: 러스트 RFC('의견 요청'), 제안된 러스트 기능 및 현재 상태
- https://doc.rust-lang.org/reference: 공식 러스트 언어 참고서
- https://users.rust-lang.org: 공식 러스트 언어 사용자 포럼

11.7 요약

- 러스트의 무비용 추상화를 사용하면 오버헤드 걱정 없이 빠른 코드를 작성할 수 있지만, 이러한 최적화를 활용하려면 릴리스 모드에서 코드를 컴파일해야 한다.
- 필요한 용량을 미리 알고 있다면 러스트의 핵심 시퀀스 데이터 구조인 벡터에 필요한 용량을 미리 할당해야 한다.
- 구조 간에 데이터를 복사할 때 `copy_from_slice()` 메서드는 슬라이스 간 데이터를 이동하기 위한 빠른 경로를 제공한다.
- 러스트의 SIMD 기능을 사용하면 코드를 쉽게 빌드할 수 있다. 어셈블리 코드, 컴파일러 내장 함수를 직접 처리할 필요가 없으며, 사용 가능한 명령어에 대해 걱정할 필요가 없다.
- 코드는 러스트의 반복자 패턴 위에 구축되는 Rayon 크레이트를 사용하여 쉽게 병렬화할 수 있다. 러스트에서 병렬화된 코드를 빌드하는 것은 반복자를 사용하는 것만큼 쉽다.
- 개별 구성 요소를 러스트와 동등한 것으로 교체함으로써 러스트를 다른 언어에 도입할 수 있으며, 애플리케이션을 완전히 다시 작성할 필요 없이 러스트의 안전 기능 및 성능의 이점을 얻을 수 있다.

APPENDIX

설치 지침

이 책의 코드 샘플을 컴파일하고 실행하는 데 필요한 명령줄 유틸리티를 설치하기 위한 지침을 부록으로 제공한다. 이러한 지침은 편의를 위해 제공하는 것일 뿐 필요한 도구가 이미 있거나 다른 방법으로 설치하려는 경우에는 굳이 이 절차를 따르지 않아도 좋다.

이 책을 위한 도구 설치하기

이 책에서 제공하는 코드 샘플을 컴파일하고 실행하려면 먼저 필요한 프로그램을 설치해야 한다.

macOS에서 Homebrew를 이용해 설치하기

```
$ brew install git
```

macOS에서는 homebrew를 사용하기 위해서 Xcode 명령줄 도구를 설치하는 것이 필요하다.

```
$ sudo xcode-select --install
```

리눅스에서 설치하기

데비안Debian 계열 시스템에서 설치하는 방법은 다음과 같다.

```
$ apt install git build-essential
```

레드햇Red Hat 기반 시스템에서 설치하는 방법은 다음과 같다.

```
$ yum install git make automake gcc gcc-c++
```

TIP 컴파일 시간을 향상시키려면 GCC보다는 `clang`을 설치하는 것이 나을 수 있다.

rustup을 리눅스나 유닉스 계열 시스템에서 설치하기

`rustup`을 리눅스나 유닉스 또는 macOS에서 설치하는 방법은 다음과 같다.

```
$ curl --proto '=https' --tlsv1.2 -sSf https://sh.rustup.rs | sh
```

`rustup` 설치를 완료했다면 안정 및 nightly 툴체인을 모두 설치하는 것을 권장한다.

```
$ rustup toolchain install stable nightly
...
```

윈도우에서 도구 설치하기

윈도우 기반 OS를 사용하는 경우 https://rustup.rs/에서 최신 `rustup` 사본을 다운로드해야 한다. `clang`용으로 미리 빌드된 윈도우 바이너리는 https://releases.llvm.org/download.html에서 다운로드할 수 있다. 또는 윈도우 리눅스 하위 시스템(WSL[1])을 사용하여 리눅스에 설치하기 위한 이전 지침을 따를 수 있다. 많은 사용자에게는 이것이 코드 샘플을 사용하는 가장 쉬운 방법일 수 있다.

---

1 https://docs.microsoft.com/en-us/windows/wsl/

rustup으로 rustc와 다른 러스트 구성 요소 관리하기

rustup을 설치하면 이어서 컴파일러와 관련 도구를 설치해야 한다. 최소한 러스트의 안정, nightly 채널을 설치하는 것이 좋다.

rustc와 다른 구성 요소 설치하기

기본적으로 안정 툴체인과 nightly 툴체인을 모두 설치하는 것이 좋지만, 일반적으로 가능하면 안정 툴체인을 사용하는 것이 좋다. 두 툴체인을 모두 설치하려면 다음을 실행한다.

```
$ rustup default stable          ◀──── 안정 버전 러스트를 설치하고 기본 툴체인으로 안정 버전을 선택한다.
...
$ rustup toolchain install nightly ◀──── nightly 버전 러스트를 설치한다.
```

또한 이 책 전체에서 Clippy와 rustfmt를 사용한다. 둘 다 rustup을 사용하여 설치한다.

```
$ rustup component add clippy rustfmt
```

rustup으로 기본 툴체인 변경하기

러스트로 작업할 때 stable 툴체인과 nightly 툴체인 사이를 전환하는 경우가 자주 있다. rustup을 사용하면 비교적 쉽게 작업을 수행할 수 있다.

```
$ rustup default stable    ◀──── 기본으로 안정 툴체인 사용
$ rustup default nightly   ◀──── 기본으로 nightly 툴체인 사용
```

러스트 구성 요소 업데이트하기

rustup을 사용하면 구성 요소를 최신 상태로 쉽게 유지할 수 있다. 설치된 모든 도구 체인 및 구성 요소를 업데이트하려면 다음을 실행한다.

```
$ rustup update
```

보통의 경우 주요 새 릴리스가 있을 때만 업데이트를 실행하면 된다. nightly 업데이트가 필요한 문제가 가끔 발생할 수 있지만 이는 드물다. 설치한 구성 요소가 정상적으로 작동한다면 너무 자주(예: 매일) 업그레이드하는 경우 정상적으로 동작하지 않을 수 있으므로 지나친 업데이트는 삼가도록 한다.

TIP 모든 구성 요소를 업데이트하면 모든 툴체인과 구성 요소가 다운로드되고 업데이트되므로 대역폭이 제한된 시스템에서는 시간이 걸릴 수 있다.

HTTPie 설치하기

HTTPie는 HTTP 요청을 작성하기 위한 CLI 도구이며 Homebrew, apt, yum, choco, Nixpkgs 등과 같은 널리 사용되는 많은 패키지 관리자에 포함되어 있다. 패키지 관리 도구에서 HTTPie를 사용할 수 없는 경우 파이썬 `pip`를 사용하여 HTTPie를 설치할 수 있다.

```
# HTTPie 설치하기
$ python -m pip install httpie
```